主　编◎陈　森
副主编◎胡　兵　朱　莉　贾秀娥

发挥高校优势

助力脱贫攻坚

——四川大学语言文字工作优秀成果汇编

四川大学出版社

项目策划：张　晶　刘　畅　于　俊
特约编辑：于　俊
责任编辑：周　洁
责任校对：刘　畅
封面设计：墨创文化
责任印制：王　炜

图书在版编目（CIP）数据

发挥高校优势　助力脱贫攻坚：四川大学语言文字
工作优秀成果汇编 / 陈森主编. — 成都：四川大学出
版社，2020.12
　　ISBN 978-7-5690-4065-4

　　Ⅰ. ①发… Ⅱ. ①陈… Ⅲ. ①社会科学－文集 Ⅳ.
① C53

中国版本图书馆 CIP 数据核字（2020）第 268735 号

书名	发挥高校优势 助力脱贫攻坚——四川大学语言文字工作优秀成果汇编
主　　编	陈　森
出　　版	四川大学出版社
地　　址	成都市一环路南一段 24 号（610065）
发　　行	四川大学出版社
书　　号	ISBN 978-7-5690-4065-4
印前制作	四川胜翔数码印务设计有限公司
印　　刷	四川盛图彩色印刷有限公司
成品尺寸	170 mm×240 mm
插　　页	12
印　　张	17
字　　数	335 千字
版　　次	2020 年 12 月第 1 版
印　　次	2020 年 12 月第 1 次印刷
定　　价	78.00 元

扫码加入读者圈

◆ 读者邮购本书，请与本社发行科联系。
　　电话：(028)85408408/(028)85401670/
　　(028)86408023　邮政编码：610065
◆ 本社图书如有印装质量问题，请寄回出版社调换。
◆ 网址：http://press.scu.edu.cn

四川大学出版社
微信公众号

序

扶贫先扶智，扶智先通语。深入贯彻落实习近平新时代中国特色社会主义思想和党的十九大精神，推进新时代语言文字事业发展，必须传承和弘扬中华优秀传统文化，服务国家发展战略需求，为坚决打赢脱贫攻坚战、全面建成小康社会贡献高校力量。

四川大学具有深厚的传统文化积淀和良好的语言文字工作基础，近年来着力将语言文字工作与学校日常教育教学和人才培养工作紧密结合，把语言文字工作渗透到德、智、体、美、社会实践等各项教育教学活动及校园文化建设中，努力培养和提升师生的语言文字应用能力，强化师生自觉规范使用国家通用语言文字的意识和自觉传承弘扬中华优秀文化的意识，努力为培养担当民族复兴大任的时代新人做出新的贡献。特别是在新冠肺炎疫情常态化防控背景下，充分运用语言文化艺术载体，宣传普及科学防疫知识，疏导排解心理压力，可引导广大师生做好科学防疫抗疫，坚决赢得疫情防控和脱贫攻坚两场大考。切实做好 2020 年推普脱贫工作，将极大推动广大师生凝神聚力、多措并举，推进中华优秀语言文化的教育和培养；将极大推进培养德、智、体、美、劳全面发展的社会主义建设者和接班人的进程，激励广大师生为决胜全面建成小康社会、实现中华民族伟大复兴的中国梦贡献川大力量。

立足于推普助力脱贫攻坚这一时代主题，本书分为四个部分。第一部分"推普脱贫攻坚"是关于脱贫攻坚的学术思考。围绕和服务国家战略和重大需求，在大语言文字工作格局和教育大框架下积极开展高校语言文字工作的研究创新，特别是通过推普做好定点帮扶工作，发挥综合性大学优势，整合校内外资源开展教育扶贫，进一步推进科学防疫抗疫的探索和实践。第二部分"教育文化脱贫"是对教育、文化、人才等方面助力脱贫攻坚的设想和思考。扶贫先扶志，提升贫困人口文化素质和劳动技能，定会促进贫困地区社会、经济、文化的协调发展，帮助贫困地区贫困人口脱贫致富。第三部分"科学防疫抗疫"主要包括我校师生在防疫抗疫工作中的体验、感悟和优秀工作案例。第四部分"四川大学语言文字工作成就回顾与精彩瞬间",以图片的形式对我校师生历年来在国家通用语言文字推广、普及、培训、科研等方面的工作成就进行了回顾,记录下我校师生在各类语言文化讲座、经典诵读、演讲比赛中的精彩瞬间。以语言文字为载体,让语言和文化相辅相成、相得益彰,在全校范围内营造传承中华经典、弘扬中华优秀传统文化、增强文化自信的良好氛围。

本书生动反映了我校在语言文字工作领域中的各项工作和举措,反映了我校师生在服务国家战略中的智慧和努力。坚持立德树人根本任务,高校理应在理论建设和实践探索中发挥自己应有的优势,坚持以美育人、以文化人,不断提高学生和教师队伍自身的人文素养,将深厚的爱国情怀根植在广阔的中华大地上。语言文字工作正是实现这一目标的有力抓手,不论是助力脱贫攻坚还是参与科学防疫抗疫,不论是服务地方社会经济发展还是助推学校的"双一流"建设,语言文字工作都是不可或缺的重要力量。

"踏破白云千万重,仰天池上水溶溶。横空大气排山去,砥柱人间是此峰。"这本成果汇编,既是对以往工作的总结,也是对我们未来工作的鞭策,我们将以此为契机,将四川大学的语言文字工作进一步推向深入。在新时代全面开启建设社会主义现代化强国的历史征程中,我们要认真学习习近平新时代中国特色社会主义思想,贯彻落实习近平总书记关于脱贫攻坚和教育工作的重要论述,以更加坚定的理想信念和历史担当,承担起新时代推普和语言文字工作的新使命,为实现"两个一百年"奋斗目标和中华民族伟大复兴中国梦做出更大贡献。

晏世平

2020 年 11 月

目　录

第一部分

推普脱贫攻坚

"说好普通话、写好规范字"
在脱贫攻坚中的价值考量及策略探析

刘孝利*　　周春梅**

【摘　要】　随着我国脱贫攻坚工作的进一步深化，国家通用语言文字的规范化使用在解决贫困人口脱贫、增强区域经济活力、提升贫困地区劳动力人口素质等方面的作用越来越凸显。语言扶贫作为中国智慧，既是对中国具体的地理社会环境和历史文化因素致贫原因的总结，是我国千百年来治理贫困问题的经验和教训，也是我国对世界扶贫减贫事业所做出的重要贡献。如何在脱贫攻坚事业中充分发挥语言文字的作用，凸显中国智慧背景下的语言扶贫开发事业，成为当前教育扶贫、文化扶贫的研究和实践的重点。本文从"说好普通话，写好规范字"入手，从国家通用语言文字的推广使用视角来考量推普脱贫的价值，并探析语言扶贫的策略。

【关键词】　推普脱贫；普通话；规范字；价值；策略

"扶贫先扶智，扶智先通语。"随着我国脱贫攻坚工作的进一步深化，国家通用语言文字的规范化使用在助力贫困人口脱贫、增强区域经济活力、提升贫困地区劳动力人口素质等方面的作用越来越凸显。语言扶贫作为中国智慧，既是对中国具体的地理社会环境和历史文化因素致贫原因的总结，是我国千百年来治理贫困问题的经验和教训，也是我国对世界扶贫减贫事业所做出的重要贡献。作为近代历史上贫困人口基数最大、深度贫困和长期贫困的国家，新中国成立之后，特别是改革开放以来，在经济发展和扶贫政策的双重推动之下，"我国的农村贫困发生率从 97.5%（1978 年）降至 1.7%（2018 年），成为世

---

　*　刘孝利，四川大学社会科学研究处规划与成果科科长。
**　周春梅，四川大学出国人员培训部科员。

界上最早实现联合国千年发展目标中减贫目标的发展中国家，为世界减贫事业做出了重要贡献（陈丽湘，魏晖，2019：2）。党的十八大的召开，宣告我国的扶贫开发工作进入了脱贫攻坚阶段，从国家层面正式提出至 2020 年，我国将稳定实现现行标准下农村贫困人口的"两不愁、三保障"，确保解决区域性整体贫困。如何在脱贫攻坚事业中充分发挥语言文字的作用，凸显中国智慧背景下的语言扶贫开发事业，成为当前教育扶贫、文化扶贫研究和实践的重点。本文从"说好普通话，写好规范字"入手，从国家通用语言文字的推广使用视角来考量推普脱贫的价值，并探析语言扶贫的策略。

一、我国语言扶贫工作的历史演进和法规依据

随着脱贫攻坚事业的深入开展，国家通用语言文字的规范化使用与贫困形成的关联及对解决贫困所产生的源动力越来越受到重视。发挥语言文字在扶贫、脱贫中的基础性作用，也是我国扶贫开发工作的一大特色。实际上，关于推广国家通用语言文字、帮助贫困地区脱贫解困的工作，在新中国成立之初就正式提出了。新中国刚成立，中央就将促进汉字改革、推广普通话、实现汉语规范化确定为语言文字工作的三大任务。改革开放后，中央提出了促进语言文字规范化、标准化的工作目标。1982 年，"国家推广全国通用的普通话"被写入《中华人民共和国宪法》。2001 年，《中华人民共和国国家通用语言文字法》颁布，进一步明确了普通话和规范汉字作为国家通用语言文字的法律地位。2011 年，中共中央、国务院印发了《中国农村扶贫开发纲要（2011—2020 年)》，首次明确提出"在民族地区全面推广国家通用语言文字"。2016 年 8 月，教育部、国家语委发布了《国家语言文字事业"十三五"发展规划》，提出要"结合国家实施的精准扶贫、精准脱贫方略，以提升教师、基层干部和青壮年农牧民语言文字应用能力为重点，加快提高民族地区国家通用语言文字普及率。加强国家通用语言文字教育教学，确保少数民族学生基本掌握和使用国家通用语言文字"。2017 年教育部、国家语委出台了《国家通用语言文字普及攻坚工程实施方案》，提出"扶贫首要扶智，扶智应先通语"。2018 年，教育部、国务院扶贫办、国家语委发布《推普脱贫攻坚行动计划（2018—2020 年)》，此计划不仅正式提出了"推普脱贫"概念，而且明确提出："到 2020 年，贫困家庭新增劳动力人口应全部具有国家通用语言文字沟通交流和应用能力，现有贫困地区青壮年劳动力具备基本的普通话交流能力，当地普通话普及率明显提升，初步具备普通话交流的语言环境，为提升'造血'能力打好语言基础。"

二、语言扶贫在我国脱贫攻坚工作中的价值考量

推普脱贫事业已经成为我国当前在精准扶贫工作中的一项重要手段和具体措施。"概括说来，语言扶贫是政府、教育部等相关机构针对贫困地区/社区的人群，制定一系列关于语言习得使用等的条例措施，以保证这些范围内的人们提高普通话等语言能力，以便拥有更多接触新知识、掌握新技能的机会，提高社会竞争力，运用语言的资源潜力与我国脱贫攻坚关键期相对接，实现真脱贫的活动"（石燕妮，2020：90）。推普脱贫工作是我国以政府为主体，面对贫困地区和贫困人群，通过推广国家通用语言文字的方式，提升贫困群体的语言素养，激发区域性经济活力，带动经济运行的内生力，从根源上消除语言不通而制约脱贫的状况。语言扶贫区别于"输血式、救济式"扶贫，以培养贫困地区和贫困群体"造血机能"为主要目标，促使形成以"健康、和谐、奋进、发展"为主题的文明帮扶环境。语言扶贫可以有效防止扶贫受益者对物质福利的过分依赖，杜绝形成一旦扶贫工作主体的物质投入减撤则出现"返贫复困"的不良局面。

（一）语言扶贫能增强交际效率，促进贫困地区和贫困人群的有效流动

改革开放以来，我国经济高速发展，社会经济发展的整体形势良好，但整体的经济红利却并未彻底改变贫困地区和贫困人群的艰难处境。当然，这一方面源于我国独特的自然地域环境和历史文化氛围造成的区域间经济发展不平衡，但另一方面，不可否认的是，语言文字的障碍使深度贫困地区和贫困人群很难分享到全国经济文化社会发展的成果，这也造成了我国当前不同区域间发展的不平衡。脱贫工作的重要抓手是贫困地区剩余劳动力的有效转移，这既能帮助贫困家庭脱贫解困，同时也能带动区域经济的发展，对社会人力资源的合理配置大有裨益。从理论上来分析，贫困地区人口流动的内在驱动力应该更为强烈，但语言文字的限制却往往导致流动能力的缺失，久而久之人口流动意愿减弱，甚至从情感上反对城市化的人口流动。

（二）语言扶贫能提升信息化水平，改善信息不对称带来的经济社会资源配置的无序化运行

世界范围的信息化时代已经到来，信息成了价值生产的主体，信息化作为当今时代发展的大趋势，代表着先进的生产力。根据美国未来学家阿尔文·托

夫勒（Alvin Toffler）的观点，人类世界的"第三次浪潮"就是信息革命。而要融入这场革命的浪潮，首要的前提和基础就是通用语言文字的普及和推广。国家通用语言文字是获取网络信息资源、实现网络信息即时传递的重要工具。在信息化背景下，只有让贫困人群掌握国家通用语言文字，才能真正走上信息化时代的"高速路"，实现山区各类资源的平台化热销，让线上宣传和销售成为真正解决贫困问题的手段，达到让更多困难群众用上互联网、让农产品通过互联网走出乡村、让山沟里的孩子也能接受优质教育的目标。

（三）语言扶贫能提高贫困地区劳动人口的文化水平，提升个人素养，激发后续学习空间

联合国重新定义的新世纪文盲标准，将文盲分为三类：第一类，不能读书识字的人，这是传统意义上的文盲；第二类，不能识别现代社会符号（即地图、曲线图等常用图表）的人；第三类，不能使用计算机进行学习、交流和管理的人。实际上，新时代的"扫盲"行动就包含语言、文字、符号、信息、网络等关键词。而各种学习的基础和前提，就是掌握和使用国家通用语言文字。一方面，广大贫困地区的贫困人群通过语言扶贫掌握了普通话和规范字，就获得了提升自我的机会，增加了外出学习、打工的机会和空间，也增强了自我认知，拥有了交流的自信。另一方面，通过培训普通话和规范字掌握了基本语言文字技能的青壮年劳动力就具备了进一步学习、探索新知识、交流新信息的能力。在推普脱贫示范效应的带动下，越来越多的贫困地区的青壮年劳动力就会不断加入主动接受规范语言文字的群体，形成推普脱贫的良性循环。以广西罗城为例。近十年，罗城坚持开展"推普进乡镇"活动，对所有行政村青壮年农民进行"人人通"推普脱贫培训，将《普通话1000句》集体学习纳入各村屯日常会议议程，引导村民利用广播、电视、网络、手机等各种媒体和平台自主学习普通话，同时还借助就业培训机构等社会力量，对不具备普通话沟通能力的外出务工人员、贫困群众进行培训，为深度贫困地区劳动力提供精准就业服务。"罗城目前贫困人口普通话普及率达79.82%，90.47%的贫困家庭青壮年劳动力具备普通话交流能力，2014年以来，年均有2.3万个贫困劳动力实现外出转移就业，累计有9万人、31个贫困村脱贫，贫困发生率由过去的40%降至现在的10%以下。"（欧金昌，2019）

三、语言扶贫工作的策略探析

（一）强化通用语言文字规范使用的法规意识，全面营造推普氛围

语言规划是指政府或社会团体为了解决语言在使用中出现的问题，使语言文字更好地为社会服务，而有目的、有计划、有组织地对语言文字及其使用进行干预和管理的各种工作（陈昌来，2016：203）。其中，贯彻执行国家语言文字工作的语言政策是语言规划的重要内容，并主要体现在民族共同语的确立、规范、推广与完善等方面。新中国成立之初就开展了一系列语言文字规范方面的工作，特别是简化汉字、推广普通话、制定和推行汉语拼音方案等。1982 年通过的《中华人民共和国宪法》第十九条规定："国家推广全国通用的普通话。"从此，普通话依法具有了国家通用语言的共同语地位。2000 年通过的《中华人民共和国国家通用语言文字法》第三条规定，"国家推广普通话，推行规范汉字"，进一步推动了国家通用语言文字的规范化和标准化。

经过全国人民的共同努力和长期坚持，推动国家语言文字规范的工作取得了历史性成就："截至目前，普通话在全国范围内普及率接近 80%，识字人口使用规范汉字的比例超过 95%，文盲率从新中国成立之初的 80% 以上下降至 4% 以下，各民族各地区交流交往的语言障碍基本消除。"（田学军，2019 - 09 - 17）然而，在深度贫困的少数民族地区和脱贫攻坚的重点区域，当地人使用规范语言文字的法规意识仍非常淡薄。如对四川凉山彝族自治州少数民族地区中等职业学校普通话普及度情况调查研究的结果显示："调查样本中不知道普通话推广周的占比为 67.1%，很少见过关于推广普通话宣传的为 59.6%，学习过与听过但不了解《中华人民共和国国家通用语言文字法》之和占样本总体的 51.1%，样本中有 60.7% 的人知道各行各业对普通话等级的要求。"（边仕英，卢照天，黄立佳等，2017：57）

为了全面营造推广普通话、使用规范字的全民关注氛围，1998 年，经国务院批准，每年 9 月的第 3 周设为"全国推广普通话宣传周"。2019 年 9 月，在第 22 届"全国推广普通话宣传周"期间，适逢新中国成立 70 周年，教育部牵头组织开展了一系列专题活动，大力弘扬爱国主义精神，增强人民群众的爱国情怀和文化自信。结合实施中华经典诵读工程，通过诵读、书写、讲解等多种语言文化实践形式，弘扬传承中华优秀语言文化，引领全社会特别是广大青少年说好普通话，写好"方块字"，感悟博大精深的中华文化，为他们的人生打下鲜亮的中国底色。结合国家脱贫攻坚战略，通过加大推普助力脱贫攻坚

力度，充分发挥普通话提高劳动者基本素质的重要作用。强化对农村、少数民族地区特别是贫困地区的推普工作力度，实现推普广动员、广参与、广覆盖，指导各地开展"推普下乡""普通话＋职业技能培训"等活动，助力青壮年农牧民跨过语言关、打通致富路，形成打赢推普助力脱贫攻坚战的大好局面（教育部语言文字应用管理司，2019－12－18）。

（二）落实推普脱贫工作的主体责任，发挥政府和教育部门的引领作用

习近平总书记《在打好精准脱贫攻坚战座谈会上的讲话》中指出："这里，我还要强调，贫困县党委和政府对脱贫攻坚负主体责任，党政一把手是第一责任人，攻坚期内干部队伍要保持稳定，把主要精力用在脱贫攻坚上。"落实推普脱贫工作的责任主体也同等重要，其关键在于充分发挥各级党委政府和教育部门的引领作用。

目前，重点应该是有效发挥政府机关、新闻媒体、服务行业、教育机构这四大主体在语言生活中的示范引领和辐射带动作用。在正式的公开场合，线上线下，通过媒体和宣传渠道，大力倡导通用语言文字的使用。尤其是要发挥政府机关工作人员的示范作用，优先组织不具备国家通用语言文字沟通能力的县以下基层干部参加普通话达标培训。此外，还应该在各类"窗口"服务行业和部门开展"说好普通话，写好规范字"的推普工作。如金融系统、医疗系统、运输系统、信息产业系统的语言文字规范化、标准化工作，推动相关行业语言文字的监督管理，提升各行业的整体语言服务能力。通过不断扩散的辐射效应，"大力推行、积极普及、逐步提高"，最终实现全民使用规范语言文字的目标。

（三）建立通用语言文字规范培训的长效机制

"说好普通话，写好规范字"需要各级教育部门密切联系各地实际，作为一项长期工作来不断推进和落实。第一，要严把教师的语言关，要求教师将普通话作为教学语言和工作语言，新录用教师的普通话水平须达到国家规定的级别，从教育的源头上阻断非规范用语用字的"代际传递"。第二，重点要抓贫困地区青壮年群体的语言培训工作，特别是在劳动力人口流动的渠道中要作为核心工作来坚持。从近年的培训情况来看，收效颇丰。以2017年为例，针对农村青壮年、农村教师、少数民族教师开展普通话培训近40万人次，其中农村青壮年约10万人次，农村教师约25万人次，少数民族教师约3.8万人次。

（国家语言文字工作委员会，2013）第三，各地教育部门（包括语言文字工作部门）还应该针对各贫困地区和贫困人群的不同语言文化特点，组织编写推普脱贫的培训资料和教材。教育部、国家语委在充分调研深度贫困地区情况的基础上，组织高水平专家团队出版了《普通话 1000 句》《幼儿普通话 365 句》等广受好评的推普实用教材。第四，采取网络信息化、多媒体等手段辅助开展推普脱贫工作。

（四）科学规划，有效提升"双语双言"群体的语言教育水平

国家通用语言文字的推广和规范，并非消除少数民族语言和各地方言。新中国成立之初推行普通话的时候，周恩来总理就在《当前文字改革的任务》中指出："我们推广普通话，是为的消除方言之间的隔阂，而不是禁止和消灭方言。"从语言生态共生关系的角度看，多语并存可以促使多元文化和人文生态得到更好的保持和传承，因此推广国家通用语言文字与保护语言文化遗产之间是主体化与多样化的辩证关系。

针对"双语双言"地区的推普扶贫工作，既要有科学的规划，也要有因地制宜的语言文化政策和培训方式来逐步推进当地贫困人群接受和使用国家通用语言文字。特别是在少数民族地区，要使广大少数民族群众认识到："一方面，尽快掌握普通话和规范汉字，才能平等地获得良好的就业机会、经济收益、教育医疗及公共文化服务等与'社会效率'相关的语言权利；另一方面，少数民族也依法享有和行使国家规定的各项倾斜性民族语言政策，以使其在区域自治、母语文化传承和语言群体认同方面获得与'社会公平'相关的语言权利。切实维护少数民族群众的各项语言权利，培养本民族语言和国家通用语言的双语甚至多语能力，建构和谐健康的语言生态格局，是新形势下我国语言文字工作的新常态。"（石琳，2018：154）

（五）精准对接、系统动员，促成东西部推普脱贫攻坚的对口支援

2017 年 10 月 18 日，习近平总书记在十九大报告中强调："中国特色社会主义进入新时代，我国社会主要矛盾已经转化为人民日益增长的美好生活需要和不平衡不充分的发展之间的矛盾。"在脱贫攻坚工作中，东部和中部地区较为发达的省、市，确实起到了非常有效的帮扶、引领和支撑的作用。以浙江省为例。2019 年，为有效贯彻落实中央东西部扶贫协作工作座谈会精神，浙江省教育厅聚焦推普脱贫，倾全省教育系统之力，实现了浙江省和四川省阿坝藏族羌族自治州推普脱贫攻坚结对帮扶全覆盖，助力三区三州深度贫困地区脱贫

攻坚；主推了四项帮扶工程：一是实施语言文字督导评估帮扶工程。帮助阿坝州完成剩余 7 个县（市）三类城市语言文字督导评估，帮扶马尔康市顺利通过二类城市语言文字督导评估。二是实施经典文化帮扶工程。帮助制定《阿坝州中小学（幼儿园）经典诵写讲活动指导纲要》，把"中华经典诵写讲"活动作为藏族地区学校德育工作的新载体。三是实施普通话测试提档帮扶工程。帮助马尔康民族师范学校、威州民族师范学校两个普通话测试站加强软件和硬件建设，推动阿坝州普通话测试水平上档升级。四是实施学前教育推普帮扶工程。推进浙江省、阿坝州幼儿园的结对帮扶，帮助培养学前教育推普骨干教师，组织农村幼儿园园长赴浙考察学习，积极提供学前推普脱贫视频、图书等资料。（教育部语言文字应用管理司，2020）这样的精准对接，对口支援开展推普脱贫工作的"全覆盖"，已经成为东西部协同开展脱贫攻坚和精准扶贫的主要模式，为我国的全面脱贫解困起到了重要的引领和示范作用。

四、结语

2020 年，中华民族千百年来的绝对贫困问题得到历史性解决，其中语言扶贫发挥的作用是有目共睹的。站在新的历史起点上，党的十九届四中全会通过的《中共中央关于坚持和完善中国特色社会主义制度、推进国家治理体系和治理能力现代化若干重大问题的决定》明确指出："坚决打赢脱贫攻坚战，巩固脱贫攻坚成果，建立解决相对贫困的长效机制。"至此，解决"相对贫困"已经正式上升为国家战略，这是中央审时度势全面推进中国反贫困战略的重大转向，意味着我国扶贫减贫工作不仅不能松懈，更应该从理论和实践角度不断创新，朝向未来新问题的解决。可以预见的是，在未来解决"相对贫困"的道路上，语言扶贫必将更大程度地发挥其基础性、根源性的作用，在世界扶贫减贫工作史上留下浓墨重彩的一笔！

参考文献

边仕英，卢照天，黄立佳，等，2017. 凉山民族地区中等职业学校普通话普及度情况调查研究——以凉山民族师范学校为例［J］. 教育与教学研究（4）：54－59.

陈昌来，2016. 应用语言学导论［M］. 北京：商务印书馆.

陈丽湘，魏晖，2019. 推普脱贫有关问题探讨［J］. 语言文字应用（3）：2－11.

国家语言文字工作委员会，2018. 中国语言文字事业发展报告（2018）［M］. 北京：商务印书馆.

教育部语言文字应用管理司，2020. 精准对接　系统动员　发挥优势　积极探索——浙江省积极开展推普脱贫攻坚对口支援［N］. 语言文字报，2020－03－11（1）.

教育部语言文字应用管理司，2019. 普通话诵七十华诞，规范字书爱国情怀——第22届全国推广普通话宣传周活动综述［N］. 语言文字报，2019－12－18（1）.

欧金昌，2019. 语言扶贫扶出的"魔力"［N］. 中国教育报，2019－11－19（6）.

石琳，2018. 精准扶贫视角下少数民族地区国家通用语言文字普及深化的策略［J］. 社会科学家（4）：150－156.

石燕妮，2020. 国内语言扶贫研究综述［J］. 中南财经政法大学研究生学报（1）：90－97.

田学军，2019. 谱写国家通用语言文字推广普及新篇章［N］. 光明日报，2019－09－17（9）.

四川地区小学课堂
进一步加强中华传统文化普及的策略研究[*]

郑颖琦[**]

【摘　要】　本文基于国家"大力传承中华优秀传统文化"及教育脱贫攻坚的时代背景,通过对四川地区小学课堂传统文化教学的考察,研究小学教育中传统文化传承发展的现状与问题,并以此为基础,探索一条以优秀传统文化发展为目标驱动,适应小学教育特点,让学生深入系统地认知文化精髓和要义,并在一定程度上以传统文化的视角来认识祖国,探索立身行事的文化传承发展路径。

【关键词】　优秀传统文化;文化教学;文化三角

一、研究背景和目的

习近平总书记在党的十九大报告中指出:"深入挖掘中华优秀传统文化蕴含的思想观念、人文精神、道德规范,结合时代要求继承创新,让中华文化展现出永久魅力和时代风采。"(习近平,2017:18) 2017 年 2 月,中央首次以文件形式专题阐述中华优秀传统文化的传承发展,正式将发展传统文化上升到国家战略高度。党的十九大报告同时指出:"要动员全党全社会力量,坚持精准扶贫、精准脱贫……确保到 2020 年农村贫困人口实现脱贫,做到脱真贫,真脱贫。"(习近平,2017:20) 为落实十九大精神,2018 年 1 月,教育部、国务院扶贫办、国家语委印发了《推普脱贫攻坚行动计划(2018—2020

---

　*　本文获四川省高校人文社科重点研究基地川菜发展研究中心"传统文化传承背景下四川饮食文化的国际传播路径研究——基于全球孔子学院的国家战略"(项目号 CC17W06)项目资助。
　**　郑颖琦,四川大学海外教育学院讲师。

年)》，要求到 2020 年，现有贫困地区青壮年劳动力具备基本的普通话交流能力，实现精准脱贫的工作目标，打好语言和文化基础。

目前，我国脱贫攻坚已经取得决定性成就，"但从决定性成就到全面胜利，从接近完成到全面实现，不是轻轻松松一冲锋就能打赢的……巩固脱贫成果，面临的困难和挑战依然艰巨，要攻克的难关还有不少，决不能松劲懈怠"（新华社评论员，2020）。

响应国家政策要求，本文在语言文字脱贫攻坚及大力传承中华优秀传统文化的大背景下，研究四川地区小学教育中传统文化传承发展的现状与存在的问题，探索一条以中华传统文化发展为目标驱动，适应小学教育特点，让学生深入系统地认知中华传统文化的内涵要义，并在一定程度上从中华传统文化的视角来认识祖国，探索立身行事的文化教育路径。

二、中华优秀传统文化教育的意义

中华文化源远流长，是中华民族赖以生存的精神支柱和心灵家园，是民族精神的源头，千古传承记录着民族基因中的智慧。随着我国政治、经济、文化各方面的飞速发展以及国际影响力的稳步提升，尤其是教育部、国务院扶贫办、国家语委联合印发《推普脱贫攻坚行动计划（2018—2020 年)》之后，政府和社会各界通力合作，在校小学生对中华文化的感知日渐加深，不满足于对中国文化的浅层次认知态势。在中华文明和世界文明交流互鉴的过程中，希望进一步深入理解中华文化。包括儒家思想在内的优秀传统文化是人类文明的共同财富，其天人合一的和谐精神、自强不息的进取精神、民为邦本的民本思想和止于至善的崇高追求，对养下一代具有重要的价值和引领作用，是语言教育的重要组成部分。

关于中国传统语文教学的终极目的，《大学》一书在开篇就做出了明确的阐释："大学之道，在明明德，在亲民，在止于至善。知止而后有定，定而后能静，静而后能安，安而后能虑，虑而后能得。"这一根本的教育宗旨，应贯穿当代小学生传统文化培养的全过程。

语言的有效沟通，是由文化上的适宜性和敏感性决定的，与文化的关联可以丰富语言教学和语言表达，也能使学生更深刻地理解语言文化的要义和特征。在语文教育的同时关注文化因素，并由此建立对中华优秀传统文化的了解与认知，不论是对语言的正向促进，还是经由文化认同获得语言文化的相互贯联，从而达成对文化与国家的认同与亲近，都将起到积极的促进作用。

三、现行问题

虽然早在 20 世纪 80 年代，语言教育中的文化因素就被提及，多年来文化因素也受到重视，但笔者在对四川地区中小学的语言文化传承项目的调研中发现目前依旧存在以下两方面的问题。

第一，课程设置方面，文化要素与语言要素结合生硬。直接表现为以下五个方面。一是语言与文化的融合不够自然。部分课堂以文化专题形式呈现，虽然一定程度上避免了文化要素输入的非系统化，但是文化教学突兀、不自然，教学结果由于缺乏体验性与承继性，出现高遗忘率现象。二是文化要素输入的非系统性。由于现行文化课程设置未能对中华传统文化进行分级性的理论探索，文化因素的植入生硬且不系统。三是文化内容选材标准不一。对文化内容的选择，有的偏重中国古代文化，有的偏重历史概况与现实生活。选材标准不一的现状，使文化体系凌乱随意，难以达成课程间文化因素的有机融合。四是文化内容重现象、轻本质，重差异、轻共性。尤其是相异文化的比较部分，偏重行为文化的差异性，但鲜有阐释差异背后的原因与共性。五是现行文化教学主要以课堂教学和专题文化活动的方式呈现。在二者的结合方面存在文化活动与文化教学脱离、文化现象的阐释浮于表面的问题。

第二，课堂教学方面，上述课程设置在中华传统文化传承方式上的"缺失""脱节""生硬"，深厚丰富的传统文化往往以个别、具体、零散的具象性事物代替。

四、具体实施方案

经由上述调查研究，结合党的十九大精神以及《推普脱贫攻坚行动计划（2018—2020 年）》的具体要求，笔者认为针对中小学中华传统文化传承教育，现阶段需要从以下两方面进行突破和改进。

第一，针对"文化三角"中产物、习俗、观念在课程设置中的分配比例，进行传统文化内容的进一步定位和划分。这涉及文化教学的基本范式问题，从固有的输入性、传授性模式，转化为以文化产物或文化话题为切入点的体验式、开放式及研讨式教学模式。该项任务对有针对性地进行文化话题的选择提出了要求。

第二，教学过程围绕选定的话题进行相关文化习俗和观念的筛选、整理，将代表中华优秀传统文化的典型性案例、观念，包括涉及的部分典型性文化关联的内容，以要点的形式进行系统性整理，同时提供有针对性、典范性的文化支撑阅读材料，作为课程前后的准备及拓展资料。所有这一切都要以培养学生对中华传统文化的兴趣、热情以及增强学生进一步阅读研究的动力为出发点，从而实现传承中华传统文化的目标。

因此，针对上文提出的立足中华传统文化精髓和学生兴趣点，建立面向小学生的中华传统文化话题体系，笔者将语言教学中的"文化"概念归纳为三个方面。

第一，行为学角度的文化知识。就行为学角度而言，学生可了解中国文化的基本内容，进一步认识中国文化的起源、精髓与要义，从而在一定程度上以中国传统文化的方式来看待中国、立身行事。

第二，阐释学角度的文化知识。就阐释学角度而言，学生需要习得文化语言中潜在的社会和文化信息。中华传统经典和传统思想尤其是传统文化中所蕴含的"生命之道"对中国文化群体具有深远影响。

第三，文化内容型的知识。在文化内容型的知识方面，学生需要对文化对象的历史、地理、文化背景有所了解，深入建构中国文化精神模式。

同时在与语言教学联系密切的文化模式方面，参照哈默利（Hammerly, 1982）对文化三方面类型的划分——成就文化（Achievement Culture）、信息文化（Informational Culture）、行为文化（Behavioral Culture）——作为中华传统文化分级体系建构的理论基础，勾勒出适用于小学生的中华传统文化话题体系。具体包括：①传统家庭文化；②中华食物与中药；③中华传统节日；④中国地理与旅游；⑤中国历史与哲学思想；⑥中华传统艺术与科技。

该六大话题涉及的中华传统文化内容繁多，从对象的接受程度及兴趣点考虑，归纳出各主题下辖诸多小话题，并将各话题分别归入哈默利模式中的行为文化、信息文化和成就文化。以川内代表性小学为调查对象，通过调查分析与对比，笔者找到学生对中华传统文化居于高水平状态的兴趣分布所在。在此基础上，笔者对所列的诸多传统话题进行筛选及合并工作，总结出上述六大文化版块之下，与"文化三角"相对应的面向小学生的中华文化话题体系。笔者将六大中华文化话题统摄下包括文化三角产物、习俗和观念的部分典型内容总结为见表1：

表1 六大中华传统文化话题

文化话题体系	文化产物	文化习俗	文化观念
传统家庭文化	自然崇拜与祖先崇拜；中国传统治家智慧；孝悌为本，本立道生；家国同构，以德为帜	举止得体，外化于行：中国传统礼仪；中国家庭伦常的行为准则；和为贵：家国和谐的永恒根基	中国家庭的传统伦理观念；天人合一，贵和尚中；"修身养德、立己达人、家国情怀"的文化观念
中华食物与中药	中国人舌尖的意蕴；茶文化：壶内乾坤	中国菜系特征与背景；南北的饮食习惯和差异；饮食表层文化（色、香、味）；中层文化（形、器、礼）；深层文化（"和"）；中医问诊	以食为天；中国人的饮食交往与祈福传统；食物属性与中药、中医；阴阳辨证、中医之道
中华传统节日	传统节日、由来、相关传统故事、传统节日中的重要意象	传统节日的庆祝方式、节庆禁忌	中国传统节日中的礼仪、理想性、时代性、民族性、传承性及其变异
中国地理与旅游	地理概貌特征；中国文化的地域差异；不同地区代表性旅游胜地	不同地区的风俗习惯、人文风情	中国地理对中国历史、风俗、文化形态等诸多方面的影响；中国人性格的地域差异
中国历史与哲学思想	结合代表性人物和事件对中国历史上有文明记载的时期进行分块概述；儒释道在中国的发源及其代表思想	中国与世界的交往；中国思想与世界思想的交流与融合	中国文明的起源；传统社会阶层的划分对现代人的影响；宗教在人民生活中扮演的角色；传统观念对现代中国的影响
中华传统艺术与科技	黄钟大吕；霓裳羽衣；皮黄春秋；代表性民俗艺术；中国民间艺术	传统艺术科技认知与赏析；笔墨情志，书画同源；外师造化，中得心源；以形写神，境生象外	民俗艺术、地理风俗、人文知识的贯联

五、总结

基于当下我国"大力传承中华优秀传统文化"以及语言文字领域脱贫攻坚的时代背景，笔者对四川小学在中华传统文化传承发展方面取得决定性成果前提下所存在的部分问题进行了调研；并以此为基础，探索一条以中华传统文化传承发展为目标驱动，适用于小学教育特点，可让学生更加深入系统地了解中华传统文化的内涵要义，并在一定程度上以中华传统文化的视角立身行事的文化发展传承策略。

参考文献

习近平，2017. 决胜全面建成小康社会　夺取新时代中国特色社会主义伟大胜利——在中国共产党第十九次全国代表大会上的报告［J］. 求是（21）：3－28.

新华社评论员，2020. 确保脱贫攻坚成效经得起检验　学习贯彻习近平总书记在决战决胜脱贫攻坚座谈会重要讲话［N］. 新华每日电讯，03－08（2）.

HAMMERLY，1982. Synthesis in second language teaching：an introduction to linguistics［M］. Blaine，WA：Second Language Publications.

高校语言文字工作创新发展研究*

朱　莉**

【摘　要】　高校的语言文字工作是国家和社会赋予高校的重要责任。新时代高校师生应勇担历史使命，深入贯彻落实习近平新时代中国特色社会主义思想和党的十九大精神，弘扬中华优秀传统文化，推进新时代语言文字事业全面发展。强化顶层设计和组织引领，充分发挥高校人才与科技优势，在高校语言文字工作中创新思维、开拓进取，努力使高校成为推动社会主义文化繁荣兴盛、打赢推普脱贫攻坚战的中坚力量。

【关键词】　高校语言文字工作；创新；发展

高校基本职能是培养人才，发展科技，服务社会。高校语言文字工作是国家和社会赋予高校的重要责任，是全面推进全民素质教育的重要工作，同时也是推动中华文化创新发展的重要组成部分。新时代高校师生应勇担历史使命，深入贯彻落实习近平新时代中国特色社会主义思想和党的十九大精神，推进新时代语言文字事业全面发展，传承并弘扬中华优秀传统文化，服务国家发展战略需求，为坚决打赢脱贫攻坚战、全面建成小康社会做出贡献。通过强化顶层设计和组织引领，高校师生充分发挥人才与科技优势，在高校语言文字工作中创新思维、开拓进取，努力使高校成为推动社会主义文化繁荣兴盛、打赢推普脱贫攻坚战的中坚力量。

---

　* 本文获四川大学党政管理服务研究项目（项目号 2020DJYJ－50）、四川大学工会理论研究课题（项目号 SCUGH2020－012）、四川大学实验技术立项（项目号 SCU201217）资助。

　** 朱莉，四川大学人事处师资管理及语委办公室副主任。

一、语言文字工作发展历史沿革

"语言文字事业是国家教育事业、文化建设和社会发展的重要组成部分。……语言文字事业……要始终紧紧围绕党和国家中心任务、服务国家发展大局，充分发挥自身在促进国民素质提高和人的全面发展、服务国家统一和民族团结、助力历史文化传承和经济社会发展方面的重要作用。"（田学军，2019）新中国成立初期确立的"促进汉字改革、推广普通话、制定和推行汉语拼音方案"三大任务，在助力扫除文盲、促进人民群众科学文化素质提升、推动国家发展进步等方面发挥了重大作用。1982 年《中华人民共和国宪法》第十九条规定："国家推广全国通用的普通话。"20 世纪 90 年代开始大力推进语言文字信息化工作。2001 年《中华人民共和国国家通用语言文字法》第十条规定，"学校及其他教育机构以普通话和规范汉字为基本的教育教学用语用字"，进一步明确了普通话和规范汉字作为国家通用语言文字的法定地位。

2011 年颁布的《中国农村扶贫开发纲要（2011—2020 年）》首次在扶贫政策文件中明确提出在民族地区全面推广国家通用语言文字。2012 年印发的《国家中长期语言文字事业改革和发展规划纲要（2012—2020 年）》指出，语言是人力资本的一种，语言能力的提升有助于人们信息获取、技能学习、教育改善、劳动力流动和产业的升级，从而改善贫困地区的发展和教育状况，最终促进当地的就业和经济发展。2016 年 8 月，《国家语言文字事业"十三五"发展规划》提出，结合国家实施的精准扶贫、精准脱贫方略，以提升教师、基层干部和青壮年农牧民语言文字应用能力为重点，加快民族地区国家通用语言文字普及率，加快国家通用语言文字教育教学，确保少数民族学生基本掌握和使用国家通用语言文字。2016 年 11 月，《"十三五"脱贫攻坚规划》确定精准扶贫、精准脱贫的基本方略，出台了系列重大政策措施，特别强调"加强民族聚居地区少数民族特困群体国家通用语言文字培训"。2017 年，《国家通用语言文字普及攻坚工程实施方案》制定了扶贫先扶智、扶智先通语的战略方针。党的十九大明确将推广普通话的目标和功效与精准脱贫紧密联系起来。2018 年，《深度贫困地区教育脱贫攻坚实施方案（2018—2020 年）》特别指出，要面向"三区三州"实施推普脱贫攻坚行动。同年，《推普脱贫攻坚行动计划（2018—2020 年）》明确将推普纳入脱贫攻坚战略，要求到 2020 年现有贫困地区青壮年劳动力具备基本的普通话交流能力，为提升贫困人口内生动力和造血功能，实现精准脱贫的工作目标打好语言基础。2018 年 12 月，《高等学校乡村振兴科技创新行动计划（2018—2022 年）》启动实施高校助力乡村振兴七大行动，包括科学研究支撑行动、技术创新攻关行动、能力建设提升行动、人才培养提质行动、成果推广转化行动、脱贫攻坚助力行动及国际合作提升行动。

二、新时代高校语言文字工作的定位和奋斗目标

习近平总书记在十九大报告中指出，要坚定文化自信，推动社会主义文化繁荣兴盛。坚持以马克思主义为指导，坚守中华文化立场，立足当代中国现实，结合当今时代条件，发展面向现代化、面向世界、面向未来的，民族的科学的大众的社会主义文化，推动社会主义精神文明和物质文明协调发展。语言文字是文化的基础要素和鲜明标志，是文化传承、发展、繁荣的重要载体。语言文字是人类最重要的交际工具和信息载体，是文化的基础要素和鲜明标志，是促进历史发展和社会进步的重要力量。无论时代如何发展，社会如何变迁，中华民族的优秀文化不能变。同时，必须立足当代中国现实，赋予并拓展新的时代内涵，创新现代表达形式，大力推动语言文字工作成为中国特色社会主义文化建设中的重中之重。

中共中央、国务院印发的《关于加强和改进新形势下高校思想政治工作的意见》指出，高校肩负着人才培养、科学研究、社会服务、文化传承创新、国际交流合作的重要使命，是巩固马克思主义指导地位、发展社会主义意识形态的重要阵地（中共中央党史和文献研究院，2018）。高校作为人才和智力的汇聚之地，自国家推行语言文字规范化工作以来，始终是国家语言文字规范化推行工作的主要阵地，大学生和高校教师成为推行语言文字规范化工作的主力军，发挥着不可替代的重要作用。

新时代高校语言文字工作在大力推动社会主义文化繁荣兴盛和助力打赢脱贫攻坚战的历史背景下开启了新征程，意义深远、责任重大。高校作为培养人才、传播知识和服务社会的重要阵地，承担了义不容辞的社会责任。新时代高校的语言文字工作应坚持文化的创造性转化和创新性发展，结合当今时代发展特色，以四个方面的工作为抓手，做好新时代高校语言文字工作的顶层设计和规划，引领全体师生凝神聚力，共克时艰，砥砺前行，共同完成时代赋予的伟大历史使命。第一，继续做好规范和提升语言文字应用能力，促进教育教学和科研工作发展；第二，传承与弘扬中华优秀传统文化，坚定文化自信，推动中华优秀语言文化创新发展；第三，充分利用高校文化教育传播优势，加强国际交流合作；第四，通过精准扶贫普及国家通用语言文字助力扶智脱贫，利用高校优质的教育文化资源做好定点扶贫工作。

三、创新高校语言文字工作的探索和实践

高校的第一要务是教书育人，语言文字工作是历史赋予高校的重要使命。我们要以发展的眼光来看待新时代高校语言文字工作，充分发挥高校深厚的传统文化底蕴和良好的语言文字工作基础，将语言文字工作与学校日常教育教学、人才培养和科学研究紧密结合，把语言文字工作渗透到德、智、体、美、社会实践等各项教育教学活动及校园文化建设当中，努力培养和提升师生的语言文字应用能力，强化师生自觉规范使用国家通用语言文字的意识和自觉传承弘扬中华优秀文化的意识。高校应立足于自身建设的特色，对广大师生进行深层次、多元化、多维度的教育和培养。

（一）规范和提升语言文字应用能力，促进教学科研进步

说好普通话，写好规范字，准广普及普通话和规范汉字及相关政策与知识，既是高校语言文字规范化工作的常规工作，也是重点工作。目前高校仍然存在普通话推广普及不到位，校园内外和课堂上时而出现方言土话，年轻人存在网络语、外来词、缩略语、繁体字、生造字滥用，校园标志牌、广告栏、宣传栏等宣传用语混乱等诸多现象。

针对大学校园的这些现象，高校首先应加强语言文字规范化应用的组织领导和制度建设，学校党政高度重视，坚持从战略和全局的高度来认识、谋划和推动工作，出台语言文字规范化应用的相关规定和细则，并全面贯穿于学校的教学科研工作当中。第一，坚持将说普通话、写规范字纳入日常教育教学工作中，将学生的规范化用语用字情况与学业测评挂钩；第二，明确课堂教学人员普通话水平测试等级要求，在课堂教学、教案、课件、教材、科研报告等方面严格要求规范化教学用语和科研用词，并纳入教师业绩考核，在各类评奖评优、项目申报、升等晋级方面优先考虑；第三，定期组织语言文字工作委员会、宣传部、党政办及教工部等相关部门联合检查，整顿校内标语、告示、橱窗、校园网、校报等公共场合用语用字，确保校园用语用字的规范化和标准化，创造良好的高校语言文字工作大环境；第四，通过校园网、广播站、微信公众号、微博、报栏等多种形式宣传国家通用语言文字规范化法规政策，引导广大师生认识语言文字规范化应用的重要性，在学习工作中自觉主动地使用规范用语用字。

（二）传承和弘扬中华优秀传统文化，推动创新发展

高校作为传承中华优秀文化、推动国家社会经济发展的重要力量，毅然肩负起时代重任，为中华文化的伟大创新和发展贡献力量：推广国家规范用语，传承经典文化。通过举办推普周活动、中华经典诵读比赛、传统戏剧表演、演讲比赛、书法比赛、国画、传统武术比赛等，利用春节、清明、端午、中秋等中华传统节日举办传统庆典仪式等多种活动，以语言文字为载体，让语言和文化相辅相成，共放异彩，让广大师生在轻松愉悦的氛围中感受丰富多彩的中华文化，激发学生对祖国语言文字的热爱，提升其综合语言文化素质，增强文化自信和民族自豪感，从而促进传统文化的传承和创新。

笔者所在的四川某高校，充分利用人文社科学院师资力量雄厚，文化底蕴深厚的专业优势，开展多种形式的文化教育推广普及工作（朱莉，2019）。首先，设立语言文字特色课程。如开设普通话语音训练专业课，普通话语音形象提升训练、语言美学与表达艺术等全校文化素质公选课。其次，不定期开设各类语言文化讲座，拓宽学生知识面，提升兴趣，增强学习的原动力。如举办校园诗歌创作交流会，组织师生对现代汉语语法研究方法、中国现当代诗歌研究的方法与视野、殷商文学史的书写及其意义、人类学方法的回顾与反思进行讨论；联合北师大共同举办线上望江读书会，进行跨地域、跨学科学术交流活动；长年坚持开展"知行者读书会"，引导学生学习中华文化，传播中华经典；举办"大吉青年藏学家系列学术讲座"25场；举办儒释道论坛暨《儒藏》论坛系列学术讲座220讲；举办珠峰藏学系列学术讲座3场；组织开展明远读书会，主题为冷与热交汇、感悟与阐释交织，引导学生学习中华文化，传播中华经典等。学校积极选拔推荐师生作品参加2019年中华经典诵写讲演系列活动，其中《江姐遗书》《短歌行》获全国二等奖，《沁园春·雪》获全国三等奖，学校荣获四川省优秀组织奖。

（三）发挥高校文化教育传播作用，加强国际交流合作

语言文字既是一个国家和民族的软实力，也是硬实力，更是提升综合国力的重要保障（赵世举，2015）。文化传播的重要载体是语言文字，语言文字对于促进文化发展也起着至关重要的作用。近年来在全国各族人民的共同努力之下，社会主义核心价值观和中华优秀传统文化得到大力弘扬，文化事业欣欣向荣，国际影响力大幅提升。作为肩负文化教育历史重任的高校师生，必须坚定文化自信，坚守中华文化立场，立足当代中国现实，结合当今世界变幻莫测的

时代特点，推动中华优秀语言文化创新发展。

首先，高校应充分运用自身文化教育传播优势，将普通话及语言文字推广工作普及到世界范围，加强语言文化国际交流合作。随着中国综合国力和国际影响力的逐渐增强，中国高校的留学生教育工作蓬勃发展，留学生遍布世界各地。一方面高校应加大国际教育宣传和校园环境建设，吸引更多优秀的留学生来接受教育，另一方面通过合作办学与国外大学建立紧密稳固的合作关系，承担国外院校假期汉语项目的教学与文化传播工作，拓宽国际交流渠道，传播中华文化，提升国际合作水平。其次，举办中外高校语言研讨论坛或学术讲座等人文交流活动，进一步拓展和深化语言文化交流合作，促进中外民心相通和中西方文明互鉴。第三，深化港澳台及海外语言文化交流合作，组织高校师生赴港澳开展中华经典诵读展演交流，组织海内外高校师生共同开展汉字创意、诗词教育、演讲比赛等特色语言文化交流活动。以语言文化为载体，立足中华文化立场，促进世界各地区文化交流互鉴，让世界了解中国，同时促进中国特色社会主义文化焕发强大生命力、蓬勃创造力和深远影响力。

（四）利用高校文化教育资源，推普脱贫助力国家战略发展

推普脱贫是新时代国家精准扶贫工作中的重要战略部署。通过在贫困地区和贫困群体中推广普及国家通用语言文字，提高劳动力基本素质，提升职业技能，增强就业能力，助力区域经济发展（李宇明，黄行，王晖，等，2018）。语言助力扶贫不同于普通救济式扶贫，以普通话为桥梁，激发贫困人口的内生动力，用增强语言交际能力帮扶、提高贫困人口文化素质和生存能力，帮助其融入现代社会，有能力追求和创造更加美好的生活。在推普脱贫攻坚战中，高校作为社会经济发展的人才库和智力源，应主动担当，积极提供智力支撑和人才支持，实施精准扶贫，利用高校优质的教育文化资源做好定点扶贫工作。

扶贫先扶智，扶智先通语。语言是人类最基本的生存要素之一，学习国家通用语言文字，是人们进行沟通和交流的基本前提。对贫困劳动力进行语言扶贫，有助于提高他们战胜贫困的能力，也有助于培养他们永久脱贫的能力（郝琳，2018）。高校向定点帮扶地区推广国家通用语言文字，向当地群众传播先进的教育、科技、文化、医疗卫生等知识，做好提高贫困人口的教育水平、文化生活、生产技能等方面的文化精准扶贫工作。第一，选派高校优秀的师资力量从事或指导贫困地区国家通用语言文字的教育教学。不仅要做好普通话教学，更要做好贫困地区方言和普通话的双语交流，对当地群众进行方言和普通话学习培训。开展普通话培训、规范用语标准宣讲、阅读写作训练、语言

文字游戏设计、田野调查、爱心捐赠等活动，提高贫困落后地区人民群众特别是青壮年劳动者和青少年儿童的普通话水平，营造贫困地区广泛使用国家通用语言文字的良好社会环境。以普通话为黏合剂，搭建贫困地区沟通和发展的桥梁，打破由自然环境和历史原因造成的交流隔离、信息闭塞，推动贫困地区脱贫致富（江婕，2019）。第二，充分利用高校网络教育优势，依托互联网、人工智能、大数据等技术手段，运用阳光课堂、MOOC 普通话教学，普通话学习手机 App、多媒体教学、远程数字图书馆等现代化教学手段，对师资力量缺乏的贫困地区进行远程教学培训帮扶，促进当地语言文字工作队伍的培养和建设。第三，充分调动高校丰富的学科优势资源，结合贫困地区实际，以语言文化为载体，进行特色民族文化产业帮扶。如运用高校科研力量，针对贫困地区开展人口、资源、产业链的实际调研和数据分析研判，整合开发贫困地区的优质人文地理与自然地理资源的文化旅游产业（孙亚鹏，2020），对当地民谣、史诗、服饰、习俗、建筑等特色民族文化产品和地理资源进行统筹规划、开发保护和创新提升，促进通用语言文字的普及工作和地方区域经济的共同发展。

2020 年是决胜全面建成小康社会、决战打赢脱贫攻坚战的决战决胜之年，是"十三五"规划的收官之年。在这个重要的历史时期，高校语言文字工作意义重大，影响深远，任务艰巨。我们要以习近平新时代中国特色社会主义思想为指导，深入贯彻落实全国教育大会精神，聚焦推普脱贫攻坚，在高校党政领导高度重视、周密部署、广泛动员、保障激励、精心谋划下，依托"互联网＋"时代的技术手段，充分发挥高校在国家通用语言文字宣传、推广、教育等方面的优势，大力推广和规范使用国家通用语言文字，提升国民语言能力，传承弘扬中华优秀传统文化，扩大对外交流和国际影响力，服务国家发展战略需求，将语言文字工作做得更扎实、更深入、更广泛、更有实效，推动语言文字工作开创新局面。积极探索，凝聚合力，发挥优势，精准施策，从文化扶贫、科技扶贫、产业扶贫等全方面助力脱贫攻坚战取得全面胜利。

参考文献

郝琳，2018. 语言扶贫有助于永久脱贫 ［N］. 中国教育报，2018－05－31（5）.

江婕，2019. 推普如何扶贫 ［J］. 社科纵横，(12)：64－69.

教育部语言文字应用管理司，2013. 国家中长期语言文字事业改革和发展规划纲要（2012—2020 年）［M］. 北京：语文出版社.

李宇明，黄行，王晖，等，2018. "推普脱贫攻坚"学者谈 ［J］. 语言科学（4）：356－367.

孙亚鹏，2020. "互联网＋"时代构建湖南高校扶贫与普通话普及共进机制的思考 ［J］.

职业（3）：97 – 98.

吕学军，2019. 聚焦推普脱贫 推进语言文字事业全面发展［N］. 语言文字报，2019 –
05 – 22（1）.

赵世举，2015. 语言与国家［M］. 北京：商务印书馆.

中共中央党史和文献研究院，2018. 十八大以来重要文献选编（下）［M］. 北京：中央文
献出版社.

朱莉，2019. 新时代高校语言文字工作新路径［N］. 语言文字报，2019 – 07 – 10（2）.

四川省民族地区传统村落文化扶贫精准化研究
——文献回顾与研究展望

陈萱源*

【摘　要】　传统村落文化扶贫是国家实施乡村振兴战略所需，四川省传统村落大多聚集在少数民族地区，对其文化扶贫精准化的研究是对四川省打赢脱贫攻坚战的现实回应，也是乡村振兴背景下精准扶贫理论研究的补充。传统村落内涵明晰、文化属性突出，具有极大的保护与开发价值；农村扶贫，精准化识别是关键，可持续是重点；文化视域的精准扶贫关注学科多，视角多；文化扶贫是解决农村地区贫困的关键手段；民族地区文化扶贫是乡村振兴的重要突破口。本文从以上五个方面对四川省民族地区传统村落文化扶贫精准化研究进行文献回顾，发现现有研究存在重视度不高、系统性不强、精准化不深的问题。从完善四川省民族地区传统村落文化扶贫精准化理论基础、加强四川省民族地区传统村落贫困的精准化识别、明晰四川省民族地区文化扶贫精准化实施路径和构建四川省民族地区文化扶贫精准化的可持续机制四个方面提出了研究路径。

【关键词】　传统村落；文化扶贫；精准化；文献回顾

2018 年中央发布《中共中央　国务院关于实施乡村振兴战略的意见》一号文件，对乡村振兴战略进行了全面部署，明确将"传统村落、民族村寨、传统建筑"列入繁荣兴盛农村文化、焕发乡风文明新气象的战略要点。四川省是一个多民族、多语种大省，2010 年全国第六次人口普查显示，四川省世居少数民族包括彝、藏、羌等 14 个民族计 490 余万人，传统村落数量众多。据住建部公布的四批传统村落名录，四川省共 225 个村落入选且大多分布在民

＊ 陈萱源，四川大学公共管理学院学生科副科长。

族地区，这一部分传统村落的脱贫是实现四川省脱贫攻坚美好愿景的重要环节。四川省民族地区传统村落大多文化贫困，经济发展和传统特色文化的保护与传承能力受限，具有迫切的文化扶贫需求。因此，四川省民族地区传统村落文化扶贫精准化研究具有重要的战略价值和现实意义。

一、文献回顾

笔者在中国知网上以主题词为"民族地区＋扶贫""传统村落＋扶贫""农村文化扶贫"等相关主题词进行检索，有文章近 100 篇。阅读文献后发现，直接面向四川省民族地区传统村落文化扶贫的研究比较少，而间接相关的传统村落、精准化扶贫和农村文化扶贫的研究较为丰富，主要集中在以下几个方面。

（1）传统村落内涵明晰、文化属性突出，具有极大的保护与开发价值。传统村落是指落形成较早，拥有较丰富的传统资源，具有一定历史、文化、科学、艺术、社会、经济价值，应予以保护的村落，具有丰富的文化内涵，具体表现在现存传统建筑风貌、村落选址和格局的传统特色、非物质文化遗产活态传承等方面（胡燕，陈晟，曹玮，等，2014；乌丙安，2015）。在 2012 至 2016 年间，国家先后公布中央财政支持范围的中国传统村落名录 4123 个，各级政府和社会各界对传统村落的保护与发展的关注日益增多。

（2）农村扶贫，精准化识别是关键，可持续是重点。国外研究者对于农村扶贫精准化研究主要从导致贫困的原因切入，从金融、生态和就业等视角对此进行了研究，认为资本缺乏是根本原因（Nurkse，1966），解决的手段包括信贷干预和政府保险（Gaiha，1993）、发展生态农业（Fan，Hazell，Haque，2000）、解决非农业就业和农村农户就业（Ruben，2001）等。国内，精准扶贫就是在科学有效的标准和程序下，因时、因地对贫困地区、贫困村和贫困户进行精确识别，按照本地的实际开展联动帮扶和分类管理，并根据动态的准入和退出机制做出精准考核的过程。其基本内核包括精确识别、联动帮扶、分类管理和动态考核四个重要内容（邓维杰，2014；彭春凝，2016）。国内外学者大多在研究中提出和强调了扶贫可持续的重要性，并从政策保障、制度设计、主体参与等方面给出了对策建议（李裕瑞，曹智，郑小玉，等，2016；刘慧，2016）。

（3）文化视域的精准扶贫关注学科多，视角多。图书馆学关注省市级公共图书馆文化扶贫现状及问题，并据此给出精准化对策（黄吉，钟婷，朱苏远，2016；曲蕴，马春，2016；陆红如，陈雅，2017）；经济学从生态与文化协同、经济带与文化扶贫、经济政策与文化扶贫、消费文化与扶贫等探讨文化视域精准扶贫的关联因素，并据此给出精准化对策（刘辉武，吴晓萍，2016；范颖，唐毅，2017；李民，谢炳庚，刘春腊，等，2017）；民族学从民族地区、文化基础、民族文化、宗教文化等视角探讨民族地区文化扶贫的障碍、问题和路径（青觉，王伟，2017；纳麒，马志翔，2020）。

（4）文化扶贫是解决农村地区贫困的关键手段。在农村扶贫工作中，文化扶贫不仅是要帮助贫困农民脱贫致富，更重要的是造就新型农民，为实施美丽乡村建设、乡村振兴战略奠定基础。有学者指出我国农村扶贫正从"输血"扶贫到"造血"扶贫，再到"文化"扶贫的道路转变与发展（辛秋水，2006），农村地区贫困表面看是经济问题，但深层次问题是文化贫困，解决农村文化扶贫问题是推动贫困地区发展的关键要素（王俊文，2007）。围绕文化扶贫的重要性，学者研究了农村地区文化贫困的表现形式、产生原因、文化扶贫途径等（李丰春，2008；边晓红，段小虎，王军，2016；桂胜，赵淑红，2017），认为文化旅游、文化产业和文化教育等是文化扶贫的重要途径和方式（Muganda，Sahlim，Smithka，2010；Anderson，2015）。

（5）民族地区文化扶贫是乡村振兴的重要突破口。关注四川省民族地区文化扶贫，是民族地区振兴民族精神、提高文化水平、更新思想观念和丰富文化生活的重要路径。在少数民族地区文化扶贫中，政府在民族地区文化开发、保护及创新等方面应承担主要责任（张欣，2013）。民族地区文化扶贫包括民族文化赞歌、民族文化载体（村落、民居、产品、旅游等）、特色产品宣传等群体的文化精准扶贫，以及针对少数民族个体的教育水平、文化生活、生产技能等个体的文化精准扶贫（范颖，唐毅，2017）。此外，研究者对少数民族特色村寨中的文化扶贫价值、机制和路径，社会工作介入民族传统文化扶贫工作机制等展开了研究（李忠斌，单铁成，2017）。

目前的研究为"四川省民族地区传统村落文化扶贫精准化"提供了借鉴，但仍然存在以下问题。

（1）重视度不够。目前学界围绕传统村落及其文化属性、农村扶贫精准化、农村地区文化扶贫等有较多的探讨和研究，而对在乡村振兴中扮演重要角色的"传统村落"和"民族地区传统村落"的文化扶贫研究稍显不足，直接针对四川省相关民族地区的更少。

（2）系统性不强。目前对农村地区文化扶贫的研究以图书馆学、经济学和民族学等领域为主，研究主题和领域分散，对现象和现象背后原因的研究系统性不足，提出的对策建议深入性、全面性不够。

（3）精准化不深。已有对文化扶贫精准化的解读多属于宏观层面的"精准识别""精准实施""精准管理""精准评估"等，对如何实现精准识别、精准实施、精准管理等的研究尚不深入，精准化未做到真正的"准"。四川省民族地区特色性强，如何因地制宜开展文化扶贫、精准化施策是关键。

二、研究展望

针对已有研究存在的不足，对四川省民族地区传统村落文化扶贫精准化的研究，可从以下几个方面进行。

（一）完善四川省民族地区传统村落文化扶贫精准化理论基础

四川省民族地区传统村落地处西部地区，不同的传统村落类型有不同的特性，导致其文化贫困的成因多样。这涉及经济学理论、文化软实力理论、协同发展理论与贫困文化理论，可在此基础上完善四川省民族地区传统村落文化扶贫理论。

（二）加强四川省民族地区传统村落贫困的精准化识别

精准化识别，是实现四川省民族地区传统村落文化扶贫精准化的切入点。精准化识别包括两个方面，一是识别其是否为文化贫困传统村落，二是其为何种类型的文化贫困。在这方面，可结合四川省民族地区传统村落特性，依据多维贫困理论和可持续生计资本分析框架，从文化贫困的内因与外因出发，以"人（H）＋经济（E）＋资源（R）＋环境（E）"四个维度，拟定文化素养、信息素养、技术素养、文化品牌、特色产业、文化产品、文化内容、文化遗产、文化设施、文化体系、政策支持、人力支持、智力支持 13 个一级指标来综合测度四川省民族地区传统村落文化贫困类型。测度指标见图 1。

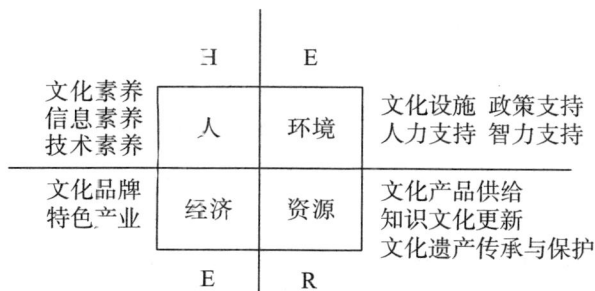

图1　四川省民族地区传统村落文化贫困 HERE 测度指标

根据确定的指标体系及权重，对四川省民族地区传统村落进行打分，分别计算出四个维度的单项得分和文化贫困综合得分。根据得分，分别确定需要进行文化扶贫的传统村落和其文化贫困类型，找出文化贫困的关键致贫因素，在此基础上进行精准的文化扶贫。

（三）明晰四川省民族地区文化扶贫精准化实施路径

精准化实施，是实现四川省民族地区传统村落文化扶贫精准化的着力点。可基于参与主体功能差异，实施"3W"路径。①项目精准化选择（What）。针对不同类型的文化贫困和传统村落类别，坚持主体性原则，项目可设计为：人才培养项目、传统文化开发项目、文化创意产业开发项目、文化空间建设项目、文化产品开发项目等。②主体精准化确定（Who）。依据公共治理理论，扶贫主体可包括政府、企业、社会组织、高校、自组织、个人等。根据项目精准化选择结果确定扶贫项目的主导者和参与者。③项目精准化实施（Way）。实施原则为突出贫困者反贫困的主体地位，增强扶贫对象自身的反贫困能力，实施侧重点可包括文化人力资源开发、公共文化服务基础设施建设、传统文化开发等。3W文化扶贫精准化实施路径如图2所示。

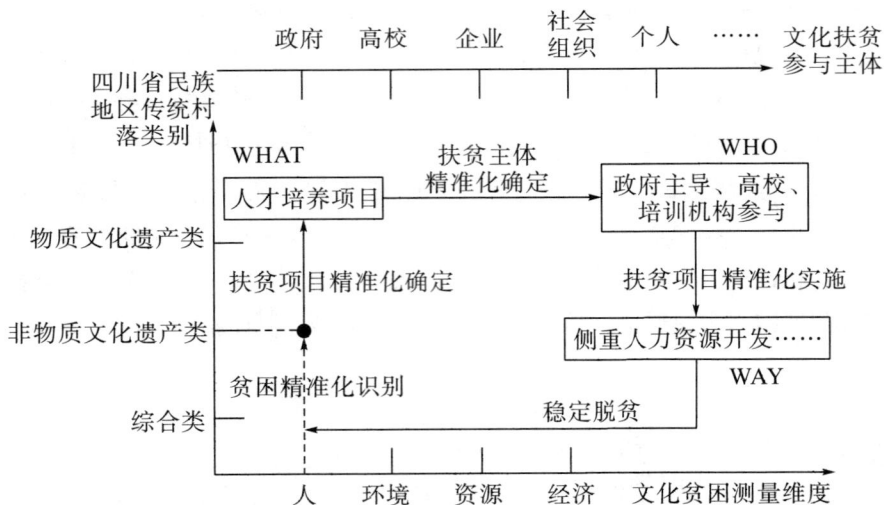

图2　3W文化扶贫精准化实施路径示例

（四）构建四川省民族地区文化扶贫精准化的可持续机制

可持续机制的建立，是四川省民族地区传统村落扶贫精准化的保障。文化扶贫具有协同主体多、持续周期长、涉及范围广的特点，据此，可构建"PRE可持续机制"。①参与机制（Participate）。涉及参与者、参与制度与参与过程，需要充分发挥主体能动性、客体自组织功能，坚持参与的民主、公开与责任分担。②资源保障机制（Resource）。包括政策保障、资金保障、智力保障和人力保障，从完善顶层设计做起，明确政府主导，激发多元主体参与的积极性，统筹规划文化扶贫资金的运用。③成效评估机制（Evaluate）。引入第三方社会组织对扶贫成效进行周期性评价，完善退出机制，实现扶贫的动态调整。

四、结语

乡村振兴与精准扶贫是当前国家层面实现小康社会和打赢脱贫攻坚战的战略要点，四川省民族地区传统村落在国家实施乡村振兴战略中扮演着重要角色，文化贫困是导致民族地区贫困的重要因素。文化扶贫是民族地区传统村落繁荣兴盛的核心抓手，是打赢脱贫攻坚战的重要保证，对积极探索四川省民族地区传统村落文化扶贫精准化具有重要的理论与现实意义。

参考文献

边晓红，段小虎，王军，等，2016.　"文化扶贫"与农村居民文化"自组织"能力建设［J］. 图书馆论坛（2）：1 - 6.

陈丽琴，2017. 国外基于社会性别视角的旅游精准扶贫研究：理论分析与实践案例［J］. 学习论坛（3）：70 - 75.

邓维杰，2014. 精准扶贫的难点、对策与路径选择［J］. 农村经济（6）：78 - 81.

丁士军，王妙，2017. 新时期文化扶贫的有效路径探析［J］. 学习与实践（10）：122 - 126.

范颖，唐毅，2017. 基于贫困文化论的人口较少民族文化精准扶贫研究——以西藏自治区隆自县斗玉珞巴族文化扶贫为例［J］. 农村经济（6）：82 - 85.

桂胜，赵淑红，2017. 农村文化扶贫的路径探索——户籍在外之"故乡人"的反哺［J］. 西南民族大学学报（人文社科版）（01）：22 - 27.

胡燕，陈晟，曹玮，等，2014. 传统村落的概念和文化内涵［J］. 城市发展研究（1）：10，16 - 19.

黄吉，钟婷，朱荪远，2016. 国外文化精准扶贫案例研究与借鉴［J］. 图书馆杂志（9）：18 - 24.

李丰春，2008. 农村文化扶贫的若干问题研究［J］. 安徽农业科学（25）：11157 - 11158.

李民，谢炳庚，刘春腊，等，2017. 生态与文化协同发展助推长江经济带集中连片贫困地区精准扶贫的思路与对策——以湘西州为例［J］. 经济地理（10）：167 - 172.

李裕瑞，曹智，郑小玉，等，2016. 我国实施精准扶贫的区域模式与可持续途径［J］. 中国科学院院刊（3）：279－288.

李长友，吴文平，2016. 基于文化扶贫视角下的农村公共文化产品供给机制研究［M］. 北京：中国经济出版社.

李忠斌，单铁成，2017. 少数民族特色村寨建设中的文化扶贫：价值、机制与路径选择［J］. 广西民族研究（05）：25－31.

刘辉武，吴晓萍，2016. 从特困族群的消费文化看精准扶贫的实施策略——基于A村苗寨的调查［J］. 广西民族研究（5）：106－110.

刘慧，2016. 实施精准扶贫与区域协调发展［J］. 中国科学院院刊（3）：320－327.

陆红如，陈雅，2017. 公共图书馆实施文化精准扶贫的策略研究［J］. 图书馆（10）：18－23，41.

纳麒，马志翔，2020. 边疆民族地区文化扶贫：理论探讨、政策体系及制度创新［J］. 民族艺术研究（3）：142－151.

彭春凝，2016. 当前我国农村精准扶贫的路径选择研究［J］. 农村经济（5）：91－95.

齐渼晗，2016. 文化生态价值下少数民族传统村落保护与发展［J］. 贵州民族研究（11）：83－86.

青觉，王伟，2017. 民族地区精准扶贫的文化分析［J］. 西南民族大学学报（人文社科版）（4）：45－51.

曲蕴，马春，2016. 文化精准扶贫的理论内涵及其实现路径［J］. 图书馆杂志（9）：4－8.

饶蕊，耿达，2017. 文化扶贫的内涵、困境与进路［J］. 图书馆（10）：13－17.

汪三贵，刘未，2016. 以精准扶贫实现精准脱贫：中国农村反贫困的新思路［J］. 华南师范大学学报（社会科学版）（5）：110－115，191.

王俊文，2007. 反贫困必由之路：我国农村贫困地区"文化扶贫"的关键解读［J］. 农业考古（6）：342－346.

王思明，刘馨秋，2017. 中国传统村落：记忆、传承与发展研究［M］. 北京：中国农业科学技术出版社.

王兆萍，2007. 转型经济发展中的文化断裂与贫困研究［M］. 北京：中国社会科学出版社.

魏立帅，2017. 统筹推进文化扶贫的"五个结合"［J］. 人民论坛（34）：76－77.

乌丙安，2015. 中国社会转型中传统村落的文化根基分析［J］. 中国农业大学学报（社会科学版）（5）：5－17.

吴晓燕，赵普兵，2015. 农村精准扶贫中的协商：内容与机制——基于四川省南部县A村的观察［J］. 社会主义研究（6）：102－110.

辛秋水，2006. 注重解决农民的文化贫困问题［J］. 中国党政干部论坛（2）：37－39.

杨道田，2017. 新时期我国精准扶贫机制创新路径［M］. 北京：经济管理出版社.

张欣，2013. 少数民族地区文化扶贫中的政府作为［J］. 理论探索（6）：71－74.

赵曦，赵朋飞，2016. 我国农村精准扶贫机制构建研究 ［J］. 经济纵横（7）：58－63.

郑长德，2017. 精准扶贫与精准脱贫 ［M］. 北京：经济科学出版社.

支俊立，姚宇驰，曹晶，2017. 精准扶贫背景下中国农村多维贫困分析 ［J］. 现代财经（天津财经大学学报）（1）：14－26

ANDERSON, 2015. Cultural tourism and poverty alleviation in rural Kilimanjaro, Tanzania ［J］. Journal of tourism and cultural change, 13（3）：208－224.

FAN, HAZELL, HAQUE, 2000. Targeting public investments by agro-ecological zone to achieve growth and poverty alleviation goals in rural India ［J］. Food policy, 25（4）：411－428.

GAIHA, 1993. Design of poverty alleviation strategy in rural areas ［M］. Rome：Food and Agriculture Organization of the United Nations.

HARRISON, 2007. Cocoa, conservation and tourism：Grande Riviere, Trinidad ［J］. annals of tourism research, 34（4）：919－942.

MUGANDA, SAHLIM, SMITHKA, 2010. Tourism's contribution to poverty alleviation：a community perspective from Tanzania ［J］. Development southern Africa：629－646.

NURKSE, 1953. Problems of capital formation in underdeveloped countries ［M］. New York：Oxford University Press.

RUBEN, 2001. Nonfarm employment and poverty alleviation of rural farm households in Honduras ［J］. World development, 29（3）：549－560.

THOMPSON, 2004. Host produced rural tourism：Towa's Tokyo antenna shop ［J］. Annals of tourism research, 31（3）：580－600.

脱贫攻坚工作中的语言文字助力作用探索

秦　爽[*]

【摘　要】　自 2015 年中央扶贫开发工作会议在北京召开以来，党和国家陆续制定出台了一系列政策，致力消除贫困、改善民生、逐步实现共同富裕。新疆维吾尔自治区积极响应国家各项号召，精准制定政策，统筹脱贫措施。笔者认为，在脱贫攻坚工作中，扶志和扶智起到了非常重要的作用，而扶志和扶智就是我们作为教育工作者在脱贫攻坚工作中的着力点。笔者作为中文老师，将更多的关注点放在如何更好地用国家通用语言文字来推动村民们逐步脱贫、走向共同富裕上。笔者通过对现行政策、当前形势、已有成果的分析和研究，来探讨语言文字在脱贫攻坚工作中所发挥的重要推动作用。

【关键词】　脱贫攻坚；语言文字；助力作用

一、国家脱贫攻坚工作开展情况

2015 年 11 月 27 日至 28 日，中央扶贫开发工作会议在北京召开。习近平总书记在会上强调，消除贫困、改善民生、逐步实现共同富裕，是社会主义的本质要求，是中国共产党的重要使命。11 月 29 日，《中共中央　国务院关于打赢脱贫攻坚战的决定》发布。2019 年 3 月 5 日，国务院总理李克强在《2019 年国务院政府工作报告》中提出，打好精准脱贫攻坚战。10 月，国家脱贫攻坚普查领导小组成立。2020 年 5 月 22 日，国务院总理李克强在《2020 年国务院政府工作报告》中提出，2020 年要优先稳就业保民生，坚决打赢脱贫攻坚战，努力实现全面建成小康社会目标任务。我们可以看到，党的十八大

＊ 秦爽，新疆广播电视大学远程教育学院讲师，目前在四川大学学工部从事新疆内派服务管理教师工作。

以来，党中央把脱贫攻坚工作摆在治国理政的突出位置上，举全党全社会之力打响脱贫攻坚战。中央一号文件明确提出，脱贫攻坚已经取得决定性成就，到了攻城拔寨、全面收官的阶段。要坚持精准扶贫，以更加有力的举措、更加精细的工作，在普遍实现"两不愁"基础上，全面解决"三保障"和饮水安全问题，确保剩余贫困人口如期脱贫。

二、教育助力脱贫攻坚的举措

通过对国家有关举措的梳理我们可以看到，党和国家在脱贫攻坚工作上做了非常多的努力，目前也取得了较好的成效。2020 年是全面建成小康社会和"十三五"规划收官之年，决胜全面建成小康社会，决战脱贫攻坚，必须在巩固成果、提高质量、建立长效机制上下真功夫、出硬举措，坚决打赢教育脱贫攻坚战。我们每一个人都身处其中，责任重大，使命光荣，任务艰巨，要以"功成不必在我"的精神境界和"功成必定有我"的历史担当，坚定信心，全力以赴，为脱贫攻坚做出贡献。

教育部等六部门在关于印发《教育脱贫攻坚"十三五"规划》的通知中强调，要全面贯彻落实党中央、国务院决策部署，把精准扶贫、精准脱贫作为基本方略，以国家扶贫开发工作重点县和集中连片特困地区县（以下简称贫困县）及建档立卡等贫困人口（含非建档立卡的农村贫困残疾人家庭、农村低保家庭、农村特困救助供养人员，下同）为重点，采取超常规政策举措，精确瞄准教育最薄弱领域和最贫困群体，实现"人人有学上、个个有技能、家家有希望、县县有帮扶"的目标，促进教育强民、技能富民、就业安民，坚决打赢教育脱贫攻坚战。

《教育脱贫攻坚"十三五"规划》中强调，教育脱贫攻坚的具体举措有夯实教育脱贫根基、提升教育脱贫能力、拓宽教育脱贫通道、拓展教育脱贫空间、集聚教育脱贫力量等五个大方面，从教育的各个阶段和方方面面抓起，发展学前教育，巩固提高九年义务教育水平，加强乡村教师队伍建设，加大特殊群体的支持力度，加快发展中等职业教育，广泛开展公益性的职业技能培训，积极发展普通高中教育，继续实施高校招生倾斜政策，完善就学就业资助服务体系，加强决策咨询服务，助推特色产业发展，提高公共卫生服务水平，推进乡村文明建设，激发贫困地区内生动力，加大财政支持力度，实施教育扶贫结对帮扶行动，加大现代化信息技术应用，鼓励社会力量广泛参与等。通过上述一系列举措，统筹推进教育脱贫工作，为教育助力打赢脱贫攻坚战贡献力量。

三、新疆在教育扶贫扶智方面的举措

新疆维吾尔自治区精准制定政策，统筹推进教育脱贫攻坚，建立了"受资助学生、建档立卡学生、困境学生、残疾学生"四个花名册和一个工作推进台账，做到建档立卡贫困学生实名制到县、到乡、到村，到校、到班、到人，确保家庭经济困难学生教育有保障、资助全覆盖。

努力改善义务教育学校办学条件，全面推进自治区城乡义务教育一体化发展。完善各类教育资助体系，形成以政府为主导，学校、社会为补充的"三位一体"资助格局，实施农村义务教育学生营养改善计划，采取学校食堂供餐、企业配送营养食品两种供餐模式，使131万名学生受益。在队伍建设上，改革招聘制度，下放招聘权限，面向全国招聘，同时投入专项资金用于发放乡村教师工资和生活补贴。

针对村民文化水平较低的问题，利用农闲时间组织开办农民夜校，选拔语言和能力过关的大学生村官和驻村工作队的干部担任老师，为村民们讲授国家通用语言文字、法律法规以及党和国家的惠民政策，致力让广大群众熟练掌握普通话，知晓国家法律法规，全面了解党和国家的惠民政策。目前，这样的农民夜校已经遍布全疆各个村镇，为广大群众服务。

充分利用返乡大学生。当代大学生是祖国的未来和民族的希望，也是党和国家的未来和希望，他们肩负着中华腾飞的重任。随着国家政策的落地生根，九年义务教育、中高等职业教育、高等教育携手并进，一方面做好对困难学生的资助，一方面加强对全体大学生的教育，这个教育不仅仅包括知识文化的教育，更涵盖了加强思想政治教育，牢固树立当代大学生的爱国主义意识。新疆散布在祖国大江南北的学生们在寒暑假回到家首先会到当地社区报到，当地社区会组织他们召开座谈会，宣讲资助政策，加强思想政治教育，协调解决困难，并安排他们在社区进行社会实践，让他们将自己学习和成长的经历反馈给村里的广大群众尤其是孩子们，以其亲身经历配合当地做好国家通用语言文字、法律法规以及党和国家的惠民政策宣讲等工作。

区内各级宣传部门充分利用电视、报纸、杂志、网络等媒体手段，在结亲干部和广大群众中收集家庭经济情况向好、民族团结更加紧密、精神面貌改变等方面的音视频、图片和文字材料，树立正面典型加以宣传，充分发挥宣传工具这一思想武器的引领作用。积极在村里传播优秀的文化和艺术作品，以生动活泼的文化艺术形式影响村民、改变村民，营造贫穷落后不光荣、好吃懒做很可耻的舆论氛围。比如"最后一公里"微信公众号，持续收集发布全区各族

人民群众在脱贫攻坚工作中的情况、党和国家的政策和领导的重要讲话内容，发布村民们整体面貌的改变情况、整理发布广大党员干部及群众的文章，并号召广大党员干部积极传播，起到了非常好的效果，能让大家更真实和直观地了解党和国家的好政策给广大群众带来的翻天覆地的变化。同时，充分利用居民空白墙、文化广场、宣传栏等绘制国画、漫画、书法、歌谣等宣传精准扶贫、教育扶志扶智的目标、要求和成果，都起到了非常好的宣传教育作用，在广大群众中反响良好。

四、新疆在教育脱贫攻坚和扶贫扶智方面取得的成效

自 2016 年底开展"民族团结一家亲"工作以来，从笔者的亲身经历和对身边朋友、同事的调研以及媒体公布的大数据来看，近年来新疆在教育脱贫攻坚和扶贫扶智方面取得的成效主要表现在以下几个方面。

（一）适龄儿童、青少年入学率

据官方公布的统计数据显示，截至 2018 年底，全区小学学龄儿童净入学率达 99.9%，初中适龄少年净入学率达 99.3%，初中阶段升入高中阶段升学率达 97.3%（中国新闻网，2020 - 06 - 23）。

以笔者自身的经历来说，在 2016 年底首次来到喀什地区英吉沙县芒辛乡开展"民族团结一家亲"活动时，村里的孩子们在马路边、家门口、院子里三五成群地玩耍。到 2018 年底，两年的时间，村里发生了巨变，同样的时间地点，孩子们都在幼儿园和学校里，只有到了放学的时间，才能看到孩子们成群结队的身影。真正做到了所有适龄儿童、青少年都进入对应的教育阶段接受教育。

响应国家政策和号召，大力发展职业教育。2019 年 2 月 13 日，国务院发布的《国家职业教育改革实施方案》，提到大力发展职业教育。2019 年 2 月 23 日，中共中央、国务院印发《中国教育现代化 2035》，提出加快发展现代职业教育，不断优化职业教育结构与布局。目前，全区共有各级各类职业学校 164 所，其中高职院校 30 所，中职学校 134 所，按照新疆维吾尔自治区教育厅 2018 数据年鉴，2017 年中等职业院校在读学生 238 000 余人，到 2018 年，达到 250 000 之多，由此也可以看到适龄人员受教育率的大幅提高（新疆维吾尔自治区教育厅官网，2020 - 04 - 26）。职业院校建立发展的目的在于让有意愿的贫困家庭劳动力至少掌握一门就业技能和一到两项实用技术，自食其力脱贫。职业教育的大力发展，既能让适龄学生进入学校接受教育，减少社会无业

人员数量，同时也能为新疆的改革发展和全面建设培育对口的人才。

（二）群众掌握国家通用语言文字的情况

为了适应改革开放经济建设和社会发展的需要，1986 年，国家把推广普通话列为新时期语言文字工作的首要任务。1992 年，确定推广普通话工作方针，为大力推行积极普及，逐步提高在强化政府行为，扩大普及范围，提高全民普通话应用水平方面提出了更高的要求。但是，国家同样保护各民族使用自己语言文字的权利。只是随着经济社会的发展，人员流通性越来越大，为了适应新时代的发展需要，消除不同民族语言文字以及方言给人们带来的交流障碍和隔阂，我们的党和国家制定政策要求普及和推广国家通用语言文字，这是符合时代发展和进步需求的政策。

在新疆一些农牧区和偏远山区，特别是南疆四地州，许多少数民族群众不能熟练使用国家通用语言，因而语言交流存在困难，直接影响居民的生活。所以打通语言壁垒，让广大群众能听懂、能交流，就是脱贫攻坚的"第一步"。自 2017 年起，新疆在天山南北推行农民夜校，利用农忙之余的闲暇时间提升农民使用国家通用语言的技能，普及法律法规，宣讲惠民政策，目前来看，取得了较好的效果。

2016 至 2017 年，笔者所接触到的村里的群众，无论大人小孩，想要和他们进行交流，必须要在懂少数民族语言的同志的陪同下才能进行。而到了2018 年，村里正在上幼儿园的小朋友们已经能和笔者一行人无障碍地进行交流，有一些学得好的小朋友还能充当翻译的角色。从幼儿园到小学的孩子们，很好地掌握了国家通用语言，能够熟练背诵唐诗、演唱《歌唱祖国》、跳现代舞，交流互动非常愉快。同样，村民们之前因语言不通，很难将家乡的特产等销售到更广的市场，现在，一方面受惠于政府的好政策，一方面网络平台发达，再加上广大群众在语言方面有了一定的进步，特产销售变得更加顺畅，也能让全国乃至全世界的朋友们尝到新疆的美食，看到新疆的美景，体味新疆的人文风情，感受今日新疆的美好。

2020 年，笔者在"民族团结一家亲"活动中结识的亲戚添置了智能手机，他拍摄了家里的境况，给笔者发来视频，家里的孩子们用普通话向我问好，场面非常感人。疫情期间亲戚一家也多次打电话关心笔者的健康，家长的普通话还仅限于问候语，只能听懂部分交流内容，孩子们则能够顺畅地进行对话，并将意思转达给家长。

通过和驻村干部以及部分村里学生的交流笔者了解到，大部分村民可以用汉字书写自己的姓名，能够用普通话进行日常问候，能够听懂一些简单的日常交流用语，甚至有一些村民用汉字书写姓名的字体还非常工整好看。其中一位驻村干部说：夜校刚开始办的时候，几乎没有村民会说普通话，两年下来村民口语考试的及格率达到 70% 以上。村民学会了普通话，就多了一门技能，有的外出就业务工，有的主动联系庭院经济改造，还有的到村委会来为大家服务，忙得不亦乐乎。

正是因为幼儿园和小学、初中等基础教育的普及，国家通用语言文字的推广使用，才能使这些孩子们飞快地成长和进步，加强我们之间的交流，拉近我们之间的距离。同时也因为能够听懂普通话，并使用普通话进行简单的交流，广大群众的工作和生活已更加顺畅，小买卖获得更大的交易空间，获取更多的收入，改善生活环境和家人的精神面貌。

这所有的进步和改变，与自治区积极响应党和国家号召、落实推广普通话政策的强大力度是分不开的，除了村干部，我们广大的驻村干部和各行各业的结亲干部也发挥了巨大的作用。期待通过我们共同的努力，广大群众能够更好地掌握国家通用语言文字，为生活环境带来更多的改善。

要建立民族自豪感和自信心，要弘扬中华民族优秀传统文化，树立中华民族共同体意识，要让各民族紧紧围绕在党中央周围，所有这一切的基础就是努力消除语言屏障。学好普通话有利于提高少数民族的科学文化水平，有利于经济的发展，有利于维护新疆的社会稳定和长治久安总目标的重要举措。

（三）教育观念的转变

笔者从朋友、亲戚、驻村干部及部分村里的学生那里了解到，就目前来看，广大群众的教育观念有了非常大的改观。

前文提到，前些年，孩子们入学率不高，有的是家庭经济状况不允许，有的是家里大人的意识淡薄，有的是基础较差，有的是没有适合的学习机会，而现在，入学率有了非常大的提升，适龄的孩子都在学校接受不同阶段的教育。从幼儿园到小学再到初中，全免费的基础教育一方面让家长们不用担心送孩子上学的费用问题，减轻了家庭负担，另一方面，家长不必担心孩子无人照看，可以放心地从事劳动，进而增加家庭收入，加快脱贫致富的脚步。加之近两年国家不断加大对职业教育的建设，很多考不上更高级别学校的孩子可以进入职业院校学习，掌握职业技能的同时打好语言基础，有助于将来的就业和家庭的脱贫。

笔者 2018 年 10 月在昌吉调研时了解到，职业学校厨师专业的学生毕业后可以直接进入酒店、餐馆工作,也可以自己开餐厅,收入非常可观。同时,通过在校学习,孩子们的语言能力得到非常大的提升,回家后可以带动家长学习,更好地推广普及普通话,从而使家长获得过更多更好的就业机会。正是这样的良性循环,大家更加重视教育,家长们非常愿意将适龄孩子送去学习。

(四) 精神面貌的转变

参与了两年"访惠聚"工作的同事和朋友表示,通过教授国家通用语言技能、普及法律法规知识、宣讲惠民政策等一系列工作,他们明显感到乡亲们有了精气神,特别是年轻人,充分尝到了懂普通话和国家利好政策的甜头,干事创业的劲头足了,精神面貌得到了极大的改善。

(五) 物质生活环境的改善

随着新农村建设的推进,不少群众搬进了干净漂亮的新居,感受到了党和政府的关怀,也收到了相关补助和贷款,修缮房屋、改造厕所,生活环境得到了极大的改善。

仍用笔者自身的经历来说,2017 年去村民家里,还是土炕、旱厕,卫生条件较差;到 2018 年 9 月,村民家里重新粉刷了墙壁,订做了木床,购置了沙发、茶几、电视柜,修建了冲水卫生间和淋浴间。笔者目睹村民家里一点一滴在改变,变得越来越现代化,越来越舒适,也就更加深切地感受到党和国家的好政策在乡村落地生根结果。

五、持续努力,全面打赢脱贫攻坚战

通过上述实例可以看到,近年来,通过新疆全体干部群众的不懈努力,整体脱贫攻坚工作,特别是教育脱贫攻坚和推广普通话工作,取得了卓越的成效。

据了解,广大干部和群众普遍认为,普通话水平的提高对老百姓就业的影响非常之大,能够帮助他们找到更好、更稳定、收入更高的工作,进而使得村民的整体收入有了较为显著的提高。同时,村里富余的劳动力会在政府的统一安排下外出打工,既能够锻炼语言能力,也能够获取较高、较稳定的收入。

按照国家确定的"大力推广,积极普及,逐步提高"的推广普通话方针,全疆各族人民积极学习和推广普通话,积极推进教育特别是基础教育发展,全力增加适龄青少年入学率,真正实现"一个就业,全家脱贫"。有一些大学生,特别是在疆外就读的大学生毕业后返回家乡工作,既为家乡的发展提供了智力支持，也能获取较高的收入，带动整个家庭脱离贫困，不再返贫。

我们的党和国家始终坚持"一切为了人民"，致力让贫困人口和贫困地区同全国人民一道进入全面小康社会，这也是实现"两个一百年"奋斗目标、实现中华民族伟大复兴的中国梦的硬任务。我们作为教育工作者，必须认识到，治贫先治愚，扶贫先扶智，教育是阻断贫困代际传递的治本之策。习近平总书记指出："让贫困地区的孩子们接受良好教育，是扶贫开发的重要任务，也是阻断贫困代际传递的重要途径。"（习近平，2015 - 09 - 09）对于新疆的广大人民群众来说，在此基础上，全面加强普通话的推行和使用，将更加有利于加快脱贫攻坚的步伐，取得脱贫攻坚战的全面胜利。

参考文献

韩俊兰，2020. 坚决打赢教育脱贫攻坚战 [J]. 中国高等教育（7）：1.

罗丹，陈春良，运启超，等，2020. 高贡量打赢脱贫攻坚战（政策解读·聚焦中央一号文件①）[N]. 人民日报，2020 - 02 - 12（6）.

习近平，2015. 习近平总书记给"国培计划（2014）"北师大贵州研修班参训教师的回信 [N]. 解放军报，2015 - 09 - 10（1）.

佚名，2020. 2019 年新疆维吾尔自治区教育事业发展统计公报 [R/OL]. 新疆维吾尔自治区教育厅官网，（2020 - 04 - 26）[2020 - 08 - 22]. http://jyt. xinjiang. gov. cn/edu/jysysj/202004/67b9d78bb68440be987ddd96ff1443cf. shtml.

佚名，2020. 国务院新闻办公室. 新疆举行解读《新疆教育现代化 2035》和《加快推进新疆教育现代化实施方案（2018 - 2022 年）》发布会 [EB/OL]. 中国新闻网，（2020 - 06 - 23）[2020 - 08 - 11]. http://www. scio. gov. cn/xwfbh/gssxwfbh/xwfbh/xinjiang/Document/1682693/1682693. htm.

宣力祺，孙少雄. 新疆农民夜校：助力村民脱贫迈出"第一步" [N]. 昌吉日报，2018 - 05 - 21（2）.

自然语言和结构化软件编程语言
对助力脱贫攻坚的不同作用

董凯宁* 陈俞霖**

【摘 要】 2020 年是脱贫攻坚决胜之年，回顾党带领人民的奋斗历程，我们发现"语言"是助力脱贫攻坚的至关重要的力量。在当今的信息社会，人类活动与信息技术密不可分，基于此，本文将"语言"划分为非结构化的自然语言和结构化的编程语言，以脱贫攻坚战中各个角色的各项工作为研究场景，通过大量事实，举例分析自然语言和编程语言的不同作用。

【关键词】 脱贫攻坚；编程语言；自然语言

在全面建成小康社会进入决胜阶段、脱贫攻坚进入冲刺阶段之际，2019 年 12 月 22 日，中央扶贫开发工作会议在北京召开，翌日中共中央国务院发布了关于打赢脱贫攻坚战的决定，确保到 2020 年所有贫困地区和贫困人口一道迈入全面小康社会。70 年来，我们党带领人民坚持与贫困作战，在反贫困的道路上细心摸索，大胆尝试，不断丰富和发展中国特色扶贫开发事业，特别是近五年的脱贫攻坚战，我们党更是心怀"敢教日月换新天"的壮志，拿出"万水千山只等闲"的勇气，动员全国人民，共克时艰，砥砺前行，不断开创扶贫开发事业新局面。

回顾历史，济困扶危、改善民生既是中华民族的传统，更是历朝历代文人志士的内在追求。中国的史书典籍中，既有《周礼》的"荒政十二策"、《荒政辑要》、《救荒活民书》等记载荒政政策与扶贫理念的著作，也有"朱门酒肉臭，路有冻死骨""可怜身上衣正单，心忧炭贱愿天寒"等反映贫民窘境、

---

* 董凯宁，四川大学公共管理学院讲师。
** 陈俞霖，四川大学公共管理学院 2018 级本科生。

倡导善行救助的诗词名篇。文字，作为人类自然语言的视觉形式，用书面的方式，将千百年来古代中国人民的仁爱理念与扶贫智慧传承了下来，使之成为滋养中国扶贫理论的肥沃土壤；又以"润物细无声"的方式教化中国人民，使之成为当今打赢脱贫攻坚战的信念之魂。

而当今的中国特色扶贫事业中，语言更是助力脱贫攻坚工作的中坚力量。著名的"费希曼－普尔假说"研究了语言与贫困的关系，即富裕的国家语言较为统一，具有"同质性"；贫穷的国家语言具有多样性，即"异质性"。习近平总书记在十九大报告中强调，坚决打赢脱贫攻坚战，坚持大扶贫格局，注重扶贫同扶志、扶智相结合（习近平，2017：20）。扶贫须要扶智，扶智须要扶语，语言扶贫正是精准扶贫工作中的重要一环。

新中国成立以来，党和国家不断完善扶贫战略政策体系。2015 年《中共中央　国务院关于打赢脱贫攻坚战的决定》作为吹响打赢脱贫攻坚战的冲锋号，以文件的形式，详细阐明了打赢脱贫攻坚战的必要性、总体目标、基本原则及工作重点，是此后开展扶贫工作的思想指南和行动方针。习近平总书记强调，"脱贫攻坚越到最后越要加强和改善党的领导"，党的领导正是一个个明确的路线方针政策，它们以语言的形式，向中国人民清晰地阐述了党对扶贫工作的具体安排和必胜的决心。马克思主义实践论要求必须坚持理论与实践相统一，用科学的理论指导实践。新中国扶贫历史进程中，中国扶贫理论在实践中得到了不断的丰富与完善，特别是新时代脱贫攻坚的实践创新与理论创新。语言，是思维交互的重要工具，总结、凝练中国扶贫理论，对向世界与后世讲好中国扶贫故事、展示中国扶贫智慧、提供中国扶贫方案，起到了至关重要的理论指导作用，也是当今每一位扶贫工作者打赢脱贫攻坚战的精神武器。

语言，铺就了新时代中国扶贫事业之路，是扶贫工作者通往基层百姓内心的康庄大道。语言可以扶贫，源自语言与信息的密切关系——语言是人与人之间信息交互的重要工具。教育部、国务院扶贫办、国家语委联合制定的《推普脱贫攻坚行动计划（2018—2020 年)》，旨在在少数民族中推广普通话，提高信息交互的成功率，让当地百姓切实了解扶贫政策，配合扶贫工作的开展，便于各类生产要素的进入，以及经贸信息的内外传播，进而促进当地经济的发展。语言扶贫即扶智，语言作为辅助学习的工具，让贫困户得以学习先进的知识和技术，提高生产力，铺平未来的致富之路；提升个人文化修养，最终走出乡村，获取更多的就业机会和劳动收益。而语言作为交流沟通的工具，也让扶贫工作者能够倾听百姓心声，深刻了解每一位贫困户的迫切需求，为他们答疑解惑，真正做到因人制宜，精准扶贫；同时在与百姓不断的沟通交流中，拉近彼此的距离，不是亲人胜似亲人。

语言，记述了新时代中国扶贫事业之绩，是营造扶贫氛围、激发人民斗志的信念源泉。扶贫工作成果喜人，是向世界证明中国扶贫智慧的最有力证据，更是坚定中国人民在扶贫道路上继续迈步向前的强力助推器。新闻媒体以语言为媒介，起着引导社会舆论、影响主流观念的思想建设作用。打赢脱贫攻坚战，需要新闻媒体在全社会营造参与扶贫、自强脱贫的氛围。新闻媒体正是党和人民在思想上紧紧相连的重要枢纽，或文章，或报道，向人民群众精确解读扶贫方略，详细记述脱贫攻坚的伟大实践，定民心，奋人心。事实上，除了主流媒体，普通群众也自发地参与"文字助力脱贫攻坚"的事业，他们用诗歌、散文，或者微博、微信朋友圈，歌颂脱贫攻坚新奇迹，赞美扶贫路上的真情。语言文字，让全体中国人民从思想上在脱贫攻坚战中拧成一股绳，因为有统一的思想理论，才能相互配合朝同一个目标拼搏奋进；因为有相同的信念感悟，才可以心怀善念不畏艰险，攻坚克难。

马克思主义认为，人的本质在其现实性上是一切社会关系的总和，这正体现了人际交流的必要性。而自然语言，是刻在人类基因上的交流工具，决定着社会关系的丰富与和谐程度，进一步制约着个人乃至整个社会的发展。在这场脱贫攻坚的伟大战役中，我们惊喜地发现，计算机编程语言作为一种工具，在思维交流与信息交互方面起着至关重要的作用，它动员全社会力量，充分调动信息资源，提高生产力，是发展中国扶贫事业的重要支柱。

工业革命使生产力的发展不再仅仅依靠人力，生产方式也不再局限于手工制作，技术使整个社会迅速迈入新的阶段。新中国成立以来，已使7亿多贫困人口成功脱贫，进入21世纪，脱贫速度屡创新高，目前脱贫攻坚取得了决定性成果，信息技术的支持功不可没。它保留自然语言的功能，却有更强大的信息交互能力，和自然语言不具备的信息处理能力。与自然语言相比信息技术是中国扶贫开发道路上的"高铁"，它加快脱贫速度，提升脱贫质量，确保脱贫攻坚战的最后胜利。自然语言，让人与人之间得以交流沟通，而编程语言，则是人与信息技术交流沟通的工具，是人类掌握信息技术、利用信息技术的基础。当今时代，信息技术构建起的"互联网社会"，背后是数以亿计的代码（和硬件）。习近平总书记曾指出，要实施网络扶贫行动，推进精准扶贫、精准脱贫，让扶贫工作随时随地、四通八达，让贫困地区群众在互联网共建共享中有更多获得感。可见，信息技术在脱贫攻坚工作中具有不可忽视的作用。

习近平总书记曾强调，要把区块链作为核心技术自主创新的重要突破口，明确主攻方向，加大投入力度，着力攻克一批关键核心技术，加快推动区块链技术和产业创新发展。中央对区块链技术的重视及前瞻性部署，更让我们看见了"区块链＋民生"蕴藏着广阔的应用前景。谢治菊在《论区块链技术在贫困治理中的应用》一文中提出，区块链技术正是凭借着透明化、去中心化、不可篡改、可追溯等显著优势特性，在贫困治理中，"创新贫困治理的长效机制、丰富贫困治理的研究工具，还有利于实现贫困治理的精准化、增强贫困治理的公平性、助推贫困治理的科学化和透明化。例如，贵阳市红云社区接受IT企业共建区块链助困系统，可防止信息泄露和篡改，助力社区扶贫决策公平化、精确化、透明化"（谢治菊，2020：48）。而这一应用，离不开背后的技术支撑，从区块链技术中常用的编程语言来看，包括且不仅限于C++，因其具备代码反编译、防篡改、反跟踪、速度快等特点，而被用于进行协议层的开发；Java在面向对象、分布式、健壮、安全、平台独立性和可移植性、多线程和动态等方向上有着玥显优势，同样是区块链底层技术的重要基础；Python作为面向对象的解释型的脚本语言，具有语法简洁、可读性强、生态高产的优点，在以太坊中，实现以太坊模拟机和挖矿等功能……事实上，"区块链"作为近几年的网络热词，它的实现却并不需要掌握新的技术，不过是运用现有的编程语言，在新的逻辑框架中实现的新功能。笔者认为，编程语言与自然语言一样，是推动创新并创造新鲜事物的"旧"工具，它们不是"新瓶装旧酒"，而是凭借丰厚的积淀，不断创造出新的价值。

农村电商工程作为《网络扶贫行动计划》提出的五大工程之一，彰显了电子商务在脱贫攻坚战中的重要作用。它使贫困户不再只是接受来自政府、企业和社会的捐助，而是通过电子商务的途径向更多地区售卖自家的优质农产品，体现了农村扶贫从"输血"到"造血"的根本变化。在电商扶贫的进程中，有淘宝、京东这样的老牌电商平台提供财力、技术、经验与流量上的大力支持，打造了"农村淘宝""京东帮"等农村电商项目，也有如惠农网等致力于乡村的专业电商平台，专门解决农业从业者从生产到销售的各类问题。电子商务的实施，除了必要的管理、设计、新媒体、仓储等，更需要编程语言搭建起的技术平台作为支持。网站是生产者与消费者跨越时空障碍进行交易的桥梁，而网站的搭建，既需要HTML，CSS，Java Script等编程语言进行前端的开发，打造出每一个电商平台与用户进行交互的独一无二的门面，也需要Java，PHP，Python等语言，从分布式计算、分布式存储、资源调度管理等方面，逐步实现平台后端。从信息管理的层面来看，电商的成功在于它实现了信息交互的即时性、充分性、多样性。所谓"耳听为虚，眼见为实"，自然语言的听说读写大大局限了信息传递的方式，编程语言通过电商这一角色实现了视觉上的信息获取，用户可以更直观地了解产品，还可以与商家直接进行交流，大大提升了用户对产品的信任感，也进一步拓宽了贫困户（商家）的用户渠道。

信息技术也让报刊、广播、电视等传统媒体曾占据主流地位的社会，迈入了新媒体时代。一方面，新媒体联合电子商务，通过直播平台、自媒体等平台，成为优质农产品的营销人，降低市场信息不对称程度，改变农民在市场中的弱势地位，精准助力农产品变现。另一方面，新媒体以更快的速度、更宽的渠道助力宣传扶贫精神和政策。习近平总书记强调，要运用信息革命成果，推动媒体融合向纵深发展，做大做强主流舆论，巩固全党全国人民团结奋斗的共同思想基础，为实现"两个一百年"奋斗目标、实现中华民族伟大复兴的中国梦提供强大精神力量和舆论支持。新媒体在脱贫攻坚战中对主流思想的传播起到了重要作用。如果说，自然语言是中国扶贫思想理论的创造工具和传播基础，它使宝贵的精神理念形成有理有据的完整体系，并能为人民群众理解和接受，那么编程语言通过新媒体这一角色，是加快中国扶贫思想理论在更多人中传播并充分理解的工具。"所当乘者势也，不可失者时也。"在当今信息革命中，越来越多的媒体人开始意识到必须抓住科技创新这个关键，在一定程度上，才能把握时代主动权，拥有更加强大的传播力、影响力和公信力，使全体人民在思想上紧紧团结在一起。如何了解民众最近最关注的话题，让扶贫精神与百姓生活充分结合？如何了解民众获取新闻的途径的喜好，让扶贫智慧更迅速走进百姓心中？通过 Python 编写网络爬虫，获取大量数据并进行分析，是当今"以用户为导向"理念盛行的时代下，新媒体平台必须关注的重点。

当前，信息技术已成为脱贫攻坚战中的必不可少的重要武器，而结构化的编程语言便是组装这个强大武器的零件。在这场脱贫攻坚的伟大战役中，语言基于人本身，是信息传递、信息交互的天然渠道；编程语言则基于人与计算机两者，开发者将扶贫理念、扶贫智慧、扶贫方案传递给计算机，计算机则依据代码，创造出云端的扶贫产品，将这些宝贵经验、具体工作交付给互联网中各个位置的人。马克思主义认为，人类的一切活动归纳起来无非是两大类活动——认识世界和改造世界。在我看来，语言解决的是思维问题，而编程语言则是解决存在问题，"社会生活在本质上是实践的"，理论付诸实践，使我们的中国特色扶贫理论，转化为脱贫攻坚战的累累硕果。

非常有趣的是，语言本身富有极强的感染力，这也正是为什么越来越多的作家加入脱贫攻坚队伍。对于编程语言，人们的固有印象是格式化的结构、枯燥难懂的规则和烦琐重复的调试。然而，在这个"万众创新"的时代，用编程语言亦可"妙笔生花"：有人用 C 语言写下了一份特殊的学习计划表，也有学生用 Python 写出了樱花绽放的视频。于普通人而言，编程语言或许是晦涩生僻的字符，或许只是操纵机械的命令，但它与语言一样，用心创作，也能让生活充满诗意和乐趣。事实上，编程语言既具有自然语言灵活性强、表达丰富的特点，也具备清晰易读、逻辑严密的特点。在这个信息爆炸的时代，人们的交流往往需要兼顾效率与准度，自然语言容易出现导致歧义、表达冗余而耗费时间等问题，这时也许编程语言也不失为一种表达观点、陈述问题的新工具，类似于图表，直观且清晰地展示发言者的逻辑思维。在脱贫攻坚进入冲刺阶段之际，绝大多数人既不是亟待脱贫的贫困户，也不是投身扶贫工作一线的工作者，如果懂得编程，即使不能打造复杂大型的智慧扶贫系统，也可编写一些简明易懂的扶贫小程序，可以为打赢脱贫攻坚战贡献一份特殊的力量。比如写一点关于脱贫的小游戏，宣传就业创业脱贫方法的网页展示，或者用图形代码可视化描绘全面建成小康社会的美好蓝图。在这个互联网时代，用这般独特的方式吸引更多人关注、加入扶贫工作，让全网形成参与脱贫攻坚的浓厚氛围，以计算机为切口，吟诵这简明动听的编程语言，在互联网中交织回响，为全面建成小康社会做出独特的贡献。

　　作为四川大学信管专业的师生，在这场脱贫攻坚的伟大战役中，我们看见了人与信息技术的激烈碰撞，这是思想与实践的结合，也是自然语言与编程语言的结合。人通过获得、识别自然界和社会的多种信息，来认识和改造世界，自然语言与编程语言，产生于人，用之于人，皆为信息而服务，信息正是打赢脱贫攻坚战的关键要素。

参考文献

黄承伟，2020. 中国扶贫理论研究论纲 ［J］. 华中农业大学学报（社会科学版）（2）：
　　1 - 7.

江婕，2019. 推普如何扶贫 ［J］. 社科纵横（12）：64 - 69.

孔柠檬，2017. 我国农村精准脱贫实施机制优化研究 ［D］. 南昌：南昌大学.

李贵敏，2017. 习近平扶贫思想研究 ［D］. 大连：大连海事大学.

李宇明，2018. 修筑扶贫脱贫的语言大道 ［N］. 语言文字周报，2018 - 08 - 01（1）.

《人民日报》评论员，2016. 坚决打赢脱贫攻坚战——论学习贯彻习近平总书记中央扶贫
　　开发工作会议重要讲话 ［J］. 理论与当代（1）：1.

习近平，2017. 决胜全面建成小康社会　夺取新时代中国特色社会主义伟大胜利——在中
　　国共产党第十九次全国代表大会的报告 ［J］. 求是（21）：3 - 28.

谢治菊，2020．论区块链技术在贫困治理中的应用 [J]．人民论坛·学术前沿（5）：48－56.

张峰，2004．信息不对称与农民在市场博弈中的弱势地位 [J]．理论学刊（5）：62－63.

高校对定点帮扶地区
推广国家通用语言文字的路径探析

徐慧媛*

【摘　要】随着脱贫攻坚工作的深入开展，越来越多的人认识到，单一的产业经济扶持不是扶贫的长久之计，"扶贫先扶智，扶智先通语"成为共识。语言文字是文化的载体，高校扶贫的最大资源就是文化资源，因此高校对定点帮扶地区推广国家通用语言文字有得天独厚的优势。对高校语言文字工作助力脱贫攻坚路径的探索，可以为贫困地区的通用语言文字推广提供更多的选择。

【关键词】高校扶贫；通用语言文字

开展高校定点扶贫工作，是中国特色扶贫开发事业的重要组成部分，也是社会主义制度优越性的重要体现，更是高校服务国家、服务社会、服务人民的重要阵地。2012 年起，国家将 44 所直属高校纳入国家定点扶贫工作体系，目的就是充分发挥高校特色优势，把先进的理念、人才、技术、经验等传播到贫困地区。文化资源是高校独有的扶贫优势，文化的内核是语言和文字，高校对定点帮扶地区推广国家通用语言文字，既是扶贫的内容之一，又是高校文化扶贫的关键。

一、推广国家通用语言文字对脱贫攻坚的重要性

2000 年 10 月 31 日，第九届全国人民代表大会常务委员会第十八次会议通过的《中华人民共和国国家通用语言文字法》规定：国家通用语言文字是普通话和规范汉字。2011 年中共中央、国务院印发了《中国农村扶贫开发纲要（2011—2020 年）》，首次在扶贫政策文件中明确提出在民族地区全面推

---

* 徐慧媛，四川大学对外联络办公室校友工作科科长。

广国家通用语言文字。2017 年教育部、国家语委出台了《国家通用语言文字普及攻坚工程实施方案》，提出扶贫首要扶智，扶智应先通语。2018 年教育部、国务院扶贫办印发了《深度贫困地区教育脱贫攻坚实施方案（ 2018—2020 年）》，特别指出要面向"三区三州"实施推普脱贫攻坚行动；同年，教育部、国务院扶贫办、国家语委制定了《推普脱贫攻坚行动计划（ 2018—2020 年）》，提出要充分发挥普通话在提高劳动力基本素质、促进职业技能提升、增强就业能力等方面的重要作用。

语言文字之所以在脱贫攻坚中占据如此重要的位置，主要取决于三点。第一，语言文字障碍严重影响了贫困地区的对外交流与合作。贫困地区的人们听不懂普通话，看不懂规范汉字，无法表达当地真正的问题和需求，难以与外界进行经济文化的交流与互动。第二，语言文字障碍严重影响贫困地区人民接受教育。教育帮扶是高校帮扶的重要手段之一，语言文字障碍使得贫困地区人民无从接受新知识和新理念。青少年是脱贫的希望和未来，如今很多教育机构都已经注意到贫困地区的青少年教育问题，推出了在线网课、录播课堂等，希望帮助贫困地区的教育"弯道超车"，通过接受教育走出大山，改变命运，而这一切的基础就是要学会普通话，学写规范字。第三，语言文字障碍不利于当地文化的推广。很多贫困地区因物质经济贫乏，文化产品成为脱贫的重要经济支撑。比如彝族的手工刺绣、旅游文化等。当地人只有通晓普通话，会运用文字诠释自身文化，才能推广文化，促进文化产品产业化。

二、高校对定点帮扶地区推广国家通用语言文字的优势

高校扶贫，优势就在教育培训与科学研究。

第一，高校有优质的师资队伍，利于对贫困地区开展语言文字教育教学。语言文字教学的目的不仅仅是通过普通话水平测试，更要做好贫困地区地方语言和普通话的双语交流，这就需要专业的师资队伍，对当地的语言和普通话进行一体化培训，降低当地人民学习普通话、学写规范字的难度。

第二，高校有专业的科研队伍，可以进行语言文字培训的系统化科学研究。语言文字培训一方面要有科学的制度保障，另一方面，要利用现代信息技术手段，通过对语言文字规律的研究，研究培训的规律，打造科学的培训平台，这些都要依赖高校具备语言学、信息技术专业等学科背景的专业研究者。

第三，高校尤其是综合性高校，学科门类全，可以丰富推广通用语言文字的策略。高校综合各学科优势，打造系统的推广策略，多路径推广通用语言文字，确保推广效果。

三、高校对定点帮扶地区推广国家通用语言文字策略分析

第一，进行通用语言文字的教育教学。

教学方式有两种模式，一是派驻教师队伍到当地进行普通话教学；二是基于高校的成人网络教育学院成熟的设备，充分利用互联网、人工智能、大数据等新技术，开展普通话教学 MOOC，开展基于网络的远程教育。

教学的对象也有两和方式，一是通过对通用语言文字规律的科学研究，培养当地的通用语言文字教学骨干，针对贫困地区的教师、干部进行培养，加强当地语言文字工作的队伍建设，再让他们对当地居民、当地青少年进行教学，形成"高校统筹、地方政府支持、全民参与"的语言文字推广工作机制；二是针对青少年和居民，组织主题课堂教学。

教学的内容也有两种方式，一是直接的普通话规范汉字的学习，二是以通用语言文字为载体，学习其他知识。比如针对青少年，以科学知识教学为内容，以通用语言文字为载体进行教学；针对当地居民，以培训种植经济作物、培训产业相关知识为内容，以通用语言文字为载体进行教学。

第二，以建设公共设施为载体，确保贫困地区通用语言文字的生活浸润。

首先，加强对贫困地区基础设施的改造，如建设公共广播设施、公共广播电视收看室，安装多媒体设备等，让贫困地区居民在潜移默化中学习规范的语言文化。以四川大学定点帮扶甘洛县格布村为例。四川大学在甘洛县格布村投入 370 万元用于建设格布村幼教点及党群多功能活动中心综合体建设，实现了村幼教点、村党员活动室、民俗坝子"三规合一"的整体景观式设计打造，成为甘洛县格布村居民集中的活动场所。以这样的场所为据点，可以定期组织文化活动，每天集体收看《新闻联播》等节目，推广通用语言文字。

其次，可以帮助贫困地区建设图书馆。以四川大学定点帮扶甘洛县为例。根据甘洛县全民文化教育帮扶需求，四川大学图书馆为甘洛县特别开通"书香川大"数据库远程访问绿色通道，免费发放远程访问卡 800 张，提供数字图书 10 万册、有声图书 3 万集；同时学校在教职工中开展爱心捐赠活动，收到图书、作业本、点读笔、有声书若干。学校还协调四川大学出版社捐赠中小学图书 1260 册，送抵甘洛县斯觉镇九年制学校，支持图书室建设。

再次，现在很多贫困地区都重新打造了村落文化，修建了房屋楼宇，高校的艺术学院和建筑与环境学院可以整合优势，用诗歌、标语等装点村落楼宇。

第三，结合贫困地区民族特征及当地文化，以通用语言文字为载体，进行文化艺术凝练和交流。

　　少数民族的文化是中华文化的重要组成部分，以总结、凝练少数民族文化、打造当地文化旅游产业为契机，让当地居民更好地接受通用语言文字。比如，高校的历史文化学院可以结合学科优势通过开发贫困地区的优质人文地理与自然地理资源的旅游产业，对当地语言文化资源进行整理、整合和产业开发，推动通用语言文字的普及工作和旅游经济的共同发展；再如，高校的服装专业、舞蹈专业结合当地的舞蹈服装艺术等，探索民族特色，总结规律，联合打造民族文艺晚会；高校的文学院还可以结合民族文化，举办诗词大赛、诵读大赛、演讲比赛、脱贫攻坚征文比赛等。以四川大学文学与新闻学院的帮扶措施为例。为了全面反映凉山彝族自治州在党和国家领导下"一步跨千年"的历史巨变，充分展现凉山彝族自治州在中国共产党领导下与全国人民同步取得的脱贫攻坚成效，四川大学文学与新闻学院牵头，于 2019 年 6 月成立了"四川大学关于彝族社会脱贫攻坚专项任务组"，计划将以报告文学、民族志、理论文章与纪录片等方式，书写和记录以凉山州为代表的彝族地区在国家脱贫攻坚战中发生的真实感人、可歌可泣的事迹，为彝族兄弟树碑立传，让凉山故事广为传扬。报告文学的创作过程，也是通用语言文字推广的过程。

　　这些形式，既是弘扬和传承民族文化的手段，又是在贫困地区推广通用语言文字的重要手段。

　　随着全国性扶贫工作的深入开展，"扶贫先扶智，扶智先通语"已经成为共识。"通过对现有的贫困劳动力进行语言扶贫，有助于提高他们战胜贫困的能力，也有助于培养他们永久脱贫的能力；通过对贫困地区和贫困家庭的中小学生进行语言扶贫，可以帮助他们获得更强的生存和发展能力，消除下一代再陷入贫困的人文诱因。"（郝琳，2018－05－31）高校扶贫的最大优势就是文化扶贫，高校拥有推广通用语言的文字优质师资团队、科研团队，既可以建立健全科学系统的推广策略，也可以极大地提升贫困地区人民对通用语言文字的接受度。

参考文献

郝琳，2018. 语言扶贫有助于永久脱贫［N］. 中国教育报，2018－05－31（5）.

浅谈微信公众平台在高校教育与管理中的应用

——以四川大学为例

陈阳梅*　任培培**

【摘　要】　随着计算机网络以及即时通信行业的快速发展，现代社会早已进入信息时代，各种信息通信技术对高校的教育模式和日常管理正在产生广泛影响并逐渐赋予其新的内涵。微信作为一种大众化的移动在线通信手段，在国内在校大学生的学习、工作及日常生活中应用十分普遍，把微信引入高校日常管理工作具有较大的现实意义。本文阐述了微信公众平台在高校日常管理以及疫情防控等方面的应月。

【关键词】　微信公众平台；高校日常管理；疫情防控；脱贫攻坚

一、引言

根据中国互联网络信息中心（CNNIC）2020 年 4 月 28 日发布的《第 45 次中国互联网络发展状况统计报告》，截至 2020 年 3 月，我国网民人数为 9.04 亿，互联网普及率达 64.5%（中国互联网络信息中心，2020）。其中，手机网民人数为 8.97 亿，占网民总人数的比例为 99.3%，手机已经成为大多数网民接触互联网的渠道。

随着移动互联网的快速发展，各种新兴即时通信平台也应运而生，由腾讯公司推出的微信是目前使用范囙和使用频率最高的通讯平台，它将"多媒体形态传播、圈层社交、互动功能"融为一体，在自媒体领域占有极大的优势（张宇，2017）。通过微信平台人们不仅能够随时随地与好友沟通交流、获得

　*　陈阳梅，四川大学原子核科学技术研究所研究生教务。
　**　任培培，四川大学原子核科学技术研究所科研秘书。

网络信息资源、进行视频互动，跨越地域时空进行网上冲浪及无障碍交流外，还能通过发送图片、语音、视频等多媒体形式，极大地提高远程办公效率。

二、微信公众平台走进高校

大学是传承文化、培养人才、塑造品质、熔铸精神、服务社会的前沿阵地。近些年来，不断有学者指出传统高校教育及管理方式重知识轻素质，重技能轻创新，重内容轻方法，过于僵化和刚性，极大地束缚了师生的学习工作积极性、主动性和创造性。基于微信公众平台所衍生的微信移动教学和微信精细化管理为解决这些困境提供了良好契机。因此，自微信公众平台面向政府、企业、媒体、个人等进行点对点的信息传播以来，国内各大高校纷纷开通微信公众平台。据教育部等相关网站消息，教育部 75 所直属高校官方微信号已全部开通，所涉及服务除了较基础的传递校园信息、展现校园形象、提供日常服务等，也深入开发移动教学、拓展学生思政教育新阵地、点对点师生交流平台、组建教师专业发展社群和耕植校园文化等相关活动。

目前，我们身处信息化以及高等教育普及时代。高校信息化程度飞速提升，学生接收和交流信息渠道多样化，在校大学生数量急剧增加，辅导员数量减少，给高校学生的教育和管理工作带来了极大的机遇与挑战。微信作为颇受好评的自媒体平台，有极高潜力成为高校改变教育和管理模式的良好载体。同时，作为校园主体的青年学生，他们个性鲜明且对网络技术有着超高的热情以及求知欲，是推广新技术、发展新思想的前沿群体。高校教师也十分善于学习和接受新事物，他们均是微信公众平台在高校教育及管理领域的推广中良好的群众基础，微信也势必成为辅助高校教育和管理的一个重要工具。

（一）微信公众平台辅助高校日常教学与管理

通过精细化管理提高管理效能，进而实现办学效益最大化是新时期各大高校适应变革的必由之路。微信公众平台的推出代表单一即时的传统通信软件逐渐转变为具有一定互联网络营销以及信息传播功能的新型公众信息平台。将其应用于日常教学管理，不仅可以给教学管理人员提供协作交流的平台，还可以促进学生与各管理部门互动与沟通，为实现精细化管理提供桥梁和基础（杨丹，2015）。

将微信公众平台应用于高校日常教学与管理具有如下优势。

第一，信息传播的高速性。基于高速发展的网络及移动通信技术，通过微信平台所进行的即时同步在线交流实现了管理者与学生间信息的快速传播和交流反馈，有效地节省了交流时间，并极大地提高了沟通效率。

第二，信息推送的精确性。针对专一性信息推送，管理者可通过移动终端进行通知提醒，为受众提供相关信息，进而实现具有高准确性和时效性的信息推送，以及管理者与学生间的精准交流。

第三，传播内容多元化。围绕信息推广、学习及生活服务等方面，微信平台的传播内容体现出明显的多元化特征。首先，微信平台可作为信息公告平台，主要是推送校园新闻和信息公告，基本满足师生的信息需求；其次，微信平台可在线为师生提供学习与生活服务。以我校"四川大学微服务"为例，在校师生可通过平台搭载的"支付""服务""个人"服务模块，完成校园卡充值、电费、空调费、党费以及停车费等相关费用的缴纳，有效节省了学校的人力与物力。再次，引导教育。微信平台所推送的正能量信息和温馨提示能够对学生进行正面传播和引导，传递爱与温暖。疫情防控期间，我校就通过"四川大学微服务"公众号鼓励全校师生"共克时艰，战胜疫情"。

第四，传播模式多样化。相较传统教学及管理模式的单一性，微信平台可实现多样化教学和人性化管理。首先，微信平台可通过一对一、一对多和多对多的交流模式，并辅以文字、语音、图片、视频等多种交流形式使得各部门沟通以及师生交流更加便捷，从而提高工作效率。其次，微信公众平台的引入能够通过意见征集、信息反馈等活动，调动学生积极性，唤起学生的主人翁意识，提高学生及其家长等社会群体对大学管理的参与度，进而让学生管理工作真正走进学生内心，充分体现出学生管理工作的开放性和民主性。

总之，随着互联网技术与即时通信行业的迅猛发展，伴随高校教育工作者对新媒体的清晰认识以及高校学生对新媒体的追捧，微信公众平台已在高校普遍使用。因其具有开放平等、灵活私密的特点，不仅促进了师生之间的交流，增强了师生之间的亲密性，同时也减轻了从事学生工作的管理人员（如辅导员）的工作负担。尤其是在疫情防控期间，微信以及微信公众平台在线上授课以及线上办公等日常教学管理中发挥了重大的作用。

（二）微信公众平台有力支撑高校新冠肺炎疫情防控

微信作为高校日常教育与管理的新载体，其使用率达到百分之百，也使其在疫情期间成为凝聚万千师生的纽带。在此特殊时期，除了传递日常教学管理信息外，各高校还通过微信公众平台宣传疫情防控知识，帮助师生正确认知并科学防控疫情，同时也助力在线教学，保障高校在疫情防控期间切实做到"停课不停教、停课不停学"。

　　四川大学自抗疫以来，除了日常发布防疫知识指导在校师生正确理性看待疫情，克服过度恐慌的情绪，也通过微信平台鼓励在校师生在疫情下，要有攻克疫情的必胜信念和决心。此外，还通过微信平台传递战"疫"正能量引导学生，如川大学子创作歌曲致敬"逆行者"，敦促同学们以更高标准要求自己，勤学不辍，潜心钻研，孜孜以求，做疫情防控正能量的传播者。正如《致四川大学全体同学的一封信》中所述："作为新时代的川大学子，在疫情防控的斗争面前，要坚定信念、沉着理性、勤学不辍、守望相助，肩负起时代赋予的使命与责任。"

　　此外，在疫情防控期间，四川大学心系全校师生的健康状况，为了掌握在校师生员工假期行踪与健康状况，我校学生工作部和信息化建设与管理办公室配合开发"四川大学疫情防控每日报"于 2020 年 2 月 6 日前上线，并借助四川大学微服务平台实现对师生个人健康信息的每日采集和统计。这一举措不但有效防控疫情，而且极大地增强了师生的凝聚力。

　　而在教学方面，根据习近平总书记关于新型冠状病毒感染的肺炎疫情防控工作重要指示精神和党中央、国务院决策部署，按照教育部、四川省有关要求和《四川大学防控新型冠状病毒感染的肺炎疫情工作方案（试行）》以及学校新型冠状病毒防控工作安排，四川大学也做好相应的部署，推行师生线上授课与办公，确保教学工作正常进行。微信平台在线上授课、在家办公以及师生交流等方面都发挥了重要作用。

（三）微信公众平台助力高校脱贫攻坚

　　随着我国农村互联网普及率的不断提升，网络扶贫成为脱贫攻坚的一个重要手段。同时，网络扶贫工作也切实提升了网民对脱贫攻坚的认识水平，积极带动广大网民参与脱贫攻坚行动。近年来，各高校全面贯彻落实习近平总书记关于脱贫攻坚的重要战略思想和中央决策部署，自觉担当时代重任，实行精准扶贫，助力贫困地区"脱贫摘帽"。在扶贫工作中，微信公众平台也发挥了重大作用，携手"e帮扶"助力各高校实现精准扶贫。四川大学通过微信公众平台向广大师生对甘洛县特色农产品进行宣传与推广，积极带动全校教职工参与扶贫活动，全面、全力助推我校对口定点扶贫凉山州甘洛县脱贫。近三年来，我校针对该县民生突出问题，充分发挥综合性大学优势，创新帮扶举措，探索出高校精准扶贫"川大模式"，成效显著。2020 年 2 月 14 日，经四川省政府第 42 次常务会议批准，凉山州甘洛县正式退出贫困县序列，实现了"脱贫摘帽"（应厚非，刘姝雯，2020）。

三、结语

近年来，信息技术以及即时通信行业的迅猛发展对人们生活方式和教育工作理念都产生了不同程度的影响。在新时代，高校教育管理者需要不断学习与应用新技术，以适应时代变革，提高高校管理效能，实现办学效益最大化。诸如微信、腾讯会议等新媒体技术尽管在高校已经得到广泛应用，也取得了良好的效果，但也存在一些亟待解决的弊端，如缺乏师生面对面的交流以及监督机制尚不全面等。这促使高校在探索这些新技术的应用过程中，既要及时掌握新的传播技术和能力，更要密切关注学生思想动态，以"围绕、关照、服务学生"为出发点，提升线上有效沟通与交流的能力，增强育人的实效性。

参考文献

杨丹，2015. 浅谈"微信公众平台"在高校精细化管理中的应用［J］. 当代教育实践与教学研究（9）：75.

应厚非，刘姝雯，2020. 四川大学对口帮扶的凉山州甘洛县实现"脱贫摘帽"［EB/OL］. 四川大学新闻网，（2020 - 02 - 16）［2020 - 09 - 10］. http://news. scu. edu. cn/info/1135/31864. htm.

张宇，2017. 创新扩散理论视阈下高校微信传播有效性研究［D］. 重庆：重庆大学.

中国互联网络信息中心，2020. 第 45 次中国互联网络发展状况统计报告［R/OL］. 中国网信网，（2020 - 04 - 28）［2020 - 08 - 09］. http://www. cac. gov. cn/2020 - 04/27/c_1589535470378587. htm.

探析高校对口帮扶工作中普通话推广的重要性及实效性研究

周　娓*

【摘　要】　本文选用凉山彝族自治州深度贫困县甘洛县作为研究样本，讨论在中央高校对口帮扶模式下，四川大学如何根据国家"扶贫先扶智、扶贫先扶志"的号召，结合该县目前所面临的教育资源不足、普通话推广困难、幼儿教育滞后等方面的实际问题，发挥高校的帮扶优势，提出切实可行的帮扶措施。近年来，通过实施教育扶贫政策，注重扶贫从教育做起，扶贫从娃娃抓起，扶贫从普通话推广抓起，选派教师前往对口帮扶地区挂职锻炼，接收贫困地区教职工到对口帮扶单位锻炼培训，选派专家到对口帮扶地区进行专项讲座培训等方法，目前，甘洛县普通话推广工作效果良好，教育水平尤其是幼儿教育水平取得了显著成效。2019 年底，该县已经成功脱贫。如何发挥教育的优势，巩固脱贫攻坚战役的成果，进一步推广普通话具有极其重要的意义。

【关键词】　脱贫攻坚；高校对口帮扶；彝区教育；普通话推广

凉山彝族自治州位于四川省西南部川滇交界处，是我国最大的彝族聚居区。根据国家统计局发布的第六次全国人口普查数据显示，整个凉山州常住人口 453.28 万人，少数民族人口占 52.45%，其中彝族人口占 49.13%。20 世纪 80 年代中期以来，我国历经二十多年的扶贫开发，少数民族地区农村的贫困面貌发生了明显改善。2015 年，四川省全省高校对口帮扶精准扶贫工作会决定，全省 75 所公办高校全面参与"四大片区"88 个贫困县的对口帮扶工作，实现对口帮扶精准扶贫工作全覆盖。拟采用高校创新扶贫方式，帮助 88 个贫困县全面提升经济、社会、教育、医疗、科技等发展水平，如期实现脱贫目

---

* 周娓，四川大学人事处工资福利科副科长。

标。凉山州自然生态环境恶劣，基础设施落后，基础教育薄弱，卫生医疗条件较差，目前凉山州各贫困县已成功脱贫，但其教学水平相对来说仍需提高，教育意识相对薄弱，进一步推广普通话对巩固脱贫成果有极其重要的作用。

一、甘洛县普通话推广背景介绍

1. 自然地理条件恶劣。凉山州地处横断山脉所在的高山大峡谷之间，自然条件恶劣，贫困人口多分布在高山、丘陵地区。彝族同胞世代居住在高山上，崇山峻岭之间，密林深沟之内，交通不便，信息沟通困难。大部分耕地分布在40度左右的陡坡上，土地耕种难度大，收成相对较少，并且土地灌溉条件差，基本靠降雨，又因为海拔高，气温低，除部分河谷地带能种植梯田水稻外，大部分土地只能种植玉米、土豆、燕麦、荞麦等耐寒的低产粮食作物。在雨季的时候，由于山高坡陡，水流没有阻挡，直接冲刷而下，容易造成泥石流等自然灾害，生存条件异常艰苦。

2. 对外沟通不畅，交通不便。该地区交通条件差，与外界沟通不畅。目前通过脱贫攻坚战役，各乡村都已通了水泥公路，但山路崎岖陡峭，大部分老百姓只能靠公共交通，出行极为不便。彝族传统民居多建在高山顶上，且每户之间相隔距离较远，走亲戚或进城购物，即使借助私人出租车、公交车等往返，也需要花一整天的时间。孩子们上学通常都需要走一两小时的山路。交通闭塞导致物资交流和商品输出困难，严重制约了当地经济的发展，山区人民与外界沟通少，接受普通话教育的方式只能通过电视、网络、手机等媒介，或受部分外出打工年轻人的影响。

3. 思想观念传统。彝族注重祖先崇拜，相信自然万物有灵。彝族社会家族观念极强、轻生重死，普遍具有听天由命的人生观、重农抑商的生活观、温饱第一的消费观、忠守故土的乡土观和多子多福的生育观。传统彝族社会里，尤其是贫困地区，重男轻女思想严重，婚嫁制度特殊。很多彝族家庭育有多个子女，留守儿童较多。现通过脱贫攻坚对口帮扶，易地移民搬迁、彝家新寨、三建四改等新风建设，房屋已经新建，设置了厨房、厕所，帮扶责任人入户指导卫生习惯，大部分百姓能形成良好的卫生习惯。

二、对口高校发挥优势，创立特色教育帮扶

1. 全力打造1+N帮扶模式。四川大学作为甘洛县的对口帮扶单位之一，是中央高校定点帮扶单位，创立1+N帮扶模式，先后共派驻挂职干部27名，其中博士19名。挂职县领导2名，挂职有关委、办、局专业技术干部17名，

挂职镇干部 1 名，驻村第一书记 4 名，驻村工作队员 3 名。所有挂职干部都使用标准的普通话开展工作，做到外援内影，潜移默化，细致耐心，为当地老百姓营造普通话环境，养成普通话交流习惯。四川大学担当时代重任、发挥综合性大学优势，不仅将定点扶贫工作作为重大政治任务，供百姓所需、想政府所急、尽川大所能，而且高标准、严要求选拔干部，全方位、高质量完成扶贫工作，为打赢甘洛脱贫攻坚战做出了极为突出的贡献。

2. 坚持"教育促脱贫"，普通话教育从幼儿抓起。四川大学坚持"扶贫先扶智，扶贫先扶志"的扶贫理念，建立起"教育促脱贫"的高校帮扶模式。教育从幼儿抓起，普通话从娃娃抓起。从四川大学附属幼儿园选派优秀专职教师到凉山州甘洛县斯觉镇中心幼儿园支教，坚持使用标准普通话教学，从教学环境到教育理念、从饮食健康到午睡习惯、从手工文创到课程知识，全方位营造科学的幼儿教学环境。四川大学各单位还为幼儿园提供书本、床铺、食堂设备等物资，将对口帮扶的斯觉镇中心幼儿园打造成全县示范幼儿教育点。在当地，娃娃成了讲普通话最标准的人群，不仅自己讲，回家还能教父母等长辈，督促家长学好普通话，赢得当地干部群众的一致好评。

3. 化语言"劣势"为"优势"，让普通话成为高山上最美的声音。笔者也是一名挂职干部，至今犹记，初到甘洛开展工作，有诸多不便。语言沟通不畅是真正的"劣势"，坚持用普通话交流，往往在当面交流、电话联络、会议发言时会被打断。大部分老百姓，甚至还有部分在机关工作的老同志说听不懂，需要反复重述，尤其是下乡时走村入户，需要翻译，工作极为不便。为了能更方便地开展工作，笔者开始学习甘洛方言和彝族语言。但突然有一天，一位县领导找我谈话，说有人给我取了外号，叫"普通话"。我问明原因，原来是好几位老同志和他聊起过，说组织部来了一位讲普通话的挂职干部，说得很标准，刚开始听不懂，但是听久了觉得很好听，以后我们还是要多说普通话。听了领导的话，我开始很惊讶，随后又觉得很惊喜。帮扶不仅仅只是多做工作、做好工作，还可以通过讲好普通话来影响当地人。于是便建议整个挂职团队工作时都坚持使用普通话交流，化语言"劣势"为"优势"，让帮扶干部的普通话成为高山上最美的声音。

4. 普通话助孩子们放飞青春梦想，书写人生华章。2019 年 10 月，四川大学党委书记王建国同志到甘洛参加扶贫工作，王书记一行到甘洛职业中学看望四川大学在甘洛县支教的研究生团队。王建国书记走进职业中学的课堂，在黑板上写下"放飞青春梦想，书写人生华章"这句话，并嘱咐学生们学好知识，讲好普通话，走出大山，走出精彩的人生。在甘洛也有其他帮扶单位非常重视普通话帮扶。成都航空公司对口帮扶甘洛县团结乡，除了选派扶贫干部到一线帮扶，还固定时间由空姐为当地干部群众及学生进行远程培训，提升当地干部学生的普通话水平。用普通话教授航空、旅行有关知识，为当地群众及学生打开新视界。心之所系，必向往之；心之所往，必会追求。让普通话助力孩子们放飞青春梦想，书写人生华章。

三、甘洛普通话教育发展存在的问题及原因分析

1. 甘洛县普通话教育发展存在的问题。甘洛作为典型的民族贫困地区，教育难的问题一直较为严重。最严重的问题是老百姓教育观念薄弱，不重视对子女的教育培养。近年来外出务工较为流行，大部分年轻父母都外出打工，子女被迫成为留守儿童。大部分留守儿童由老年人代为照看，部分儿童无人照管，甚至还需要照顾比自己小的弟弟、妹妹。父母对子女的教育无从做起。甚至有家长希望子女辍学外出打工挣钱，脱离最基本的义务教育，使得控辍保学成为当地教育部门的重要工作，造成普通话的教育条件先天不足。

2. 教育发展滞后的原因分析。首先，当地教师培养条件较差，优秀教师不足，高学历教师少，本地教师多说方言、普通话不标准等，使良好的普通话教育条件很难形成。其次，由于自然环境差，生活条件不佳，教师资源流失较为严重。因贫困地区财政能力有限，引才力度不够，使得外来人才及返乡大学生比例不高，也是普通话教育程度低的原因之一。第三，当地人民多用彝语交流，普通话推广难度较大。

四、提高普通话教育推广实效性的建议

1. 抓住对口帮扶机遇，创建柔性引才教育机制。"不求所有，但求所用"，抓住国家对口帮扶机遇，创建柔性引才教育机制。利用帮扶单位与地方的帮扶机制，与已建立对口帮扶关系的高校等单位建立柔性引才机制引进教师，利用好引进的教育资源促进当地普通话推广及教育发展。

2. 充分发挥学校的教育阵地作用，加快培养本地教师。注重培育本地教师资源，全面提高教师队伍水平。充分发挥学校的教育阵地作用，积极开展普通话培训，鼓励教师参加普通话水平测试，提高教师综合素质和业务水平，发挥好教师的示范作用。改善教师待遇，留住能力强、有经验的优秀教师。在学校建立一套切实可行的推广普通话、提高普通话水平的制度措施。

3. 注重宣传教育，利用新媒体技术推广普通话。改变当地群众传统观念，充分调动其学习普通话的主动性、自觉性。引导当地群众利用新媒体技术学习

普通话，使其在享受新媒体技术带来的便利的同时，不断提升自身普通话水平。改变民族地区群众的传统观念，让大家感受到新媒体技术下足不出户就可以体验世界风情的便利，并帮助当地群众认识到与外界沟通的桥梁就是普通话，而利用手机、网络、新媒体技术等就能够提高自己的普通话水平。通过教育部门推广普通话教学软件、普通话测试软件等，为当地居民提供学习普通话的平台。

五、结语

目前脱贫攻坚战役已经取得全面胜利，在决胜全面建成小康社会的背景下，加强在民族贫困地区推广普通话，打破语言不同对贫困地区发展的制约，不仅是全面建成小康社会的需要，也是提升全民素养的重要措施。推广普通话有利于加强民族之间的交流，铸牢中华民族共同体意识，能够使人们更好地接受现代科学知识，获得更多、更好的就业机会。高校对口帮扶工作，"普通话"成为扶贫干部对贫困地区"扶智"和"扶志"的破冰船，为当地群众及学生架起一座与外界沟通的桥梁。让"普通话"走进彝区群众的心灵，成为高山上最美丽动人的声音。

参考文献

蔡芷菱，赵秋，于敏章，2020. 民族地区运用新媒体技术普及普通话的路径研究——以四川省喜德县为例［J］. 黑龙江教师发展学院学报（10）：117－119.

国家统计局，2012. 四川省2010年第六次全国人口普查主要数据公报［R/OL］. 国家统计局官网，（2012－02－28）［2020－08－22］. http://www.stats.gov.cn/tjsj/tjgb/rkpcgb/dfrkpcgb/201202/t20120228_30404.html.

王晨，2020. 进一步贯彻实施国家通用语言文字法铸牢中华民族共同体意识［N］. 人民日报，2020－11－11（6）.

闫冠华，2020. 我国普通话教育现状及对策研究［J］. 汉字文化（20）：30－31.

以教育信息技术力量助力脱贫攻坚事业

——四川大学信息化扶贫经验浅谈

黎　生*　向　芃**　刘颖慧***

【摘　要】　高校是社会扶贫体系的重要主体，知识扶贫、教育扶贫、科技扶贫是打赢脱贫攻坚战的必由之路，是消除贫困、治国安邦的长期保障。四川大学充分发挥高校的教育资源和教学科研优势，加强高校与地方的交流合作，以教育信息技术助力精准扶贫，在定点脱贫攻坚工作中发挥了积极作用。

【关键词】脱贫攻坚；科技扶贫；信息化

高校是社会扶贫体系的重要主体，知识扶贫、教育扶贫、科技扶贫是打赢脱贫攻坚战的必由之路，是消除贫困、治国安邦的长期保障。因此，充分发挥高校的教育资源和教学科研优势，加强高校与地方的交流合作，提升基层干部能力水平，通过教学科研技术助力精准扶贫，是整个扶贫工作中不可小觑、可持续发展的一股力量。四川大学积极稳妥地推进定点脱贫攻坚工作，按学科资源优势分解扶贫任务，完成了既定的扶贫目标，让脱贫攻坚工作切切实实地见了成效。

打好脱贫攻坚战，不仅要政策扶持、财力扶持，还要教育扶持、技术扶持，更要观念扶持、眼界扶持，才能极大地提升地方脱贫致富的内动力和长效化。作为四川大学的一分子，信息化建设与管理办公室充分发挥信息化的建设优势，向定点扶贫对象石板坡村党支部提供信息化技术专业指导，坚持扶贫与扶智相结合，发挥高校在资源联系、技术领先、沟通协调等方面的优势，与石

---

　*　黎生，四川大学信息化建设与管理办公室副主任。
　**　向芃，四川大学信息化建设与管理办公室科员。
　***　刘颖慧，四川大学信息化建设与管理办公室科员。

板坡村党支部互联共建、互动支持、同频共振、形成合力，为打好打赢脱贫攻坚战，实现乡村人文和经济多元化振兴，为岳池县脱贫摘帽做出了贡献。

自 2019 年确定岳池县苟角镇石板坡村党支部为联合对口支援党支部以来，四川大学信息化建设与管理办公室以科技扶贫为先导，致力于普及信息化知识应用，为石板坡村党支部捐赠了 7 台电脑、1 台打印机、1 台投影中控音响，建立了党员活动室；其间两个支部多次共同开展多项特色活动，进一步推动了党支部结对共建，共同发展。为了提升岳池县教育科技水平，均衡教育发展，深化教育技术帮扶协作，2020 年四川大学信息化建设与管理办公室为岳池县石板坡村建设了一间网络机房，由四川大学捐赠 70 台计算机、26 台投影仪及网线等相关配套设备设施，并完成配送、安装和调试；主要用于岳池县苟角镇教育教学，其中 30 台计算机和 20 台投影机定向捐赠岳池县苟角镇中学，剩余 40 台计算机和 6 台投影仪由政府统筹安排到苟角镇其他学校或贫困村。网络机房的建设，大大提升了当地的教育能力和教育信息化水平，丰富了教学资源和储备。该项目受益总人数达 399 人，其中培训党政干部 15 人，培训专业技术人员 2 人，受益贫困人口 382 人。此外，为了进一步帮扶甘洛县义务制教育，更好地发挥信息化技术优势，信息化建设与管理办公室联合四川省教育装备行业协会高等教育技术专业委员会，投入 20 余万元，帮助甘洛县第二民族小学建成 2 间智慧教室并投入使用。智慧教室的建成使用，大力提升了当地小学的教育信息化水平。高校科技扶贫的意义并不在于捐赠的数字或投入的财力，而在于以小见大，因势利导，治穷治愚，"志""智"双扶，为贫困地区的人们打开看到希望的门窗，播下彻底摆脱贫困的愿望种子。

石板坡村受助网络机房建成后，成为村级党支部的学习工作平台，推动了村级党支部向学习型创新型党支部的转变发展，保障了村级党务工作、村务工作的正常有序开展。四川大学信息化建设与管理办公室进一步结合单位的信息化工作和信息化技术优势，建立了志愿帮扶计划，指定一名支委负责，带领党员和入党积极分子为石板坡村多媒体设备提供建设指导、定期巡检、故障排除等一条龙志愿服务，成效明显。两个支部多次共同开展主题教育活动，共同探讨发展经验，四川大学信息化建设与管理办公室党支部更在去年年底联合四川大学机关党委办公室赴岳池县石板坡村开展支部共建活动：石板坡村驻村第一书记主持会议并发言，对四川大学信息化办党支部和机关党委办公室对石板坡村党支部的帮扶和支持表示感谢，会议总结了支部共建两年来取得的成绩，介绍了石板坡村两年来脱贫攻坚整体情况。信息化办党支部副书记为两个支部的党员开展了题为"聚焦中国共产党十九届五中全会"的专题党课，从十九届五中全会召开的背景、意义到突出亮点，着重对《中国共产党第十九届中央委员会第五次全体会议公报》进行了全面解读。实地走访和思想交流，极大地增强了两个支部对决胜脱贫攻坚的信心。

信息化社会的全面发展高度依赖于信息技术的发展，在这个背景下完成脱贫攻坚任务，信息化建设的介入必不可少。立足和服务于四川大学的整体脱贫攻坚工作规划，信息化建设与管理办公室依靠自身的信息化技术优势，坚持科技扶贫为主，先后通过提供技术支持服务，为甘洛县格布村工作点的弱电网络建设提供建议方案，并为甘洛县斯觉中心幼儿园的远程教育扶贫项目验收提出建议。2020年信息化建设与管理办公室选派了2位专业教师和扶贫办3位教师一同前往甘洛县格布村工作点为其弱电网络建设提供建议，同时邀请中国移动对该工作点的弱电（工作点、蔬菜大棚的监控及格布广播系统）进行现场了解并提出建设方案；结合四川大学扶贫干部介绍的前期电信的建设方案，通过对比两家公司的方案与报价，最后选择了中国电信的建设方案。此外，对驻村干部设计建设的微信小程序进行了初验，肯定了程序的建设功效；同年，信息化建设与管理办公室选派1位教师与扶贫办1位教师一同前往甘洛县斯觉中心幼儿园，参与四川大学对口甘洛县远程教育扶贫项目验收。该项目主要内容为高清远程互动系统，实现斯觉中心幼儿园与川大幼儿园实时互动直播，相关建设、施工与出资单位对设备数量、型号、运行情况、技术指标等各方面进行验收，并给出了同意验收的结论。这个项目能够让甘洛幼儿享受到四川大学幼儿园的优质教学资源，为高校探索教育扶贫、科技扶贫以及教育资源公平分配等提供了思路。

摆脱贫困既要苦干，更要巧干，授人以鱼不如授人以渔。脱贫攻坚战略战术要与时俱进，随着时代和社会的发展变化而进行长效扶持。党的十九届四中全会要求"坚决打赢脱贫攻坚战，建立解决相对贫困的长效机制"。这需要长期的努力奋斗，每个单位每个人从小事做起，从身边做起，让脱贫攻坚的点滴之水汇成江河，从消除绝对贫困逐步走向解决相对贫困，从而实现国家富强，民族复兴。优化配置信息资源，进行定点教育扶贫、科技扶贫，以点带面辐射高校的教学科研技术优势，以此提升地方技术应用能力，奠定人才发展基础，营造脱困人文环境，是四川大学在信息化扶贫实践中总结出来的一点经验。全国各地高校完全能够凭借自己的教育科技资源优势，为定点扶贫对象提供具有高校自身特色的支持和服务，调整完善长效扶贫的办法和模式，实现校地之间的长久合作，巩固脱贫攻坚战取得的巨大成果。

参考文献

罗丹，陈春良，运启超，等，2020. 高质量打赢脱贫攻坚战（政策解读·聚焦中央一号文件
　　①）[N]. 人民日报，2020 - 02 - 12（6）.

张烁，赵婀娜，2018. 习近平总书记在北京大学考察时的重要讲话在北大师生中引起热烈
　　反响——追梦需要激情和理想，圆梦需要奋斗和奉献 [N]. 人民日报，2018 - 05 -
　　03（2）.

语言扶贫视角下
少数民族地区普通话推广研究
——以四川省盐边县彝族地区为例*

张　秦** 李嘉怡*** 李　果****

【摘　要】　《国家语言文字事业"十三五"发展规划》提出"语言扶贫"政策，旨在帮助贫困地区推广普通话以促进当地人民脱贫致富。本文以四川省攀枝花市盐边县的彝族乡为例，通过实地调研的方式探究当地普通话推广情况及其面临的困难，从语言扶贫的角度提出少数民族地区普通话推广及彝族语言资源保护的对策与方法，以促进当地经济的可持续发展。

【关键词】　少数民族；普通话推广；语言扶贫；精准扶贫

一、引言

（一）贫困地区语言扶贫的意义

《国家语言文字事业"十三五"发展规划》明确提出，"到 2020 年，在全国范围内基本普及国家通用语言文字，全面提升语言文字信息化水平，全面提升语言文字事业服务国家需求的能力，实现国家语言能力与综合国力相适

* 本文获教育部人文社科一般项目"韵律—语法接口视角下的《马氏文通》辞气研究"（项目号 19YJC740026）、四川大学创新火花项目库（人文社科类）重点项目"句法—语音互动视角下的上古汉语介词研究"（项目号 2019hhs－23）、四川大学文学与新闻学院 2020 年本科教学改革项目"原典教学"（"新文科背景下《马氏文通》教学改革的研究与实践"）、四川大学大学生创新创业项目"语言扶贫视角下四川省盐边县彝族地区普通话推广研究"资助，特此致谢。

** 张秦，四川大学文学与新闻学院 2017 级本科生。

*** 李嘉怡，四川大学文学与新闻学院 2017 级本科生。

**** 李果，四川大学文学与新闻学院副教授。

应",并提出要使"民族地区国家通用语言文字普及程度大幅度提高"。可见,少数民族地区的国家通用语言文字普及工作是"十三五"时期国家语言工作中的重要一环。在精准扶贫的大背景下,提升贫困地区的语言能力也成为扶贫工作的重要目标。

这类深度贫困地区有些同时也是少数民族地区。截至 2017 年年底,我国认定的深度贫困县有 334 个,其中少数民族地区所占比例超过了 75%(史维国,刘昕怡,2019:89)。《中国农村扶贫开发纲要(2011—2020 年)》列出的 14 个特困地区中,有 11 个是少数民族聚居地区。由于历史等方面的原因,许多深度贫困地区长期封闭,同外界脱节,主要体现为很多人不学汉语、不识汉字、不懂普通话,无法同外界沟通交流。所以,对于少数民族聚居的贫困地区来说,语言扶贫是所有扶贫工作的前提和基础,和其他贫困地区相比,语言推广更重要,难度也更大。

语言具有经济功能,已成为国内外专家学者们的共识。掌握普通话能够提高劳动者的工作寻找效率、提高工作效率和提升社会交往能力。少数民族贫困地区不光要保证当地人民之间的正常交流,还要使其能通过掌握普通话增加与外界交流的机会。因此,重视少数民族贫困地区的语言问题,将语言转化为经济资本,才能更好地实现精准扶贫、脱贫致富。

(二)四川彝族聚居区双语教育和普通话推广研究现状

我国少数民族地区多存在"大杂居、小聚居"情况,语言情况较为复杂,想要实现少数民族贫困地区的语言扶贫和普通话推广工作,首先要解决的就是少数民族双语教育问题。在关于我国少数民族双语教育的个案研究中,彝族的双语教育案例属于较为典型的研究案例,研究成果也较丰富。以凉山彝族自治州为例。20 世纪 90 年代末四川省拟定了"双语教学、两类模式、两次分流、四级规划、两次接轨,二十年分三步走"的发展规划,在此基础上,形成了凉山彝汉双语教学两类模式并行格局。近二十年来,双语教育初见成效,研究成果也较为显著。国家项目有余惠邦主持的《四川民族地区"双语制"问题研究》、沙马拉毅主持的《四川彝、藏地区中小学双语教学研究》,教育部项目有吉克跃林主持的《西部彝、藏地区民汉双语教育实效性问题研究》等。上述项目从不同角度对彝汉双语教学进行了很好的分析研究。然而这些研究也反映出当地双语教育模式仍有许多不足,如教育结构和布局不合理、彝汉双语教育两类模式课程安排不规范、彝汉双语教育教材使用不规范、彝汉双语教育教师量少质弱、彝汉双语教学质量有待提高等。

　　与上述研究相比，对四川彝族地区普通话推广的研究并不多。有学者认为，四川彝族同胞普通话水平整体偏低的原因主要包括西南官话的影响、四川彝语的影响、汉语启蒙教师普通话水平低以及缺乏使用普通话的环境等。他们从加大师资队伍建设、改善普通话教学方法、尽量将普通话教育低龄化、加大普通话实践力度和多渠道普及普通话这五个角度提出了在四川彝族地区推广普通话的建议（王浩，2016：24）。也有研究发现，在彝族聚居区彝语是课堂外的主体语言，尤其在当地贫困地区，交通闭塞、经济活动范围窄、普通话的使用频率低，当地的领导干部整体普通话水平不高，基础文化设施也不到位，这些都是限制普通话推广的问题，因此应该采取加强对领导干部的普通话培训、完善基础设施、抓住西部大开发的机遇加强外部往来等对策（伊增繁，2015：278）。此外还有杨玲（2014）、张瀛月（2012）、沈良杰（2002）等多位学者，从具体的语音、词汇和语法的角度分析了彝族学生在普通话习得过程中彝语的负迁移因素，并提出了对应的教学方法。上述四川彝族地区双语教育和普通话推广的研究中也存在一些问题，比如调研地点多为大凉山地区，对四川其他彝族聚居区关注较少；调研对象多为中小学学生、学龄前儿童及其教师群体，较少关注其他年龄段和其他社会身份人群，如作为脱贫攻坚主体的青壮年和执行普通话推广政策的地方领导干部；调研内容多为具体的教学活动，对日常的普通话习得方法和实际运用关注较少；调研目的以提高当地教育水平为主，较少与语言扶贫相结合。

二、盐边县普通话使用情况调查

　　四川省攀枝花市盐边县和爱彝族自治乡是重点扶贫地区，地处四川和云南两省交界处，属于汉、彝杂居区，语言相互影响，情况复杂。2019 年 1 月，笔者前往盐边县和爱彝族自治乡进行了普通话使用情况的调查。据笔者初步了解，当地居民以彝语为主要交流语言，西南官话（攀西片）为辅；普通话使用者少。当地居民普遍认为使用彝语和方言足以应付日常生活，普通话推广意义不大。当地政府工作人员会少量普通话，但掌握情况并不理想。笔者前往当地调查时，当地政府的官方网页上虽然能搜到大量扶贫工作相关的内容，但没有看到与推广普通话相关的活动或资料，可见推普工作在当地没有得到足够重视。

　　近年来，在国家精准扶贫政策的指导下，盐边县依托优良的地理环境和独特的民族风俗，以康养为特色的旅游业持续发展并成为当地收入的重要来源。当地有红格温泉等著名风景区，且在国内外知名度持续增加，同时一些大型国际赛事也在此举办，与外界的交流大幅增加。研究表明，普通话对劳动力的影响在服务从业者当中更加显著（陈媛媛，2016：108）。由此可见，当地人关于普通话推广的观念与经济发展方向存在一定矛盾。因此，深入调查以当地特色旅游业为主要扶贫方式的少数民族贫困地区的国家通用语言文字推广情况，了解普通话推广过程中存在的问题，并提出针对性的解决措施，有利于提高当地居民的文化水平，可对促进当地经济发展产生直接影响。

三、盐边县彝族乡普通话推广情况分析

在对盐边县彝族乡普通话推广情况调研的过程中，我们采用了基本问卷和汉语方言调查字表进行调研。其中调查问卷里包括性别、年龄、学历、常用语言/方言、是否会普通话、普通话运用频率、普通话运用场合、普通话推广意义等问题。汉语方言调查字表里列出了一些常用字让接受调查者认读，我们分别从声调、声母和韵母三个方面来考察当地彝族人民的普通话掌握水平。在此基础上以随机抽查的方式记录了 2019 年 1 月盐边县彝族乡不同年龄阶段和不同性别彝族人的普通话情况。

在有效样本的记录中，我们发现当地彝族人的语言情况在不同年龄段有着较大差异，同时随着年龄的递增男女普通话的语言差别也存在逐渐扩大的趋势（见表 1）：

表 1 盐边县彝族乡普通话调研情况表

年龄段	学历	普通话与认字情况	男性	女性
13 ~ 19 岁	小学、中学、中专、大专、本科	普通话掌握情况相对较好，识字能力较好	无明显差别	
20 ~ 40 岁	初中、中专、大专	基本会说西南官话，部分会说普通话，识字能力较好	会说流利的彝语和西南官话	会说流利的彝语，基本掌握或可以说流利的西南官话
41 ~ 60 岁	小学或初中	只会说，一部分人会认会写	会说流利的彝语和西南官话	会说彝语，少部分会说西南官话
60 岁以上	小学或以下	不会说不会写也不会认	会说彝语，会说简单的西南官话	只会说彝语

由表 1 可知，盐边县彝族乡普通话推广情况并不乐观，其中仅少部分人可以说普通话，这些人主要是政府部门工作人员和学龄青少年群体，他们的普通话掌握情况相对较好，且有学习普通话的意识，但受西南官话影响较大。除这少部分群体外盐边县彝族乡的大多数彝族人几乎不会说普通话，常用语言以彝语为主，西南官话为辅。该地区以农业经济为主，虽然公路早已互通但与外界联系较少。加上地处西南官话片，大部分人认为没有学习普通话的必要，西南官话足以满足当地的生活需求，因此普通话推广情况较差。

学龄前儿童的常用语言大多以彝语为主，会说一些简单的西南官话；同时，也有常用语言以西南官话为主，只会简单彝语的儿童。随着义务教育制度的普及和男女平等观念的推进，儿童基本都能接受九年义务教育。因此，处于学龄阶段的儿童，尤其是小学学业基本完成的 13 至 19 岁年龄段青少年普通话掌握程度相对较高，识字能力较好，男女区别不大。且该年龄段人群大多有外出学习或务工的计划，有强烈的学好普通话的意识，以保证自身在外的交流、学习与工作。但后续由于常住地的变化，长期生活在当地或外地的彝族人在不同语言环境的影响下，普通话掌握情况又会逐渐产生差异。

20~40 岁年龄段群体基本会说西南官话，其中政府部门任职人员有一定的普通话表达能力，识字能力较好，该年龄段男女区别不大，但仍存在轻微的差距。同时，调研发现，随着年龄增加，普通话掌握情况逐渐变差，普通话和西南官话的掌握情况都出现了较大的差别。年纪较长人群尤其是 60 岁以上人群由于受教育程度低，早年普通话推广力度不足，义务教育的缺乏导致大多数人完全不具备识字认字和说普通话的能力。且当时家庭中多为"男主外，女主内"的模式，女性很少与外界沟通交流，通常是男性负责对外沟通，如进行农产品买卖等活动，需要与就近的汉族生活地区产生联系。因此，年纪较长的男性具有一定的西南官话沟通能力，而年纪较大的女性大多只会说彝语而无法用西南官话沟通。由于语言不通在调研中也很难和年纪较长的女性进行交流，男性的情况相对较好，即使是年长的男性也可以使用基本的西南官话进行日常交流，但流利程度较低，更倾向于用彝语进行交流，有时需要身边的人进行一定的彝语翻译。

总体来看，盐边县彝族乡整体普通话推广情况并不乐观，但青少年的普通话水平与中老年人相比有明显的提高，因此当地普通话推广的趋势是向好发展的。

四、扶贫开发视角下盐边彝族乡普通话推广及其发展建议

盐边县地理位置优越，生态环境良好，周围有大量的非彝族聚居地，其独特的民族文化对外具有很强的吸引力，紧紧抓住这一优势可以发展当地的特色旅游项目。近年来，在国家扶贫政策的推动下，该地基础设施和旅游系统逐步完善，发展态势良好。但要真正实现经济转型发展和旅游业的繁荣，必须重视当地普通话推广工作。旅游业的发展，离不开语言沟通。有足够的对外沟通能力才能真正带动当地的发展，吸引游客不断前来。

一是提高当地政府部门普通话的推广意识，并要求政府部门人员掌握普通话。当地政府应该有语言不规范、不统一就会导致教育文化水平低下、商品化经济程度不高，从而导致特定地区长期贫困的意识，明白当地的长期发展需要建立在普通话普及的基础上。通过语言对外的互通才能更好地促进当地经济发展，留住当地年轻人，更好地促进民族文化保护；当地政府应落实《国家语言文字事业"十三五"发展规划》的语言扶贫政策，采取有力的普通话推广和普及措施，将普通话推广程度纳入扶贫考核制度之中；政府工作人员要以身作则，率先学习普通话，为政府工作人员提供普通话培训，并进行考核。

二是在继续发展当地特色旅游经济的基础上，提高民众普通话学习意识，让民众认识到掌握普通话也是一种发财致富的好办法。2016 年该地 9 个贫困村跻身全国乡村旅游重点村，是乡村旅游扶贫工程行动方案的重点。尤其在近几年，盐边县依托得天独厚的天气条件和地热资源大力发展旅游和康养业。国家也正在加大基础设施建设力度，大力促进盐边县红格国际运动康养·温泉度假区的建设。基于这样的产业定位，想要实现该地旅游业的长远发展，需要从根源上改变民众的普通话无用的看法，要让民众意识到交通便利以后，当地旅游经济的市场可以走出县域或者省域，面向全国乃至世界。政府要利用好宣传工具，如当地的文化广场、广播等媒体设施进行宣传，营造出一个良好的普通话语言环境，不仅要让"普通话普及"观念深入人心，还要宣传普通话对经济收入的影响，让民众真正意识到普通话的作用，从而产生自发学习的意识和互相鼓励学习的氛围。

三是继续巩固并加强当地的双语教育，并增添多种形式的语言培训。对于义务教育阶段的少年儿童群体，需要在巩固目前普通话教育成果的基础上继续加强双语课堂建设、师资建设，让彝族青少年拥有以民族语言为基础的多语使用能力；对于学龄前儿童，要解决目前两种极端的情况：一种是学龄前儿童不说彝语的情况；另一种是只说彝语，对汉语掌握较差的情况。需要培养专业的

彝汉双语幼儿教师，在幼儿园阶段就进行双语教育，让儿童更早习得彝汉双语；针对成年人，政府设立"普通话夜校"，为当地彝族居民提供免费的普通话培训服务。这样的教育方式可以促进当地的民族语言、文化资源保护，可以使新生代彝族人拥有良好的对外沟通和交流能力，也可以使目前作为脱贫攻坚主力的青壮年群体快速习得普通话，整体提升普通话能力。

四是可以依托国家政策促进当地与就近的四川省高校联络，从而实现科学脱贫和语言资源保护。高校在国家政策的长期引导下，鼓励学生参与地区扶贫的调研实践。当地政府可以与高校构建互通的桥梁，引进大学生到当地进行实地的考察、调研和支教，为脱贫攻坚献计献策，也可以激发当地少年儿童的学习兴趣，促进当地少数民族双语人才的培养；相关部门应鼓励大学生村官到该地区进行脱贫攻坚工作，引进高校人才，为当地经济发展注入新鲜血液；此外，语言是文化的载体，对当地少数民族语言资源的保护和开发也十分重要，高校可以积极提供帮助，促进当地的国家语言扶贫政策落实。高校可以建立相关的语言保护、语言扶贫等专题项目，鼓励来自当地或者本民族的少数民族学生学习和研究本民族语言，保护当地的民族语言资源，让其得到合理的开发和利用，打造出属于本民族特色的文化表现形式。如彝族民歌是彝族文化的重要表现之一，记录了彝族人民生产、生活、情感等各方面的内容，展现了丰富的彝族语言文化。政府可以以此为基础联合高校打造出一些独特的民族文化表演，与当地旅游资源相结合，实现特色彝族文化旅游项目开发。

五、结语

国家实施"精准扶贫"政策以来，盐边县的经济发展取得了一定成效，但其经济转型与可持续发展离不开普通话的推广。促进少数民族地区的普通话推广可以更好地推动当地旅游业和经济的持续发展。处理好少数民族语言资源和普通话推广之间的关系，不仅可以推动对外交流，也能让当地语言发挥其经济价值，更好地为打造民族特色文化旅游项目服务。

参考文献

陈媛媛，2016. 普通话能力对中国劳动者收入的影响 [J]. 经济评论 (6)：108 - 122.

古力阿伊木·亚克甫，刘芳，2020. 少数民族地区普通话推广的经济发展效应分析——以南疆为例 [J]. 汉字文化 (6)：54 - 55, 60.

李丰娟，贾巴木甲，马锦卫，等，2011. 凉山彝族自治州彝汉双语教学实效性探析 [J]. 民族教育研究，22 (3)：101 - 106.

罗边木果，1999. 四川彝族一类模式教学述评［J］. 民族教育研究（1）：52－55.

沈良杰，2002. 彝族学生学习普通话时易出现的语音错误及其纠正方法［J］. 西昌师范高等专科学校学报（4）：129－131.

史维国，刘昕怡，2019. 少数民族地区语言扶贫效应研究［J］. 哈尔滨师范大学社会科学学报，10（2）：88－91.

滕星，2001. 文化变迁与双语教育：凉山彝族社区教育人类学的田野工作与文本撰述［M］. 北京：教育科学出版社.

王浩，2016. 四川彝族地区普通话推广策略探究［J］. 语文建设（11）：24.

王兆萍，马小雪，2019. 中国少数民族劳动力普通话能力的语言收入效应［J］. 西北人口，40（1）：71－82

吴明先，1998. 凉山彝族双语教学历程综述［J］. 民族教育研究（1）：38－44.

习近平，2017. 在深度贫困地区脱贫攻坚座谈会上的讲话［J］. 党的建设（10）：4－7.

杨玲，2014. 汉、彝语语音系统比较研究［D］. 重庆：西南大学.

伊增繁，2015. 彝族地区推广普通话面临的问题和对策［J］. 教育教学论坛（31）：277－278.

张瀛月，2012. 彝族习得汉语普通话元音的统计性分析［J］. 河池学院学报（3）：18－23.

推普脱贫攻坚下
普通话慕课在民族地区师范高校的应用

——以四川大学"普通话实训与测试"为例

李 璠*

【摘 要】 《国家语言文字事业"十三五"发展规划》提出"十三五"期间推普的工作重点是农村地区、贫困地区、少数民族地区。民族地区师范高校学生不仅是普通话慕课的学习推广对象，更是民族地区推普脱贫师资的后备力量。在"互联网＋"教育的时代背景下，推普有了各种信息化手段的支持，民族地区师范高校学生通过远程在线学习普通话慕课的方式，有利于促进资源的优化配置，对建立民族地区推普脱贫长效机制具有积极意义。

【关键词】 推普脱贫；普通话；慕课

一、引言

自新冠肺炎疫情暴发以来，全国各地高校积极响应教育部"停课不停教、停课不停学"的工作要求，通过整合优质的网络课程资源，及时开展线上教学模式，这既是战疫情应急之举，也是"互联网＋"教育的重要成果应用展示。四川大学"普通话实训与测试"慕课既是学校语言文字工作的重要成果，也是学校教学改革和教学信息化建设的成果之一。据不完全统计，课程第四期运行期间（2020 年 2 月 25 日至 6 月 16 日），有至少来自 141 所高校的学生注册学习了该课程。由于当前我国推普的主要目标是农村、西部和民族地区，因而民族地区师范高校的学习者引起了我们的重点关注。

民族地区师范高校所培养的师范生不仅是"普通话实训与测试"慕课的

---

* 李璠，四川大学文学与新闻学院 2018 级硕士研究生，"普通话实训与测试"MOOC，SPOC 助教。

学习推广对象，也是该民族区域内基础教育阶段推普师资的后备力量，对进一步提高民族地区普通话普及质量与规范水平，进而促进推普助力切断"代际贫困"，实现永久脱贫具有重要作用。因此，充分利用现代信息技术，拓展普通话学习资源，创新少数民族地区师范高校普通话教学方式，提高普通话普及率，提升教师队伍整体普通话水平是推普脱贫的长远之计。

二、民族高校师范生是普通话慕课的应用对象

（一）民族高校师范生具备普通话慕课学习条件

一是语言能力。学习者只要具备高中语文基础知识，即可注册参与我校"普通话实训与测试"慕课。民族地区高校师范学生具有一定的汉语语言能力，非常适合通过学习慕课全面系统地掌握普通话语音基础，进行普通话发音训练，获得普通话发音中重难点的实践指导。

二是语言技术。随着计算机网络和智能手机的发展，语言技术的掌握也是当今语言能力的一部分（李宇明，2018）。民族地区高校师范学生掌握了信息检索、电子邮件的应用，微信朋友圈的建立等基本语言技术，在使用移动终端和信息服务时没有语言障碍。

（二）民族高校师范生具有普通话水平提升需求

普通话是少数民族地区师范学生必备技能之一，良好的普通话表达能力，是少数民族学生今后走向社会，从事教学工作，更好实现职业发展的基础。少数民族地区师范高校都十分重视学生普通话水平的提高，要求学生毕业时普通话须达到一定的等级水平。《推普脱贫攻坚行动计划（2018—2020 年）》也明确提出，"要严把教师语言关，新录用的各级各类学校教师普通话水平必须达到国家规定的等级标准"。但因受学校层面、自身因素以及地域条件与语言环境等方面的影响和制约，许多民族地区高校师范生的普通话表达能力较差，水平偏低，参加普通话水平测试的成绩不甚理想，所以这部分学习者对普通话水平提升训练具有强烈的动力和需求。

（三）民族师范高校应用普通话慕课情况

从已获得的数据来看，新冠肺炎疫情期间，引用我校"普通话实训与测试"慕课的高校以师范类为主，包括西华师范大学、阿坝师范学院、重庆师范大学（17 310 人选课）等。选课人数较多且隶属于少数民族地区的师范类

高校主要有两所，分别是广西壮族自治区南宁师范大学和新疆维吾尔自治区伊犁师范大学。

1. 南宁师范大学。南宁师范大学初等教育学院小学教育专业是首批"广西高等学校优势特色专业建设点"，主要致力小学师资培养、培训和教学研究，同时也是全国唯一进行汉壮双语免费定向师范生培养的单位，专注于培养适应壮族地区教育教学改革发展需要的高素质新型小学壮汉双语教师。

2020 年春季学期，该校小学教育（壮汉双语方向）专科层次 2019 级两个班共 84 名学生注册学习了"普通话实训与测试"慕课，大多数学生按规定完成了各项学习任务的要求，并参加了期末考试，综合总成绩有效。鉴于该专业方向对汉语普通话水平等级有一定要求，为了更清晰地呈现双语方向师范生的学习效果，我们随机选取了 1 班 41 名学生的成绩分布情况进行统计分析，所得结果详见表 1。

表 1　南宁师范大学小学教育（汉壮双语方向）1 班成绩分布

成绩	人数	等级	合格率
90 分以上	4	优秀	
80～89 分	3	优秀	
70～79 分	5	合格	60.97%
60～69 分	13	合格	
50～59 分	3	不合格	
50 分以下	13	不合格	

由表 1 可知，该班 7 人优秀，18 人合格，16 人不合格，合格率为 60.97%，与"普通话实训与测试"慕课各期总体通过率高度一致，应用效果良好。

2. 伊犁师范大学。伊犁师范大学是地处伊犁哈萨克自治州乃至北疆唯一一所普通高等师范院校，疫情期间引用我校"普通话实训与测试"慕课作为教育科学学院"大学语文Ⅱ-2"课程的配套网络课程，供 2019 级少数民族同学使用，选课人数总计 305 人，且分布于该校各专业，其中部分专业及学习者人数见表 2。

表 2　伊犁师范大学普通话慕课部分学习者及专业人数分布

专业	人数
地理科学（民）	10
地理科学（双语）	6
语文教育（专科）	45
哈萨克语言文学	42
维吾尔语言文学	15

由表 2 可知，参与普通话慕课课程的主要是语文教育（专科）、中国少数民族语言文学专业学生以及民族班的学生。据该校官网显示，以上专业学习者基本来自自治区内，且多数将从事民族地区中小学教育教学工作，其中，哈萨克语言文学和维吾尔语言文学两个专业自 2011 年起开始实行"民汉双语翻译人才培养计划"。

三、高师学生是民族地区推普脱贫的后备力量

2017 年教育部、国家语委《关于开展普通话基本普及县域验收工作的通知》中指出："据统计，目前我国多数大城市的普通话普及率超过 90%，但很多农村地区只有 40% 左右，有些民族地区则更低。"我国少数民族聚集的农村地区，普通话普及水平仍然较低，不会说普通话，不会用、用不好规范汉字的现象普遍存在。少数民族地区乡村的推广普通话任重道远。事实上，民族地区高校学生普通话水平普遍偏低的原因之一就在于他们处于中小学学习语言的最佳阶段时未能得到普通话的训练，在学校学习的普通话不标准、不规范。

然而，在民族农村地区，学校是普通话学习、提升的主要场所，普通话教学和普及的主要渠道之一是学校教育，学校教师国家通用语水平的高低将直接影响基础教育阶段推普质量，影响少年儿童普通话习得。《"十三五"脱贫攻坚规划》提出，要"加大双语教师培养力度，加强国家通用语言文字教学"。随着"互联网＋"教育时代的发展，借助现代信息技术手段，教师还可以远程自修相关课程进行普通话训练。民族地区高校师范生在校期间通过在线自主学习"普通话实训与测试"慕课，明确自身普通话语音存在的问题，有针对性地提高国家通用语表达能力，达到国家规定的水平等级要求，不仅能够确保教育教学过程采用标准规范的语言文字开展工作，起到良好的指导示范作用，也有益于改善民族地区农村中小学学生的普通话水平现状。

南宁师大小学教育（壮汉双语方向）专业学生大部分来自该自治区的边远农村，毕业后将各自返乡，长期（至少 8 年）从事农村小学双语教育事业。据调查，广西壮族自治区的普通话普及率已经达到 80%，能熟练使用但某些音不准和口音较重的人群却占 60% 以上，能够准确流利地使用普通话的人并不多，人们学习普通话的方式较为分散，但学校仍是推广普通话的主阵地（戴红亮，2012）。民族地区学校双语教师的普通话培训应该引起高度重视，推普的可持续与否取决于教育领域推普师资力量的强弱。目前，针对普通话教学水平较弱的少数民族双语教师设立了"国培计划""省培计划"，以提高双语教师的普通话水平，提升中小学教师特别是边远、农村教师队伍的整体素质为培训目标。

双语教学既有利于学会普通话，还可以传承和保护民族语言。除中小学教育教学工作者在民族地区发挥推普脱贫的重要作用外，掌握民汉双语的翻译人才同样能够通过自身语言优势带动民族地区逐步实现减贫脱贫目标。"在民族地区特有的'语言翻译'领域，随着民族地区少数民族掌握普通话水平的日益提高，传统和常态下的'汉译民'需求会逐步减少，而以'民译汉'乃至'民译外'为主的特殊领域和需求的翻译工作将会有所加强。"（黄行，2018：359）深入挖掘、利用民族语言承载的地域文化，加大民汉双语翻译及宣传力度，既能保护少数民族语言资源，还利于少数民族语转化为产业要素，来发掘少数民族语言的经济活力。

四、普通话慕课助力民族地区推普脱贫攻坚

（一）推普数字资源"脱贫"

当前，民族地区部分高校缺乏具有丰富测试经验的专业的普通话语音教师，普通话课程设置也不太合理。有些院校并没有开设专门的普通话课程，而是以现代汉语课来替代。而现代汉语课只注重语音基础理论和基础知识的讲授，根本无法代替普通话课程，也无法对所有专业的学生进行普通话普及与提高工作；有些院校则将教师口语课等同于普通话课，没有对学生进行全面系统的有针对性的普通话专项训练（孙惠欣，2009）。不仅如此，还存在普通话教学方法比较传统、现代化教学媒体应用较少的问题。普通话课是一门实践性很强的课程，教师口头讲授，语音知识点讲解抽象，不仅难以引起学生兴趣，更不利于普通话水平的实际提升。另一方面，目前民族地区高校缺乏优质普通话多媒体课程资源，普通话推广及培训效率较低。慕课使普通话语音训练实现了

由传统的线下一对一模式向线上一对多模式的转变，大大提高了普通话培训效率。"普通话实训与测试"慕课应用于民族地区师范高校本身就能有效地解决普通话学习资源相对不足的问题，尤其是在特殊时期开展线上普通话教学工作，更能体现出网络慕课资源的优势。

（二）建立推普脱贫长效机制

语言与贫困具有相关性，语言可以扶贫，源自语言与教育的密切关系，源自语言与信息的密切关系，源自语言与人与互联网的密切关系，源自语言与人的能力和机会的密切关系（李宇明，2018）。语言扶贫与一般的物质救济式扶贫的不同之处在于，语言扶贫通过培养个体语言应用能力，增强其综合素质，增加其就业机会，最终达到语言教育扶志扶贫脱贫的目的。贫困地区推普，具有"攻坚"性质。攻坚之时，外部力量的借用十分重要；但是最终还是要依靠内生力量发挥作用，这样才具有可持续性。

新时代推普脱贫应以学校为核心，切实发挥学校之间的联动作用，构建普通话多级培训体系，才能实现精准推普。学校是文化高地，聚集着当地的文化精英，且普通话与教育的关系最为密切。所以，不管是从教育职能上看还是从现实情况上看，学校都应当成为推普基地，在校内做好学生的普通话教学，在校外承担起普通话的社会推广工作。从学校系统来说，推广普通话的重点应当放在师范和小学，作为独立的学校也要有重点，教师以语文教师为重点。"普通话实训与测试"慕课广泛应用于师范类高校，针对师范生群体进行推普，增强师范生国家通用语水平，就是"精准推普"，容易见到推普成效，也易显示推普助力长久扶贫的功效。

五、结语

推普脱贫并非朝夕可成之事，而是一项长期工程，推普对于贫困而言，作用应放眼于长效和阻断代际贫困。普通话推"广"已经基本完成，新时代推普工作的主要任务是推"深"，少数民族地区决胜推普脱贫攻坚战需要首先明确普通话推广工作的主要对象和主要力量。通过"互联网＋"教育时代的技术手段，构建普通话线上培训机制，采取科学有效的途径，建立精准推普扶贫多层级体系，深入探索语言教育扶贫实践模式。

参考文献

柴如瑾，2017．语言文字事业发展报告首次发布［N］．光明日报，2017 - 07 - 19（6）．

陈丽湘，魏晖，2019．推普脱贫有关问题探讨［J］．语言文字应用（3）：2 - 11．

戴红亮，2012．广西普通话普及情况调查分析［J］．语言文字应用（1）：36 - 43．

冯传书，刘智跃，2019．略论"精准推普"［J］．语言文字应用（1）：11 - 19．

黄行，2018．论民族地区的"推普"工作［J］．语言科学（4）：358 - 359．

李宇明，2018．修筑扶贫脱贫的语言大道［N］．语言文字周报，2018 - 08 - 01（1）．

李宇明，黄行，王晖，等，2018．"推普脱贫攻坚"学者谈［J］．语言科学（4）：356
　 - 367．

石琳，2018．精准扶贫视角下少数民族地区国家通用语言文字普及深化的策略［J］．社会
　 科学家（4）：150 - 156．

史维国，刘昕怡，2019．少数民族地区语言扶贫效应研究［J］．哈尔滨师范大学社会科学
　 学报（2）：88 - 91．

孙惠欣，2009．少数民族地区高校普通话教学现状及改进策略［J］．现代教育科学（T1）：
　 102 - 103．

杨亦鸣，2018．"推普脱贫"的缘由、任务、路径和意义［J］．语言科学（4）：364 - 367．

张之红，2020．精准扶贫视角下民族地区推普脱贫的必要性和可行性研究［J］．新疆社科
　 论坛（1）：64 - 71．

研究生支教团推普助力
脱贫工作中的实践与探索
——以四川大学研究生支教团昭觉分团为例

秦　瑾*

【摘　要】　扶贫先扶智，扶智先通语。本文以四川大学研究生支教团昭觉分团为例，基于服务地凉山州昭觉县的复杂民族语言背景，通过对该地义务教育阶段学生普通话的掌握情况以及当地语言环境进行考察调研，在充足的理论支撑下开展了推广普通话的实践工作，并从"听""说""读""写"四个角度入手，利用多种方式提高学生普通话的技能，为推普脱贫工作探索出更全面有效的方法。

【关键词】　支教；普通话；语言扶贫；教育扶贫

普通话是国家通用语言，普及普通话对于我国打赢脱贫攻坚战具有重大战略意义。2018年由教育部、国务院扶贫办、国家语委联合发布的《推普脱贫攻坚行动计划（2018—2020）》中对推普工作计划提出了明确的要求与目标。四川大学自1999年参加"中国青年志愿者扶贫接力计划研究生支教团项目"以来，累计选派了246名有志于贫困地区建设的志愿者前往西部深度贫困地区。四川大学研究生支教团（以下简称"研支团"）以教育教学为中心，通过探索开展丰富的推普工作，帮助当地提高基础教育质量，助力贫困地区打赢脱贫攻坚战。研支团扎根西部，开展教育扶贫工作，对长期以来开展推普工作的方式、推普成果进行总结与评估，可以对未来的工作提供参考与借鉴。

---

* 秦瑾，四川大学艺术学院2020级硕士研究生。

一、研究方法

现阶段，我国学者对于推普在脱贫攻坚战中起到的战略性的作用已经有大量的研究与理论指导。李宇明指出："语言与贫困具有相关性，语言可以扶贫，源自语言与教育、信息的密切关系。"（李宇明，2018）李玉红则认为："语言扶贫具有持续性，语言能力的获得是一个长期的过程。"（李玉红，2019）而研支团扶贫接力的运营模式能准确达到教育扶贫"长期"的效果，基于这样的团队优势与理论支撑，我们采用考察调研与实践结合的研究方法。

研支团昭觉分团从西昌出发前往昭觉，先乘坐大巴，蜿蜒曲折的公路虽然漫长但往来车辆络绎不绝，这里是大山与外界交流的第一个窗口。虽说交流颇多，但迄今为止昭觉县依旧是中国最大的彝族聚居县，县城彝族人口在总人口中的占比超过90%。在这样一个语言环境复杂的大山里，彝语占据着强势主导地位，普通话在相对偏远一些的农村地区普及率极低。对于支教志愿者而言，语言不通导致问卷调研、入户走访、家访考察等工作难以开展。对于久居深山的彝族群众来说，因普通话水平低，在外出就业、领会国家政策、融入现代社会等方面举步维艰。

面对这样的现状，我们针对校园中学生及其家庭的普通话掌握情况进行了初步调研与深入观察。在学校教育中，现阶段各个学校均已要求使用普通话教学。但是存在少数农村地区，由于师资匮乏和根深蒂固的用语习惯，部分当地教师自身就存在普通话发音不标准的问题，直接导致学生对于普通话的理解与运用相对比较生疏，升学后会出现跟不上课堂节奏、学习效率低下的情况。在日常生活中，大量学生保持着与家人用彝语交流的习惯，其根本原因是大量的中老年人由于义务教育的缺失，无法用普通话沟通与交流。

二、实践探索

（一）普通话的推广与传播

1. 推普课堂。

昭觉县树坪乡中心校位于昭觉县城南8千米处，一直以来这里交通闭塞，教育发展滞后，是研支团支教服务中条件最为艰苦、学生普通话基础最为薄弱的学校。我们决定针对该校低年龄段儿童开展一次普通话宣传课堂的探索。经过筛选全校各个班级的普通话用语情况，最终选择将三年级二班作为"推普第一课"的实践探索班级。三年级二班共有53名学生，全部为彝族学生，年龄在 9~17 岁之间。在日常教学中，该校教师均使用普通话教学，所以学生已初步掌握普通话的运用，但回到家中，90% 的学生选择使用彝语与家人交流。针对调研结果，我们为三年级二班精心设计了一堂感受普通话魅力的宣传课程。

课程伊始，班级语文课代表分享了她眼中普通话的魅力之处："因为我普通话比较好，老师每次去我们村家访，都会带上我，会说普通话让我觉得很骄傲。"紧接着研支团成员以诗人李清照的《夏日绝句》作为切入点，借助朗诵的形式带领学生感受古诗词文化的魅力，引起学生学习普通话的兴趣。在课程过程中，研支团成员讲解了生字来源趣味小故事，分享了标准发音的小技巧，鼓励学生大声朗读出来并及时纠正发音不标准的字眼。学生们积极配合，踊跃尝试，课堂气氛非常活跃。在课程的最后，研支团成员准备的简单有趣的绕口令小游戏，让学生们对普通话学习的热情达到高潮，课程画上圆满句号。

课后，我们将《普通话 1000 句》宣传手册及各类普通话宣传书籍派发到学生手中。《普通话 1000 句》贴合日常使用需要，通过卡通图文结合的方式整理了多句普通话用语。学生均表示十分愿意将宣传手册及学习成果分享给家人。

这一次课堂实践反响良好，受到了学校老师和学生们的高度认可。推普课堂不但可以加强在校学生规范普通话用语的意识，提高普通话交流运用能力，对于以点带面促进家庭普通话推广也是一次有意义的探索。

2. 推普家访。

在支教扶贫的过程当中，我们意识到家庭教育是孩子成长学习过程中相对重要的一环。而昭觉地区在过去的几十年时间教育普及程度相对较低，这也决定了当地的家庭教育水平。推普脱贫工作的开展不能只做表面功夫，更要深入其中。本着这样的原则，我们针对小学、初中不同年龄段的学生，进行了数十次家访活动，旨在通过家访推广普通话教育。

昭觉县三面环山，对于不住在县城里面的学生而言，上下学要走一两个小时的山路回家。学生家庭大多以务农为主，很少与外界进行交流，且人口众多，家庭经济负担较重。经过调研，研支团成员分批对县城里外的不同学校不同年级的学生进行家访，并根据不同家庭的情况、普通话掌握程度，制定适宜的推普方案。几乎所有走访过的学生家庭都以彝语交流为主，偶尔掺杂两句不是很标准的四川话，与调研结果基本吻合。

家访内容主要为宣传推普脱贫政策、推广学习普通话的意义，普及普通话基本知识，纠正一些日常用语中不标准的发音。在家访过程中，采取实践与学习相结合，以谈话的方式锻炼普通话基本运用，确保学校和家庭普通话推广同步进行。推进推普助力脱贫攻坚，形成"学普通话、用普通话、教普通话"的积极循环。

（二）普通话的运用与实践

普通话的推广是一种单向输入，要想提升普通话普及率还得及时巩固推普成果。因此，在校园教育环境中，我们尽可能通过丰富第二课堂，充实课余生活的方式，从"听""说""读""写"四个方面为推普做好"售后服务"。

1. 听：构建校园普通话环境。

研支团昭觉分团 7 名成员在正式到岗前均已获得国家普通话二级甲等资格证书，所在服务单位为昭觉县的 6 所中小学，学生总人数达到 1500 余名。在上课期间，我们严格执行普通话教学方案，同时要求学生养成用普通话交流的习惯，并及时指出学生不标准的发音与用语，进行纠正教学。将普通话潜移默化地融入学校日常工作，形成校园里讲普通话的良好语言氛围。

除了上课教学，研支团积极联系了社会爱心力量为昭觉县民族重点寄宿制小学的 87 间寝室捐赠安装了音响，利用学生每晚入睡前半个小时的空隙时间，为彝族孩子播放普通话睡前故事和新闻速递。培养学生理解普通话的能力的同时还能丰富学生的精神世界，开阔学生眼界。

2. 说：锻炼普通话表达能力。

研支团与各校合作，积极开展校园文化活动，增强学生语言文字规范意识。在班级中，通过了举办"词语接龙""歌曲大赛"等趣味活动，激发学生学习普通话的热情，加强学生普通话用语规范。例如与昭觉县东方红小学校合作开展了校级演讲、朗诵比赛："我为祖国点赞"演讲赛以个人为单位，给学生们进行爱国主义教育的同时普及推广普通话；"向国旗敬礼，为队旗添彩"朗诵比赛，以班级为单位、全校参与，研支团成员作为比赛评委团出席并致辞。两个活动反响热烈，一度在全校范围内掀起了普通话朗诵的热潮。

3. 读：加强汉字阅读能力。

读书是我们学习汉字与普通话的基本过程，不仅可以帮助培养语感，还可以建立对汉字的认识体系，开阔眼界、升华思想。研支团联系社会爱心力量于2013 年 6 月建立了"百川图书角"，至今已在昭觉县的昭觉县民族重点寄宿制小学、工农兵小学、树坪乡中心校、民族中学、东晨中学等 5 所中小学的 44个班级成立了"百川图书角"，累计捐赠图书共计 11 000 余册，让同学们在课堂之外有书读，读好书。并特别向学前阶段学生捐赠一批拼音识字绘本，从小培养少数民族地区学生普通话读讲能力。

4. 写：提高汉字的运用水平。

写作是一个人表达自我的基本方法，不但可以锻炼汉字的运用能力，更是与自己与他人交流的高效方式。为此，研支团与四川大学各学院党支部合作发起"青鸟"笔友活动，通过搭建彝乡山区学生同四川大学学生长期的一对一笔友结对、书信往来的方式，在提高彝族学生写作能力的同时帮助他们丰富精神世界，加强与外界的沟通交流。目前已经在昭觉县树坪乡中心校、昭觉县民族中学和昭觉县民族重点寄宿制小学三个学校实施，参与学生人数达 200余人。

在此基础上，我们还将读与写进行结合，综合锻炼孩子们对汉字和普通话的理解运用。在工农兵小学开展"悦读人生""尚学路上"系列读书活动，引导彝族学生阅读名著、撰写读书笔记。在研支团成员的带领下，开展读书会，分享阅读心得与收获，极大程度提升了彝族学生汉语阅读、写作和表达能力。

三、研究结果

本文从研支团在支教期间所做的推普脱贫实践工作出发，探索研究了推普脱贫工作的主要意义和方式方法，结果发现：第一，尽管在普通话较为普及的今天，在以凉山彝族自治州昭觉县为例的贫困县，仍有大量中老年人没有掌握基本的普通话技能。贫困户学习普通话的需求和匮乏的教育资源的矛盾是贫困地区推普脱贫所要解决的主要问题。第二，普通话是一项技能，需要在实践中不断积累。在推普脱贫的过程中，要充分利用多种形式，从多个角度思考，鼓励和引导人们去使用普通话。例如在研支团的探索中，就从听、说、读、写四个方面着手，全面加强普通话的实践与运用。第三，在推普脱贫的过程中，针对不同年龄、不同教育程度的人群，要采取因地制宜的教育方式。普通话的推广不宜一刀切或强制执行，在前期要对教育对象进行调研，制定相对科学的教育方法，在充分引导、尊重贫困户的个人意愿的基础上再进行普通话的教育推广。第四，要充分发挥主观能动性，要求学校教育学生，鼓励学生帮助家长，家长助推社会，形成正向的普通话推广路径。

四、不足与建议

因为研支团的主要工作是教学，精力集中在义务教育的课堂上，所以走进贫困户家里的实践活动相对较少。这是我们前期调研中的不足之处。下一步我们的推普方向应该深入贫困户的生活，根据实际用途，有针对性地开展推普工作，才能产生更好的效果，在脱贫攻坚中发挥重要意义。

五、结语

通过研支团 22 年来长期的语言扶贫、教育扶贫接力，推普效果显著。当地学生的普通话水平稳步上升，课堂效率显著提高，帮扶家庭逐渐可以使用简单普通话与研支团成员进行沟通。在打赢脱贫攻坚战、决胜全面小康的关键一年里，这样的收获是令人欣喜的，但这远远不够，研支团将继续坚守教育工作岗位，坚持推普助力脱贫，发挥更大的作用，为西部贫困地区教育、经济建设贡献一份微薄的力量！

参考文献

李宇明，2018. 修筑扶贫脱贫的语言大道［N］. 语言文字周报，2018－08－01（1）.

李玉红，2019. 精准扶贫背景下的语言扶贫研究［J］. 人民论坛·学术前沿（24）：94－97.

寻访基层校友，投身教育扶贫，献礼祖国华诞

——赴德格县"朝阳扶智"推普脱贫社会实践活动案例

张　莹* 　张诗萌**

【摘　要】　2019 年 8 月四川大学文学与新闻学院组织"朝阳扶智"团队赴德格县地茶村，围绕"寻访基层校友，投身教育扶贫，献礼祖国华诞"开展主题实践活动。为期十一天的活动中，团队秉持"访寻校友扶贫足迹记录藏家时代新变 礼赞祖国伟大华诞"的初心宗旨，与四川省农田水利局德格县温拖乡地茶村驻村工作队合作，通过暑期夏令营、健康卫生知识科普、爱心图书角、模范校友报道、纪录片拍摄、创意主题快闪等多种途径组织开展丰富的公益活动与社会服务，在平均三千多米海拔的川藏高原上，追寻少数民族地区脱贫攻坚谱新篇、砥砺奋进奔小康的点滴足迹，寻访榜样故事，承继校友精神，体认脱贫实践，礼赞伟大新时代。

【关键词】　朝阳扶智；脱贫攻坚；校友故事；公益实践；华诞献礼

一、活动概况

1. 活动名称：寻访基层校友，投身教育扶贫，献礼祖国华诞——赴德格县地茶村"朝阳扶智"社会实践活动。

2. 活动时间：2019 年 8 月 1 日～11 日。

3. 活动地点：四川省甘孜藏族自治州德格县地茶村。

4. 参与单位：四川大学文学与新闻学院、四川省农田水利局德格县温拖乡地茶村驻村工作队。

---

　*　张莹，四川大学文学与新闻学院党委副书记兼纪委书记。
　**　张诗萌，四川大学文学与新闻学院 2019 级硕士研究生。

5. 团队成员

指导老师：四川大学文学与新闻学院党委副书记兼纪委书记张莹；

领队老师：文学与新闻学院团委副书记、2017 级本科辅导员段化鞠；

其他团队成员：张佳奇、张扬洋、张益智、杨钊、徐梦云、张诗萌。

二、活动背景

"三下乡"暑期社会实践活动对引导青年学生在社会实践中努力成长成才、创新创造、建功立业发挥着重要作用，积极推动广大青年学生将个人梦融入中华民族伟大复兴的中国梦，在实践和奋斗中努力书写人生和时代的华章。

全面建成小康社会、实现共同富裕一直是中国特色社会主义社会和全国各族人民的不变追求，实现这个伟大的目标，就必须解决社会各阶层贫困群众的脱贫问题。新中国成立以来，我们党带领人民持续向贫困宣战。改革开放以来，我们成功走出了一条中国特色扶贫开发道路，使 7 亿多农村贫困人口成功脱贫，为全面建成小康社会打下了坚实基础。但是当前我国脱贫攻坚形势依然严峻。截至 2018 年底，全国仍有 7000 多万农村贫困人口。当前脱贫攻坚已经到了啃硬骨头、攻坚拔寨的冲刺阶段，必须以更大的决心、更明确的思路、更精准的举措、超常规的力度，众志成城，实现脱贫攻坚目标，绝不能落下一个贫困地区、一个贫困群众。而在现行的扶贫工作体制中，驻村扶贫干部发挥了重要作用，习近平总书记 2016 年 7 月 20 日在东西部扶贫协作座谈会上说："致富不致富，关键看干部。在脱贫攻坚战场上，基层干部在宣讲扶贫政策、整合扶贫资源、分配扶贫资金、推动扶贫项目落实等方面具有关键作用。"现场体验西部贫困地区驻村扶贫干部的工作和生活，对于青年学子感受农村新变化。充分了解国情社情有着重要的意义。对于深度贫困地区，教育对于扶贫发挥着重要的作用，扶贫必扶智，让贫困地区的孩子们接受良好教育，是扶贫开发的重要任务，也是阻断贫困代际传递的重要途径。"扶智"的根本就是发展教育。相对于经济扶贫、政策扶贫、项目扶贫等，"教育扶贫"直指导致贫穷落后的根源，牵住了贫困地区脱贫致富的"牛鼻子"。

2019 年是中华人民共和国成立 70 周年，70 载的沧桑岁月，70 载的风风雨雨，70 年来，在中国共产党的领导下，中国像巨龙一样重新屹立于世界东方，中国特色社会主义事业建设取得了巨大成就。值此新中国成立 70 周年之际，文学与新闻学院特组织"寻访基层校友，投身教育扶贫，献礼祖国华诞"——赴德格县地茶村"朝阳扶智"社会实践活动。

三、活动目的

一是寻访我院在扶贫一线工作的优秀毕业生，记录和体验西部贫困地区驻村扶贫干部的工作生活，传递奋进向上的奋斗篇章，发掘服务基层、服务社会的川大精神。

二是深入深度贫困的民族地区，体验浓郁的民族文化，向外界介绍和宣传深度贫困的民族地区的变化，传播正能量，为新中国 70 华诞献礼。

三是通过暑期课程辅导、夏令营项目、物资捐助和相关公益活动，开展教育扶智的相关工作，丰富山区孩子们的暑期生活，传递新思想新观念，改善当地的教学环境和教学水平，进而阻断贫困代际传递。

四、活动意义

第一，打开贫困地区了解外界的窗口。地茶村交通闭塞，对外界了解极少，群众观念落后，这是贫困的主要原因。此次活动可以使孩子们了解外界的发展状况，增长见识，激发奋发图强的动力。

第二，架设优质教育资源共享的桥梁。教育是脱贫致富的根本途径，是阻止贫困代际传递的重要屏障。甘孜藏族自治州教育水平落后，青少年难以通过学习改变命运。此次活动拟建立远程教育平台，促进内地优质教育资源与山村对接，实现藏族地区乡村教育跨越式发展。

第三，建立砥砺青年立志创业的平台。随着脱贫攻坚与乡村振兴战略的推进，新时代农村蕴藏着巨大的发展机遇与创业空间，是青年施展抱负的大好天地。此次活动能推动青年学生了解农村、热爱农村，锻炼坚韧实干与勇于开拓的品质。

五、项目地点介绍

（一）美丽的雪域高原

德格县位于四川省西北部，距成都 954 千米，是甘孜藏族自治州治下 18 个县之一，位于川、青、藏三省交界地带，与西藏自治区江达县隔金沙江相望。雀儿山海拔 6168 米，是德格县境内重要的地理分界线。雀儿山以西气候较温和，主要是农区，经济条件较好；雀儿山以东气候恶劣，为牧区或半农半牧区，经济较为落后。

此次项目地点——德格县温拖乡地茶村即位于雀儿山东北部，雅砻江旁，距德格县城 234 千米，距甘孜县 170 千米，平均海拔 3680 米。地茶村既有高山牧场，又有山麓平原；既有碧蓝雅江，又有苍茫雪峰；既有宗教圣山，又有高山湖泊。以冬夏两季风景最美，最为震撼。

（二）被埋没的文化圣地

德格拥有丰厚的文化底蕴，在藏族文化中具有崇高的地位，但因缺乏文化宣传与旅游打造，在外界名声不显。元朝初年，"一代帝师"八思巴途经德格时，为德格家族第二十九代索郎仁钦赐名"四德十格之大夫"，称其具有"四部十善"的品质。从此，索郎仁钦即以"德格"作为家族名，后演化为当地地名。

德格县阿须草原是格萨尔王的故乡，格萨尔王的传说在德格家喻户晓。德格是南派藏药的发源地，德格县藏医院在甘孜县北路声名显赫。德格县保留有藏传佛教五大教派的祖寺庙，藏传佛教文化氛围浓厚。创建于 1729 年的德格印经院，是迄今全国最大的藏文印经院，四川省重点文物保护单位，堪称藏族文化的"图书馆"，是藏族人民心中的圣地。

（三）深度贫困

当地政府官网显示，地茶村位于雅砻江上游，贫困发生率为 23.76%。按照国家标准，属于深度贫困村。截至 2018 年底，全村人口 125 户 547 人，其中建档立卡贫困户 33 户 130 人。地茶村属半农半牧区，村民以种植青稞、豌豆，放牧牛马为生。现有耕地 2615 亩，林地 4480 亩，草原 39 734 亩。由于农耕方式粗放，且忌讳杀生不出栏牦牛，农牧业收入较少，勉强自给自足。主要收入来源为虫草和政府补贴。

地茶村发展极为滞后。水电路网等基础设施 10 年内逐步完善，长期对外隔绝。全乡仅有中心校（小学、初中）1 所，完小 2 所，群众受教育程度低。群众笃信藏传佛教，会普通话的人数极少。

六、活动安排

（一）活动前期准备

1. 自确定社会实践活动任务起，我们便确定了活动主题、活动目的等，开始着手拟写策划书，修改完毕后确定活动具体流程，招募项目成员。

2. 此次行程需要准备的物品如下。

文件：相应的调查问卷等；

团队物品：院旗、队服、队旗；

个人证件：身份证、学生证、学校出具的社会实践证明等；

记录设备：相机、摄像机、三脚架等；

个人生活用品：食品、药品及其他常备物品。

3. 与服务地联系对接，确定需求并根据需求进行调整。

4. 开展前期准备工作：募集图书、购买当地所需的投影仪和学习用品等，落实远程教育的对接问题。

5. 加强对队员的培训，队员之间要建立起浓厚的情感，做好具体分工。提前联系相关负责人，获得许可。

（二）活动过程

1. 活动内容。

（1）开展"朝阳扶智"暑期夏令营活动。

在我院招募青年志愿者 8 名，于 2019 年暑期进入德格县温拖乡地茶村，开展定点教育帮扶。

招募标准：

① 身体健康，无高原反应；

② 有较强的独立生活能力；

③ 吃苦耐劳，富有爱心；

④ 具有较强的观察能力、分析能力、写作能力；

⑤ 共产党员优先，通晓藏语优先。

工作内容：

① 组织当地暑期在家的学生进行辅导培训，对当地孩子进行普通话教学、通识教育与作业辅导，并组织素质拓展活动。

② 利用城市里优质的资源和先进的教育手段，为当地建立远程教学平台，并开展互联网网课试验。

③ 给当地捐赠图书、文具等学生急需的学习用品。

（2）进行"献礼新中国 70 华诞"系列宣传。

以新中国成立 70 周年为契机，结合大学生暑期"三下乡"活动，围绕此次活动中的教育扶贫、公益活动、驻村干部、民族文化等主题和对象进行系列宣传报道，并开展相关学术研究与报道。

①撰写一批宣传稿。在此次活动中，选取经典案例与场景，撰写一批优秀宣传稿件，反映基层扶贫工作与新时代藏族地区的变化。

②撰写一篇调研报告。以藏族地区实际民情与扶贫以来的变化为背景，选择恰当主题撰写一篇调研报告。

③拍摄一部纪录片。以此次活动为主要内容，体现新时代宏伟背景下青年昂扬奋进的具体实践与精神面貌。

2. 行程安排。

时间	行程	活动内容
第 1 天	成都—康定—道孚	去程
第 2 天	道孚—炉霍—色达	去程
第 3 天	色达—甘孜—温拖	到村扎营
第 4 天	地茶村	1. 举办暑期培训开班仪式 2. 捐赠助学物资，破冰活动
第 5 天	地茶村	培训授课、采访驻村干部、拍摄纪录片
第 6 天	地茶村	培训授课、探寻当地传统文化以及当地生活的变化、拍摄纪录片
第 7 天	地茶村	培训授课、拍摄纪录片
第 8 天	地茶村	进行远程教育和网课、户外活动、拍摄纪录片
第 9 天	地茶村	培训授课，闭营仪式及总结大会
第 10 天	温拖—竹庆—甘孜	回程
第 11 天	甘孜—马尔稞—成都	返回成都

（三）活动后期

1. 每名成员写一篇活动感受。

2. 团队成员整理调查成果，撰写相关调查报告，并将影像资料整理剪辑好，形成纪录片，形成具有较强学术性的总结报告。

3. 通过宣传报道、校内巡讲等方式广泛地展示本次活动，拓展活动的影响维度和价值。

4. 与参与的乡镇建立长期的联系，拟在后期开展更多的公益活动，对接当地发展的需求。

为庆祝中华人民共和国成立 70 周年，向外界介绍和宣传深度贫困的民族地区的变化，体验并记录驻村扶贫干部的工作生活，发掘和传递服务基层、服务社会的川大精神。四川大学研究生暑期社会实践团文学与新闻学院实践分团于 2019 年 8 月 1 日至 11 日开展了"寻访基层校友，投身教育扶贫，献礼祖国华诞"——赴德格县地茶村"朝阳扶智"社会实践活动。在为期 11 天的实践活动中，团队立足地茶村，开展了聚焦乡村新变、致力脱贫扶智的暑期系列活动。通过定点教育帮扶，为当地孩子开展通识教育、素质拓展与作业辅导等夏令营活动，利用川大优质的资源和先进的教育手段为当地建立远程教学平台，开展"互联网 +"教育扶贫模式的试验，并围绕活动中的教育扶贫、驻村干部、民族文化等主题和对象进行纪录片拍摄，开展相关公益研究与报道。

七、活动延伸思考

（一）支教多模式，教育升朝阳

作为雅砻江上游的一个深度贫困村，如何让地茶村走出贫困，为高原深处的村庄注入源源不断的生命力，是地茶村持续健康发展的关键。改变藏族地区面貌，根本要靠教育。习近平总书记曾高屋建瓴地指出了藏族地区未来持续发展的命脉。

然而，崎岖的山路和蜿蜒的河流不仅阻碍了交通，也使地茶村的基础教育工作进展相对迟缓。在这里，孩子们普遍入学较晚，"十八岁的天空"往往不是在高中，而是在初中甚至小学。适龄孩子无书可读或读书较晚，往往会使他们错过最佳的受教育时间，在学业上落后同龄与同级的学生。

为了适应不同年龄和不同层次孩子的学习需求，并增强趣味性，实践团队为地茶村的孩子们"量身定制"了系列课程，将 70 名学生根据年龄和年级分为大小班进行授课。对于年龄较小和汉语水平较弱的小班，以汉语口语基础、儿歌古诗、拍拍操、10 以内加减法等教学内容为主，并通过"七步洗手法"和"巴氏刷牙法"的教学帮助孩子们培养良好的卫生习惯。对于年龄稍大且汉语水平较好的大班，则将国学、阅读、法律、地理、手工等课程以趣味的形式展开，拓展孩子们的视野。

"读书可以让人保持思想活力，让人得到智慧启发，让人滋养浩然之气。"短短的课堂并不能完全满足孩子们对知识的渴望，对地茶村的孩子们而言，一本精彩的书籍更是不可多得的向导。而地茶村所缺少的，正是可以长期阅读的书籍。为此，在前往地茶村进行实践活动前，实践团队通过多方联系，在新华文轩和成都石室联中蜀华分校的帮助下，募集图书、杂志 600 余本，成功帮助地茶村的孩子们建立"朝阳"图书角，为孩子们搭建起阅读空间。

　　但是，无论支教团队的准备多么充分、讲授内容多么精彩，暑期社会实践毕竟只是短期项目，仅靠一次实践活动无法在"开源"之后实现"活水"的长期与自然涌流。想要真正达成扶智目标，必须想办法为孩子们创造长期、多元的学习机会和平台，在多方寻找下，实践团队充分利用川大教育资源为孩子们搭建了远程课堂平台，在 Zoom 等慕课软件的协助下，同学们与千里之外的老师"面对面"，亲身体验"阅读指导""身体健康"等趣味课程，小小的活动室也由此为孩子们提供了不同的发展可能，点亮未来的希望，照亮长期的梦想。

（二）脱贫齐发力，攻坚述新变

　　3000 米以上的平均海拔和零下 20 摄氏度以下的气温赋予了地茶村秀美的自然风光，同时使之成为绝大多数植物的生存禁地，为其脱贫兴产增设了重重阻碍。

　　"致富不致富，关键看干部"，习近平总书记在东西部扶贫协作座谈会上的讲话指出了扶贫致富的关键。

　　"我坚信，只有勇敢去闯，才有可能为康巴藏寨找到一条出路。"驻村干部张桓铭谈到参加驻村扶贫初心时说："能够去地茶县驻村是我的幸运，因为那里有党和祖国让我照看的土地和人民，而我将倾尽所有去守护这一切。"在乡镇政府及张桓铭等驻村干部的共同努力下，地茶村的容貌正悄然改变。截至 2018 年底，地茶村安全住房、安全饮水与居民用电已达基本标准，基础设施建设基本完成，医疗保障制度也在不断完善中。

　　"弱鸟可望先飞，至贫可能先富，但能否实现'先飞''先富'，首先要看我们头脑里有无这种意识。"在扶贫工作中，张桓铭坚持扶贫先扶志，建立了"正面清单"与"负面清单"，完善了激励体系，为综合表现较好的村民评优发奖，激发他们干事创业的内生动力，让他们树立奋斗的意识和追求美好生活的愿望。与 2018 年相比，地茶村贫困户深揩家，热心公共服务，爱护环境，发生了天翻地覆的变化，成为全村庭院经济发展成效最突出的家庭之一，并于 2019 年第一季度获得"流动红旗"，勤劳致富的精神面貌令人振奋。

　　风景秀丽的地茶村，隐藏着一个巨大的危机——包虫病。据不完全统计，地茶村包虫病患者目前已有 17 人，患病率达 3.1%。因此，保证村民饮水安全、防止病源通过水源大面积扩散显得尤为重要。为了让村民喝上自来水、放心水，在四川省农田水利局的支持与部署下，张桓铭等驻村干部实施了包虫病水安全防范试点，让饮水入户并净化水质，提升饮水安全。村民们也在这个过程中，开始勤洗手、讲卫生，部分村民开始修建家庭厕所，养成了文明生活习惯。据悉，未来的一段时间内，还会进一步展开白色垃圾处理和水源治理等项目，以促使村民们增强环保意识，提升保护"绿水青山"的主动性与自觉性。

为了给村里探索一项致富产业，闯出一条脱贫之路，干部们开辟了德格县第一块黑枸杞试验田。面对沙坡贫瘠、土地肥力较差、缺乏灌溉渠系等问题，张桓铭等驻村干部与村民一起翻地、拣石、施肥、起垄，自制了节水滴管带，一步步将荒地变成良田，为地茶村的发展打开了一扇新的窗户。

（三）共叙石榴情，献礼70年

"做好民族工作要建设各民族共有精神家园，积极培养中华民族共同体意识。"为此，实践团队在活动期间一直持续进行爱国教育，从学唱《我和我的祖国》，到共同合作完成"我和我的祖国创意快闪"，我们和孩子们亲如兄弟姐妹，青山连绵，碧云长空，稚嫩的童声在一望无际的草原之上飘扬，是我们对祖国母亲70周年共同的真挚的感谢和祝福。

"寻觅红色记忆，发现藏家新变"，对地茶村而言，用悠扬的歌声在新中国成立70周年之际抒发内心的感动，是孩子们的方式；对成年村民以及驻村干部来说，脱贫致富，让祖国母亲不再为地茶的发展而担忧，是献礼70年的最好表达方式。

在乡镇政府及张桓铭等驻村干部的共同努力下，地茶村的容貌正悄然改变。截至2018年底，地茶村安全住房、安全饮水与居民用电已达基本标准，基础设施建设基本完成，医疗保障制度也在不断完善中。

地茶村的变化是我国脱贫攻坚工作阶段进展中的缩影，它映射着我国全面建成小康社会、实现共同富裕的稳健步伐和可喜进展。讲述小村新变背后的故事，记录活动中的成长和感动，献礼新中国70华诞，这正是实践团队的重要使命。同时，团队成员也了解到，地茶村在教育扶持、产业指导与环境公益支持等方面仍需要社会的关注与帮助，大家希望通过镜头记录真实的地茶故事，帮助地茶村获得更多的社会助援。

"像爱护自己的眼睛一样爱护民族团结，像珍视自己的生命一样珍视民族团结，像石榴籽那样紧紧抱在一起。"追寻着少数民族地区脱贫攻坚谱新篇、砥砺奋进奔小康的点滴足迹，我们"青年既是追梦者，也是圆梦人"。

正如习近平总书记所说："追梦需要激情和理想，圆梦需要奋斗和奉献。"此次地茶之行，正是我们走出象牙塔，在奋斗中释放青春激情、追逐青春理想的一次努力尝试，以青春之我、奋斗之我，为民族复兴铺路架桥，为祖国建设添砖加瓦。勇做时代的弄潮儿，在实现中国梦的生动实践中放飞青春梦想，在为人民利益的不懈奋斗中书写人生华章！

参考文献

陈全国，2019. 像石榴籽一样紧紧抱在一起 民族团结一家亲 同心共筑中国梦 ［EB/OL］. 中国共产党新闻网，（2019－04－04）［2020－07－06］. http：//cpc. people. com. cn/n1/ 2019/0404/c64094－3101−140. html.

吴闽，2013. 德格藏戏的文化特性 ［J］. 艺海 （4）：164－165.

张烁，赵婀娜，2018. 习近平总书记在北京大学考察时的重要讲话在北大师生中引起热烈反响——追梦需要激情和理想，圆梦需要奋斗和奉献 ［N］. 人民日报，2018－05－03 （2）.

灾害与扶贫：甘洛县救灾实践调查报告[*]

梁　昭^{**}　赵　靓^{***}　罗　燕^{****}　张婉霏^{*****}

【摘　要】　2019 年 7 至 8 月间，特大暴雨引发了四川省凉山彝族自治州甘洛县的洪灾和泥石流，严重威胁到当地人民的生命财产安全，极大地阻碍了扶贫工作进展。灾难人类学研究表明，自然灾害并非单纯指物质环境的变动，还有这些物态变动作用于特定社会，给人群带来危险和危害的过程。以此看来，当贫困地区成为"灾区"、再由"受灾"加重扶贫难度时，需综合考虑自然环境破坏与社会文化调适双重因素。本文针对 2019 年甘洛县受灾情况、救灾过程、扶贫工作等展开田野调研，旨在探讨"扶贫模式""扶贫文化"如何有效应对自然灾害这一问题。

【关键词】　甘洛；自然灾害；彝族文化；扶贫文化；灾害人类学

一、甘洛：灾害发生的地理、历史与社会

（一）地理人文环境

甘洛县位于四川省凉山彝族自治州东北部。从其所处自然地理环境看，

---

　*　本文系四川大学文学与新闻学院脱贫攻坚专项任务组阶段性报告。在调研和写作过程中得到凉山彝族自治组甘洛县陈炳周副县长及其他四川大学派驻甘洛县的扶贫干部的支持，特此表示感谢。

　**　梁昭，四川大学文学与新闻学院副教授，四川大学文学与新闻学院脱贫攻坚专项任务组秘书长。

　***　赵靓，四川大学图书馆馆员，四川大学文学与新闻学院 2019 级博士研究生，四川大学文学与新闻学院脱贫攻坚专项任务组副秘书长。

　****　罗燕，四川大学文学与新闻学院 2019 级博士研究生。

　*****　张婉霏，四川大学文学与新闻学院 2018 级硕士研究生。

该县位于四川盆地南缘向云贵高原过渡的地带，全县全为山地：东、西、南、北各部均有海拔在 3900 米以上的高山，最高点为中部海拔 4288 米的马鞍山。

甘洛县全县贯穿大渡河中游下段的一个支流——尼日河，河水从西南边的越西县流往甘洛县东北部，在县内有斯觉河、甘洛河、田坝河等汇入。甘洛县四季分明，冬春干旱，夏秋多雨。年平均气温 16.2℃，年平均降水量 880 毫米。

（二）甘洛灾害类型

按照自然灾害成因（张宝军，马玉玲，李仪，2013）这一标准划分，甘洛县自然灾害主要有气象水文灾害、地质地震灾害、生物灾害和生态环境灾害四种类型。

气象水文灾害是甘洛县最主要的灾害类型。具体表现为暴雨、洪涝、冰雹、雷电、大风、干旱、低温等。其中，暴雨不仅是引发山洪的原因，还带来泥石流、滑坡，并进而引起崩塌、地裂缝等地质灾害，给当地基础设施造成损毁；泥石流和洪水淹没农田，毁坏庄稼，冲走机械设备、车辆、林木、牲畜等财产，更造成人员伤亡，还会导致水土流失等生态环境灾害（四川省甘洛县地方志编纂委员会，1996）。《甘洛县志》中有多条关于暴雨引发的泥石流灾害记载，并将之视为自然灾害之首：

1926 年 10 月 2 日，田坝河支流秀水坪流区出现大雷雨，汇集成洪水，冲毁田地 200 多亩，死亡 180 多人。

1981 年 7 月 9 日，利子依达沟泥石流，冲毁铁路大桥一座，中断运输 16 天。同年 8 月 17 日，新基姑沟泥石流酿成铁路行车中断 137.5 小时，经济损失约 2000 万元。

1984 年 8 月 3 日龙门沟泥石流冲毁林区公路 6 千米，桥 7 座……同年 7 月 1 日，勒古洛夅沟泥石流冲毁沙岱乡 75 千瓦的电站渠道……同年 5 月 10 日和 7 月 14 日白沙河上游支流腊梅沟发生泥石流，冲毁土地 500 余亩……

（四川省甘洛县地方志编纂委员会，1996：72）

泥石流的巨大危害性体现了其发生地在生态和社会上的双重脆弱性。据了解，泥石流在整个凉山州都是严重的自然灾害，诱发原因既有地理地质因素（如地形陡峭、地质灾害）、气候变化因素（如暴雨），也有人为因素（如乱伐森林）（罗忠新，1991）。凉山州农业局专家对上文所引甘洛县利子依达沟泥石流灾害的研究，此地在 20 世纪六七十年代之前，"林木茂密，沟坎稳定，虽也多次出现暴雨，但未成灾"，而在之后，"乱砍滥伐比较严重"，"使三千多亩密林变成了残次疏林，从而降低了森林涵养水源的能力"（王治农，洪琦林，隆家富，1982：63）。

可见，对生态环境的破坏源于当地人缺乏相关认知，而更深层的原因实则来自特定历史时期人员的流动、社会结构的变迁等导致人们对于环境进行了不当的干预和对资源的过度开发利用。

二、田野调查：扶贫视野中的自然灾害

（一）2019 年暴雨灾害概述

2019 年 7 月底至 8 月中旬，甘洛县发生了多次连续强降雨，引发洪水、泥石流、山体滑坡等灾害（见表 1）。

表 1 2019 年 "7·29" "8·3" "8·14" 灾害具体情况

时　间	降雨情况	引发灾害	灾　情
7 月 28 日 8：00—7 月 29 日 15：00	全县平均降雨量 55 毫米，最高降雨量 109.1 毫米（玉田镇）	山洪、泥石流、山洞垮塌、山体滑坡、路基塌陷等	死亡/失踪人数 12 人；设施受损：房屋倒塌 12 户，农作物受灾面积 3000 余亩，农村道路损毁 35 条 72 千米，成昆铁路中断，国道 245 线甘洛境完全中断，桥梁冲毁 1 座；经济损失约 8 亿元
8 月 2 日 21：00—8 月 3 日 10：00	全县平均降雨量 43.1 毫米，最高降雨量 67.1 毫米（阿嘎乡）		失踪人数 1 人；设施受损：房屋 30 户、饮水管网 13.2 千米、堰渠 9.35 千米、蓄水池 17 口
8 月 14 日 12：44	7 月底以来的多次连续降雨	成昆铁路埃岱 2 号至 3 号隧洞之间，突发山体边坡垮塌	死亡/失踪人数 17 人，成昆铁路凉红至埃岱之间再次中断

据中共甘洛县委、甘洛县人民政府编《甘洛县脱贫攻坚工作汇报材料》（2019 年 12 月）统计，2019 年 7、8 月间甘洛的连续降雨引发的自然灾害，造

成甘洛县26个乡镇受灾，共30人死亡或失踪，造成直接经济损失15亿元。①

（二）被中断的"扶贫之'路'"

2019年10月15日，甘洛已覆着一层秋季的寒意。调研组四人从甘洛县县城出发，驱车向北边苏雄乡埃岱村方向行驶，去考察8月14日成昆铁路凉红至埃岱间发生山体边坡垮塌之后的损毁现场和抢修情况。

车在G245线行驶20分钟之后，抵达苏雄乡埃岱村附近。积在路上的半干泥沙越来越多，往来车辆溅满泥点、铺着沙土。当跨过尼日河来到凉红站至埃岱站区间2、3号隧洞对面公路上时，只见整条路尘土弥漫、视线模糊，路边的草木也覆盖着一层黄土。前方的国道依然被滑坡的山体掩埋——仿佛是山的一部分从高处冲下来，砸在路面上，又冲过路边的围栏，冲下了尼日河。

尼日河两岸是"大二地"。对面西岸是彝语音译为"牛古巴则"的山——正是这座山的一部分山体在8月14日发生垮塌，使夏季屡因水害停运的成昆铁路甘洛段再次被中断，导致17名人员失踪或死亡。此时，在中断的铁路线上方，可见大面积被清理过的垮塌山体，露出了用以加固的混凝土，这与两边拥有绿色植被的山体明显不同。有五辆推土机正在清理余下掩埋铁路线的碎石和沙土，机器铲起石沙，倾倒在尼日河里。我们所处的尼日河东岸，工人们沿着河水边沿修筑新的铁路线桥基——这座桥将绕开隧道，从塌方段山体内穿过。

尼日河两岸分别采取两种抢修铁路线的方式。西岸通过"治理山体边坡"来"临时抢通"线路，以尽早恢复货运。东岸则进行"区段改线"，通过新建路线确保客运、货运列车安全通行。2019年10月25日，成昆铁路恢复了货运通车。12月2日，原路线临时开行部分短途客运，但新线路由于尚未完工，未能使用。

成昆铁路是中国的主要铁路干道之一。1970年该铁路线全线竣工之后，被高山重丘、急流深涧不绕的凉山拥有了更为便捷的交通方式。成昆铁路的畅通来之不易，不仅修建时付出了巨大的人力、物力、财力，建成后也屡受自然灾害的袭击。道路的损毁威胁着人民的生命，阻隔了外界与贫困地区、贫困地区各地物质和人员的沟通往来，使原本就紧张开展的脱贫攻坚工作被迫中断。

① 下文涉及甘洛县的相关数据均出自《甘洛县脱贫攻坚工作汇报材料》（2019年12月）。

除了成昆铁路，甘洛通往县外的两条公路也被损毁。苏雄乡无法通行的国道 G245 线，至今仍在维修中；这条 73 千米的公路全程受损了 54 千米。省道 S217 线，也在 7、8 月间因洪水、泥石流和塌方屡次受损。据统计，甘洛县的县道、乡道和村道共受损 163.75 千米。10 上旬和中旬，我们造访甘洛苏雄乡、胜利乡、田坝镇，均目睹硬化路因夏季暴雨而发生的路面、路基损毁状况。田坝镇副镇长阿木补达在采访中告诉我们，田坝镇的房屋倒塌和受损情况较严重，但由于受道路损害影响，运送房屋建材的车辆无法通行，因此也影响了房屋修建，进而影响脱贫攻坚工作的开展。

（三）遭受损失的"产业经济"

广东佛山东西部扶贫协作驻甘洛工作组投入了 60 万在甘洛县田坝镇修建了"永祥养殖专业合作社"，由曾德均任负责人。

图 3　甘洛县永祥养殖专业合作社大门

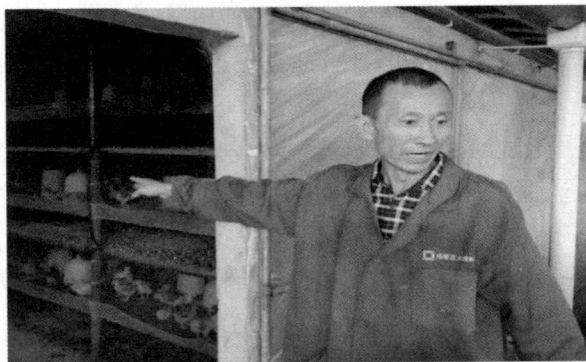

图 4　曾德均向调研组成员介绍鸡舍

据曾德均自述，他是甘洛县最早一批进行买卖鸡生意的人，2011 年便在田坝镇殷家湾村自建了一个养殖合作社。2019 年，佛山驻甘洛工作组出资帮助他扩大合作社规模；他又自筹了 38 万购买鸡苗等。2019 年 6 月，拥有 1000 多平方米场地、16 间养鸡房的"永祥养殖专业合作社"开始生产。基于多年的养殖经验，曾德均计划了一条完整的"养鸡链"：小鸡、中鸡、成鸡，外加蛋鸡。目前，合作社养的小鸡的货源分别来自广东和广西，卖往甘洛、越西和石棉。

"永祥合作社"雇用了 10 个人，其中 3 名是残疾人。合作社将 40% 的利润交给甘洛县残疾人联合会，发给 25 户残疾人——这意味着扶贫款项投入获得的回报用于扶持劳动力低下的人群，解决贫困人群的贫困问题。

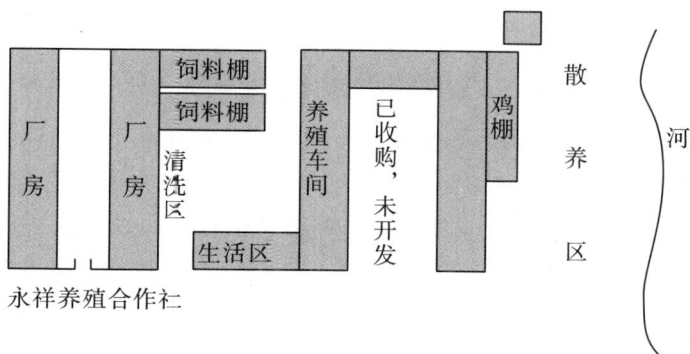

图 5　永祥养殖合作社示意图

10 月 6 日，我们在甘洛县残疾人联合会工作人员海呷莫的陪同下来到田坝镇的"永祥合作社"了解受灾情况。海呷莫注意到"7·29"暴雨引发的洪水在厂房墙上淹过的印记。曾德均说，当时他统计上报了 29.7 万元的损失，但后来进一步计算，实际上损失了近 40 万元；今年总共养了 36 000 只鸡，因水灾死了 1 万多只，后来又死了几千只。海呷莫叹息道，遇到"天灾"，也没有办法——本来今年遭"猪瘟"，鸡本应很好卖。曾德他生动地讲述了当时的惊险情景：

当时——2019 年 7 月 25 日晚上 12 点多——我住在这儿（合作社东北角新修的看守小屋，笔者注），妈妈他们住在这儿（合作社的宿舍，笔者注）。

雨相当大，飘飘大的大雨啊！我一下坐起来，就停电了。打开电筒，就看到门缝里浸进来黄泥巴了。我一下子跳起来，啥都没拿就跳出来，打开（门）看，那个水"轰轰轰"地就流进来了。我心里想：完了，老娘（妈妈）还有侄女还在屋里。我蹚水跑到那儿（宿舍），老娘他们还在睡。我把他们喊醒，我说快点，涨水了！我妹妹和妹弟（妹夫）在那边的厂子里睡，我把他们喊醒，我和妹弟两个跑过来推那道铁门，就推不开了，水已经把铁门抵死了。后来没办法，就把鸡圈的窗子打烂了，钻进去把一老一少背出去。

把老娘她们救出来（以后），我就把她们送到上边公路上。我当时还什么都没穿，我老表（表弟）就去给我找了套衣服裤子……要天亮时，雨停了。我说水肯定小了。我一看，鸡圈底下那一层的鸡娃全部淹死了。"中鸡场"也冲完了，看到上面两层还能保住一些。我马上打电话喊了二三十个小伙子，租了几个发电机、水泵。一些人负责抽积水，一些人清洗——稀泥巴很厚。不然的话基本上3万多只鸡苗就损失完了，五六十万就一点儿都没了。还有些大鸡跳到楼房上就躲过一劫，不然都没了。

"永祥合作社"的厂房、养殖场和住宿区都集中建在田坝河河边，离田坝河大约有300米的距离。从曾德均的回忆中可以看到，合作社建筑缺乏防洪设施，半夜里的突发洪水不但迅速淹没了鸡场和宿舍，而且造成了逃生通道堵塞，差点影响了人员救援。面对"天灾"，原本被寄予希望的养鸡场也显得很脆弱，一夜之间竟然损失了近三分之一的鸡苗。曾德均估算，今年的销售额大约有20万，"只够今年保本，要赶紧还各种债务"。因此，他期望政府能再拨一些救灾款给合作社。

"永祥合作社"是甘洛县开展产业扶贫的代表。甘洛县通过引入外来帮扶资金、自筹资金、传授技术、培养致富带头人等措施，着重发展了农产品的养殖和种植，以及部分经济作物的种植。2016年至今，甘洛实现村集体经济总收入360.9万元。养殖、种植业从每家每户的"散养"发展到大规模和集中化的"产业"，预期获得更多的市场收益伴随着比以往高得多的风险——自然气候和地质的变化是其中影响收益的重要因素。

四川省冶金地质勘查局定点帮扶的尼尔觉乡牛吾村在2019年建成的养鹅合作社，位于海拔1900米的高山上。5月的一天，气温陡降，鹅患感冒，每天死100只左右，几天内就死了约400只。驻村帮扶队员姚鑫赶到广汉中力家禽有限公司拿药，公司派专家来给鹅打针、喂药，最终遏制了鹅群感冒。2019年，牛吾村的养鹅合作社卖出鹅2456只，出售金额约24万元，利润8万左右。另有新市坝镇的约子村村民在四川产业振兴公司的帮扶下种植金丝皇菊，植株受暴雨影响，正式采摘前一两周开出的花小于去年，最终全村收花分包装盒2500套，到2019年12月下旬为止销售约1000套。

综合来看，甘洛县全县上下努力发展的产业根据地理位置、产品类型、种植和养殖的周期长短等不同，受到自然灾害的影响程度不一。

三、关于建立灾害应对调适体系的思考和对策

"贫困"和"灾害"的发生源于自然环境与社会发展的不平衡。因此，把灾害管理纳入扶贫工作，是阻隔贫困的手段之一；同时，解决贫困问题、实现乡村振兴，也是预防灾害的重要方式。灾害预防与扶贫乃至乡村振兴战略的结合，使灾害管理常态化。

（一）应用科学技术，加强对自然环境的智慧赋能

在历史上，暴雨及其引发的洪灾和泥石流是甘洛乃至凉山发生的首要重大灾害。针对这类灾害，可以应用现代技术来检测和管理环境，起到日常维护、灾前预警的作用。如甘洛县的帮扶单位四川大学在 2019 年夏季暴雨灾害过后，提出了"科技扶贫·技术干预——智慧流域管理计划"。该项技术的核心内容是：建立甘洛县甘洛河和田坝河的高精度数字模型，建立和维护河流智慧管控平台，使河流自动调节洪涝灾害和雨洪综合利用能力；同时，兼有保护、维护和恢复生态的功能。

（二）借力脱贫攻坚，综合人、地、产业的协调发展

在建设乡村社会时，应把脱贫攻坚的目标和灾害管理目标相协调。在加速基础设施建设时，做好地质灾害评估和预防工作；在实施异地搬迁等专项扶贫工程时，除了要系统评估迁入地的地质地理情况以外，还要避免引发迁入地人地失衡的生态灾难；在发展产业时，应避开自然灾害事故多发地，建设防灾减灾设施，完善产业结构，使产业发展与生态治理相协调。

（三）发扬民族文化，构建"传统＋现代"的救灾体系

彝族人民在漫长的居住历史中发展出了适应当地生存环境的生活方式。传统生活方式和文化体系在一定程度上构成了气候地质变动之于社会人群的危害性的"缓冲带"。应适度发挥传统民族文化的功能，将民间传统的互助方式与现代保险制度结合，将传统文化与现代心理医疗相结合，建立适应地方社会需求的救灾和调适体系。

参考文献

黄承伟, 2014. 灾害管理与长期扶贫战略整合的对策与路径——基于汶川地震灾后贫困村重建的分析 [J]. 开发研究 (1): 8-12.

罗忠新, 1991. 凉山州泥石流形成原因及防范对策 [J]. 气象 (12): 27-29.

四川省甘洛县地方志编纂委员会, 1996. 甘洛县志 [M]. 成都: 四川人民出版社.

王治农, 洪琦林, 隆家富, 1982. 凉山州甘洛县利子依达沟暴发泥石流的情况 [J]. 四川林业科技 (1): 62-64.

佚名, 2019. 成昆铁路凉红至埃岱站间区段改线最新进展! [EB/OL]. 搜狐网, (2019-12-4)[2020-8-32]. http://www.sohu.com/a/358338320_100135244.

张宝军, 马玉玲, 李仪, 2013. 我国自然灾害分类的标准化 [J]. 自然灾害学报 (5): 8-12.

青春心向党，执笔话丹心
——文学与新闻学院研究生党员文化扶智与推普脱贫行动

张佳奇*　南春玉**

【摘　要】　文以化之，言由心生，语言文字既是情感沟通的桥梁，也是推进文化传递的重要抓手。四川大学文学与新闻学院 2018 级硕士第四党支部立足专业特色，将党员的理想信念教育同社会实践教育相结合，通过与凉山彝族自治州昭觉县民族小学结对书信、文化交流和帮扶提升等方式，探索研究生党员文化扶志和助力脱贫攻坚的有效路径，为全面建成小康社会、实现"两个一百年"奋斗目标贡献青春力量。

【关键词】　研究生；党支部；文化扶智；推普脱贫

一、活动概况

1. 活动名称："青春心向党，执笔话丹心"——文学与新闻学院研究生党员文化扶智与推普脱贫行动。

2. 活动主题："青春心向党，执笔话丹心"。

3. 活动时间：2013 年 10 月—2019 年 12 月。

4. 活动对象：四川大学文学与新闻学院 2018 级硕士研究生第四支部党员、入党积极分子，2019 级硕士研究生部分党员和入党积极分子 60 余人。

5. 活动地点：四川大学江安校区、线上。

6. 指导老师：四川大学文学与新闻学院党委副书记兼纪委书记张莹。

7. 活动负责人：2018 级硕士第四党支部书记张佳奇。

＊　张佳奇，四川大学文学与新闻学院 2018 级硕士研究生。
＊＊　南春玉，四川大学文学与新闻学院 2018 级硕士研究生。

二、活动背景

2019 年，文学与新闻学院 2018 级硕士第四支部在"文字和光影中的新中国华章"党建特色活动中开展主题教育，来到凉山彝族自治州昭觉县，用影像展现新时代彝乡的巨大变化，在歌声中传达对祖国的热爱，同时还开展公益服务，用实际行动献礼新中国华诞，激励支部党员砥砺品格、奉献青春、回馈社会。活动结束后，党支部与昭觉县小学建立了书信联系。

2020 年是我国全面建成小康社会和脱贫攻坚战决胜收官之年，昭觉县作为"三区三州"脱贫攻坚的主战场，是必须要啃下的硬骨头。扶贫必先扶智和扶志，让贫困地区的孩子们接受良好教育，感受国家发展的变化，树立正确的世界观、人生观和价值观，是阻断贫困代际传递的重要途径，也是青年党员践行初心使命、履行社会责任的应有之义。

习近平总书记在 2020 年 3 月 15 日给北京大学援鄂医疗队全体"90 后"党员的回信中说："青年一代有理想、有本领、有担当，国家就有前途，民族就有希望。"面对第一个一百年的奋斗目标，作为中文系的研究生党员，我们结合专业特色，通过语言和文字，与昭觉县小学结对开展"青春心向党，执笔话丹心"文学与新闻学院研究生党员文化扶志与结对提升党建特色活动。

三、活动目的和意义

1. 活动不仅以书信文字为切入点，探索扶智和扶志的新路径，帮助彝乡山区的孩子开阔眼界、认识山外面的世界，提高学生汉语写作与表达能力，助力推普脱贫行动；同时陪伴孩子们的成长，激励他们树立积极向上的学习生活态度和人生理想。

2. 充分挖掘和展现深度贫困地区和学生面貌发生的积极变化和故事，献礼全面建成小康和脱贫攻坚。

3. 结合三会一课制度，促进支部规范化建设，不断增强支部活力。

4. 激励支部党员在理论学习和公益实践中，提升专业能力和理论修养，不断实现个人价值，认真体悟国情社情，坚定理想信念，立志将个人梦想融入中华民族伟大复兴中国梦的时代浪潮。

四、活动内容

（一）活动前奏

2019年10月是中华人民共和国成立70周年举国同庆的时节，文学与新闻学院2018级硕士第四党支部针对这一大事，以"光辉七十载，筑梦新时代"为主题，举行了庆祝中华人民共和国70周年华诞的主题教育活动。支部党员深入凉山彝族自治州昭觉县探访习近平总书记视察过的三岔河乡三河村，拍摄视频，用镜头记录当下国家发展给大凉山带来的巨大变化，实地感受精准扶贫给彝族同胞生活带来的富足；同时联合公益力量在当地学校开展图书募捐和第二课堂等志愿活动，以青春的力量助力扶贫、扶志与扶智，献礼中华人民共和国70周年华诞。

提升，"不忘初心、牢记使命"学习进行时。党支部在主题教育过程中将革命教育贯穿其中，从成都到西昌驱车近11个小时的路程中，支部成员沿途参观了石棉县安顺场强渡大渡河遗址、冕宁县彝海结盟风景区、西昌奴隶社会博物馆等红色革命和爱国主义教育基地，感受到大凉山丰富的红色文化积淀，并在红色记忆的寻觅与铭记中，不断进行学习提升，坚定了听党话、跟党走的理想信念。

走访，"重走总书记之路，探寻彝乡新变"考察体验。"昔日一步跨千年，如今迈入新时代。"四川凉山是全国最大的彝族聚集区，也是全国连片深度贫困地区之一，在过去五年的脱贫攻坚战中，凉山的贫困面貌发生显著变化，党的十九大对打赢脱贫攻坚战进行全面部署，给凉山带来了新的发展机遇。2018年2月11日，习近平总书记视察昭觉县，对凉山各项工作殷殷嘱托，为彝乡脱贫奔康指明方向。"光辉七十载，筑梦新时代"主题教育活动期间，支部成员沿着习近平总书记的足迹考察了解放乡火普村异地搬迁的脱贫成果，同时还对洒拉地坡乡万亩玫瑰园、支尔莫乡阿土列尔村（悬崖村）、竹核乡等地进行寻访，感受国家发展给当地生活带来的变化。

扶智，"筑梦新时代，青春正当时"公益服务。党支部开展主题教育，不仅仅是为了参观考察，更是希望能够让更多的人关注和支持这片土地，带动支部成员尽己所能为这里做出贡献。支部成员走访树坪乡的中心校和幼儿园以及"悬崖村"山脚下的支尔莫乡勒尔村小学，考察学校的基础设施和教学情况，了解当地学前教育、控辍保学、学业补偿的开展情况，为孩子们发放牛奶零食，并以"扶智"为抓手，开展"彩虹知语堂"第二课堂教学公益服务。支部成员通过图书募集和联系社会爱心资源,为树坪乡的中心校带来 1000 余册图书以及练习本、铅笔、彩笔等文具用品;同时,向安兴希望小学捐赠图书 1000 余册,辅助学校建成图书角。

(二)活动内容

在"光辉七十载,筑梦新时代"主题教育活动期间,支部成员见证了脱贫攻坚的巨大成就,接受了红色基因的洗礼,也实际参与了践行川大精神的公益活动。活动后,孩子们的目光和笑脸始终牵动着支部党员的心,成为续写"川彝情"的不竭力量。为拓展主题教育活动的深度和广度,引导党员同志坚定理想信念、践行社会责任与使命,在支部成员的响应与支持下,2018 级硕士第四支部发起了"凉山之行"后续活动——"青鸟"笔友结对项目,采取一对一结对原则,搭建起彝乡山区孩子同四川大学研究生党员的长期沟通桥梁。党支部希望在一年的时间内,通过这一形式在提高孩子们的汉语写作与表达能力的同时帮助他们开阔视野,并逐步发展出青春心向党,执笔话丹心——文学与新闻学院研究生党员文化扶智与推普脱贫行动。以下是活动的主要内容。

1. "青鸟"笔友结对。

(1)时间:2020 年 4 月~12 月,每月一次,共计 9 次。

第一次:2019 年 12 月中(寄)—12 月底(回)

第二次:2020 年 4 月中(寄)—5 月中(回)

第三次:2020 年 5 月底(寄)—6 月初(回)

第四次:2020 年 6 月中(寄)—6 月底(回)

第五次:2020 年 7 月初(寄)—9 月初(回)

第六次:2020 年 9 月中(寄)—10 月初(回)

第七次:2020 年 10 月中(寄)—10 月底(回)

第八次:2020 年 11 月初(寄)—11 月中(回)

第九次:2020 年 11 月底(寄)—12 月初(回)

第十次:2020 年 12 月中(寄)—12 月底(回)

(2)活动情况:支部党员与昭觉县民族小学进行一对一结对,在每月一次的书信交流中,帮助彝乡山区的孩子开阔眼界、认识山外面的世界,提高学生汉语写作的能力,陪伴孩子们成长,激励他们树立积极向上的学习生活态度和人生理想,探索扶智和扶智贯的新路径,助力推普脱贫攻坚。此外,融合思想政治教育,通过不同的交流主题,引导孩子们感知祖国发展变化,在交流中实现潜移默化的影响，具体包括以下几个方面。

话题为"疫情"，支部党员与孩子们共同交流疫情防控期间的学习生活，了解疫情防控举措以及取得的巨大成就，感受中国特色社会主义的制度优势，鼓励孩子们养成良好的卫生习惯。

话题为"教育"，支部党员在信中介绍个人从小学到研究生的学习经历和故事，帮助孩子们树立远大的理想；重点突出党和国家关心解决教育这一百年大计，让孩子们珍惜学习机会，努力成长成才。

话题为"家乡"，通过志愿者的来信，引导孩子们介绍自己的家乡。在互相交流中，感受近几年来，在创新、协调、绿色、开放、共享新发展理念的引领下，彼此家乡发展的变化。

话题为"修身律己"，古人云，"修身、齐家、治国、平天下"，严于修身律己，有益于培养孩子们的良好生活、学习习惯，锻炼孩子们的毅力，为以后的成长奠定良好的基础。

2. "云端锦江"文化交流。

文字，作为交流的工具不仅能承载信息，还能在文学中领悟真善美、寻觅人生和社会的真谛。支部党员与凉山学生们在通信的同时开展文字类的文化活动，丰富孩子们的课余文化生活，帮助孩子们养成热爱学习、崇尚知识的习惯，也将支部党员的专业学习延伸到实践，增强社会责任与使命。

（1）励志和文化类书籍阅读活动

①时间：2020 年 7 月（在第四次通信后）。

②内容：为结对班级精心选购图书和学习用品，在暑假时进行阅读学习，进而激励孩子们阅读兴趣和撰写读书笔记并回寄，支部党员在回信时也积极回应并表达个人的读书感悟。

（2）命题作文批改

①时间：2020 年 10 月（在第六次通信后）。

②内容：在国庆到来之际和全面小康建设收官之年，在学校班主任和支教老师的支持下，开展作文批改活动。布置命题作文"我和我的祖国""我心目中的小康生活"等，随同学生可信寄送给支部党员批改，鼓励学生感知国家发展变化、大声向祖国告白。

（3）云端见面交流会。

①时间：2020 年 12 月。

②内容：在全部通信活动即将结束之际，开展云端见面交流会，为孩子们购买冬装（11 月份）并开展第二课堂活动（12 月）。

3. "立人达人"党员提升

"己欲立而立人，己欲达而达人"，与彝乡孩子们的交流对支部党员个人也是一种教育与洗礼。支部将把活动开展与三会一课日常工作结合起来，促进党员提升和成长。

（1）通过主题党日开展感悟交流和故事分享。秉承平等交流互鉴的原则，鼓励党员向孩子们学习，不断实现个人的完善与提高；认真体悟国情社情，加深对国家社会的认知，增强使命感。

（2）通过主题党课学习习近平新时代中国特色社会主义思想，尤其是全面建成小康社会和脱贫攻坚等相关论述，在书信交流的同时，提升理论修养，坚定理想信念，鼓励党员牢牢把握时代奋进的脉搏。

（3）通过微信推送和线上播报活动点滴、传递正能量。在支部微信公众号"2018级文新硕士第四支部"开设活动专栏，由支部党员共同运营，分享活动过程中的成长与感动；通过充分挖掘书信展现深度贫困地区和学生面貌发生的积极变化和故事，献礼全面建成小康和脱贫攻坚。

表1　活动时间表

序号	项目	时间
1	第一次通信	2019年12月中（寄）～12月底（回）
2	第二次通信	2020年4月中（寄）～5月中（回）
3	"六一节"特别活动	2020年5月底
4	第三次通信	2020年5月底（寄）～6月初（回）
5	第四次通信	2020年6月中（寄）～6月底（回）
6	线上交流分享会	2020年6月
7	第五次通信	2020年7月初（寄）～9月初（回）
8	购买书籍并开展阅读活动	2020年暑期
9	购买学习用品	2020年9月初
10	第六次通信	2020年9月中（寄）～10月初（回）
11	主题党课	2020年9月中下旬
12	第七次通信	2020年10月中（寄）～10月底（回）
13	作文批改活动	2020年10月
14	第八次通信	2020年11月初（寄）～11月中（回）

序号	项目	时间
15	购买冬衣	2020 年 11 月
16	第九次通信	2020 年 11 月底（寄）~12 月初（回）
17	线上交流分享会暨总结大会	2020 年 11 月
18	第十次通信	2020 年 12 月中（寄）~12 月底（回）
19	云端见面交流会	2020 年 12 月

五、活动开展情况

（一）与大凉山孩子的第一封信

2019 年 12 月 14 日，一封封装满关怀和爱的信件满载着四川大学志愿者们的期望打包发往大凉山，第一次通信正式开启。一封封信件从一个个志愿者汇集到小组长手中，再由小组长汇总给活动轮值通信员，从成都到凉山，从支教团的老师到大凉山孩子们手中。虽然参与的同志均为文字功底扎实的中文、新闻专业研究生，但是在写信时能否与孩子拉近距离、建立友谊，如何与孩子们平等交流、更好地帮助孩子们成长，成为志愿者们最关心和期望的事情。

"青鸟"笔友志愿者培训会合影

大凉山地理位置偏远，山路通信不便，加上冬季寒冷，几经辗转，2019 年 12 月 27 日，在四川大学志愿者们的期待下，孩子们的信到了。

四川大学志愿者写给大凉山孩子们的信件

　　寄回的信件让志愿者们收获满满，之前有的一切未知与焦虑都被这些可爱的精灵们驱散。每一封信都塞满了孩子们的礼物，用彩笔写的信、亲手画的图画、亲手叠的手工作品、自己喜欢的小玩具、学校的照片……字里行间、方方面面都传达出孩子们最真挚的情感。在爱与被爱的对接中，四川大学志愿者与孩子们的第一次通信既是一次活动的结束，也是无数次心灵对接的开始。

孩子们的回信及礼物

"蓬山此去无多路，青鸟殷勤为探看。"这是"青鸟"笔友活动取名的由来，也是全体志愿者的心愿。由于外部条件的限制，本学期的通信活动已经结束，但新的征程，伴随着新一年的到来，即将开启。

（二）与大凉山孩子的第二封信

新冠肺炎疫情的暴发，打乱了社会运行的正常秩序，威胁着人们的生命健康和生产生活。而在这个不一样的春节和加长版的寒假里，人们为疫情阻击战贡献着个人的力量，期待社会重启，春天尽快到来。而对于参加"青鸟"笔友活动的志愿者，这份期待中还包含别样的寓意——疫情早日结束，也能早日恢复同凉山小朋友的通信。

原本计划在2月底的第二次通信，随着开学遥遥无期而一直被搁置，志愿者们迫切的心情与对孩子们的关心共同交织，一些同学看到凉山的相关动态或有个人的所感所想时，都会主动转到交流群中作分享。

进入4月中旬，随着疫情防控形势的好转，凉山州中小学恢复了正常的教学。但是由于志愿者分散在全国各地尚未返校，无法线下收集大家的信件。为此，党支部在第一时间采用"云中锦书"的方式，志愿者手写信件后扫描上传至云端，统一收齐后再通过网上打印寄往昭觉，再由支教团老师封装成信笺发放给孩子们。"云中谁寄锦书来"，相信这样的方式，也为特殊时期留下了珍贵的回忆，增添了浓浓的暖意。

孩子们收到信件时开心的场景

在志愿者的回信中，有的介绍自己的个人情况、兴趣爱好，有的分享自己家乡的美食。除此之外，宅在家里的这段时光，成为志愿者与孩子们交流的最主要内容。上网课的独特体验、做志愿者的心得体会以及在家中学会的拿手好菜，在信中一一呈现。有的志愿者还与孩子互相交流新学期的计划，并邀约小朋友监督自己减肥。

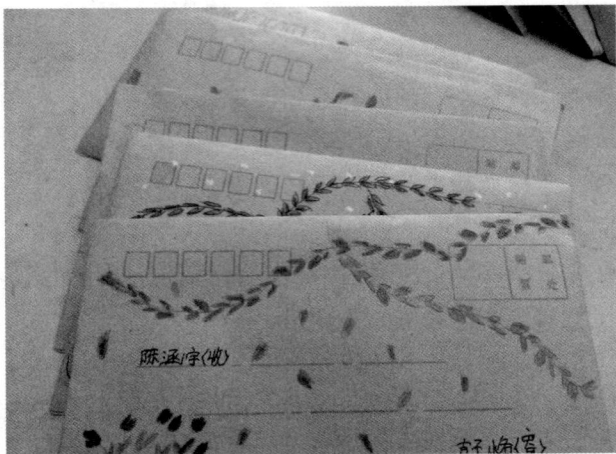

孩子们精心绘制的信封

5 月中旬，孩子们终于收到了志愿者们的来信。疫情可以拉长社交距离，但无法隔断情意的相通，虽然将近 5 个月没有通信，孩子们看到伴随着新学期而至的来信高兴不已。孩子们还主动在老师的镜头前留下了自己的影像，希望可以把自己的照片转交给结对的哥哥姐姐。我们相信，这个在远方素未谋面的人已经在他们心中慢慢扎下了根。5 月 20 日，作为一份独特的节日礼物，孩子们的信也寄了过来。

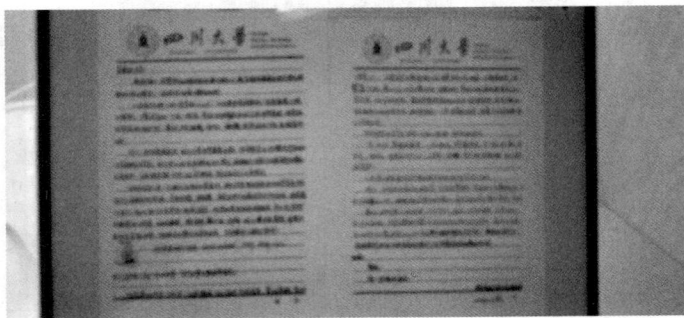

"云端锦书"——志愿者们的书信

安安是一位小朋友的昵称。安安在信中表示自己很喜欢读书，但是对学业发展阶段和学习乐趣并没有清楚的认知。当得知结对的哥哥是已经上了18年学的研究生时，十分好奇和惊讶："哥哥，你上了这么久的学难道不会觉得厌烦吗，学过的知识会不会忘了吗？"安安还给志愿者送上自己制作的小手工，希望哥哥喜欢。

当然，与安安直接表达自己的想法相比，大部分彝族孩子还比较羞涩。由于刚刚建立通信联系，交流还不深入，孩子们不善于表达自己的情感，有的一时不知道写些什么。为了"避免尴尬"，有个孩子十分有趣地在回信的结尾留下了几个问题，并写道：这两个简单而又有意思的脑筋急转弯，相信聪明的志愿者朋友肯定已经猜出了答案，如果猜不到也没有关系，善解人意的小朋友们已经把答案附在了信的背后。

书信交流是在字里行间情感的融通，两次通信让志愿者深切地感受到孩子们的天真可爱，也越发认识到交流是一个需要逐步深入的过程。相信随着正常通信的恢复，通过更多样的形式，孩子们将慢慢打开心扉，收到更大的收获。

（三）与大凉山孩子的第三封信

"水蜂岩蝶俱不知，露红凝艳数千枝。"5月的大凉山，漫天遍野的索玛花开得正盛，正如大凉山的孩子们，带着满身的芬芳，怀揣美好的祝愿，在骄阳下生长、绽放。孩子们即将迎来属于他们的节日——"六一"儿童节。带着志愿者们满满的爱心与期许，"青鸟"笔友第三次通信缓缓拉开帷幕。

作为中国最大的彝族聚居区，大凉山位于四川省西南凉山彝族自治州内，自古以来就是通往中国西南边陲的重要通道，也是古代"南方丝绸之路"的必经之地。大凉山内不少偏远学校的孩子仍生活在贫困中，缺少父母的关爱，缺少生活学习用品，不仅需要社会的帮助，更需要一个充满回忆的童年，我们结对的昭觉民族重点寄宿制小学便是这其中之一。

爱与被爱是一个永恒的话题，让一颗颗感恩的心搭建起连接孩子爱心的桥梁，让孩子们过一个分享爱、收获爱的"六一"儿童节，是我们共同的心愿。在这个特别的日子里，志愿者们纷纷提出给孩子们寄送儿童节礼物，为孩子们带去节日的快乐与祝福。在四川大学研究生支教团老师的帮助下，一份满载期望的心愿清单送到了志愿者们手上。一本书、一支钢笔、一双球鞋、一辆电动赛车……这里的孩子承担着超乎年龄的重任，同时也面临着许多来自生活的压力，内心却依然保持着质朴与纯真。

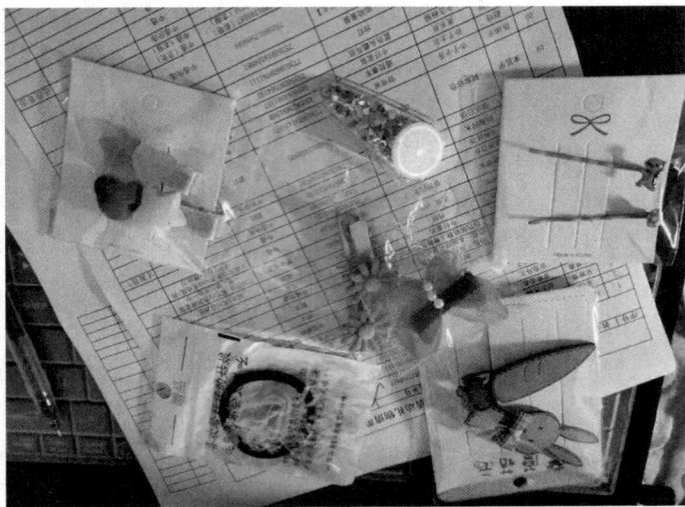

孩子们的"六一"心愿礼物清单

孩子们收到礼物时开心的场景

　　受疫情影响，志愿者们大多还未返校，我们决定继续采用影印版的方式，志愿者将手写信件进行扫描，支部统一汇总、打印、装入信封，再从成都发往凉山州。于是，载着志愿者满满的爱心与孩子们的希冀，59 个包裹与 59 封信件共同抵达大凉山。6 月 1 日，孩子们满怀期待，从支教团老师手中接过自己的心愿礼物和信件，小心翼翼地将礼物拆开，又小心地放入包装盒，仔细阅读信件上的话语，并向老师询问远方这些大哥哥大姐姐更多的近况，每个人的脸上都洋溢着心愿被满足的喜悦。虽然志愿者们没能亲临现场，但看到照片上、视频中孩子们黝黑的面孔、明亮的眼眸，再也没有那懵懂、无知、虚空而又暗淡无光眼神，每双眼睛都是那么炯炯有神，心中就充满喜悦。

孩子们收到各自的礼物后的合影

时间在流逝，但爱不会。十天的时间里，孩子们用心记录下点点滴滴，第三次通信的回信已经踏上征程，在大凉山和川大间的彩虹桥上继续传递希望。

6月13日，信件抵运成都，并一一反馈至志愿者手中。相较于第二次通信，孩子们的信件倾注了更多的心意。无论是大大小小的手工爱心折纸、印满图章的信封、画满图画的信纸、贴着真心话纸条的棒棒糖、自己最喜欢的手链，还是一句句真诚的话语，都带着孩子们的感恩与祝福。正如志愿者们所说的，"山里的孩子很简单，爱哭爱笑爱吵爱闹；山里的孩子也很懂事，我们用心对待他们，他们会更用心对待我们"。

阿西阿衣是一个有梦的孩子，她的眼底装满了星空、太阳、绿植、花朵，她喜欢诗，也喜欢画，她用画画的方式向她的笔友"桃子"姐姐展现自己眼中的世界。"桃子"姐姐的信帮她排解了生活中朋友相处的难题，朋友般的相处，让这个儿童节更加绚烂。像阿西阿衣这样的孩子还有很多，他们心怀梦想，却受生活与环境的局限，他们不仅需要生活的倾诉，更需要了解外面的世界，体验不同的生活，实现自己的梦想。

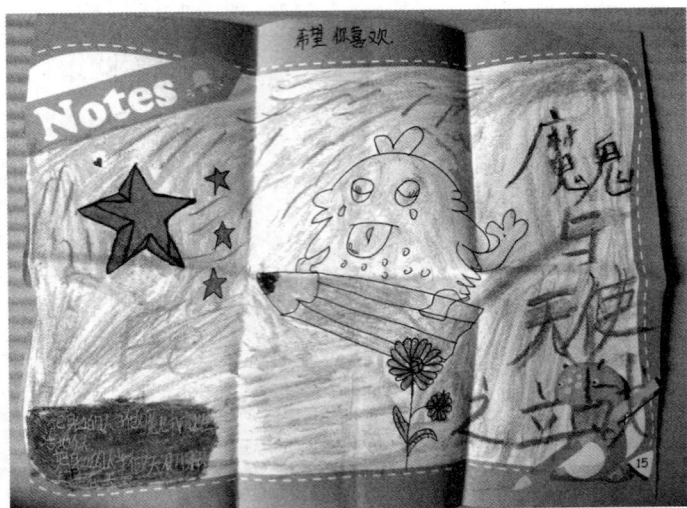

孩子们的"漫画式"回信

2020 年是决胜全面建成小康社会、决战脱贫攻坚之年，在此背景与契机下，文学与新闻学院 2018 级硕士第四党支部将继续凝聚爱心，与志愿者们一起，通过信件的传递与精神上的沟通交流，为孩子们带来更多的爱与收获，帮助他们从精神上逐步脱贫。传递爱心，播种希望，我们在路上。

四川大学支教团队与昭觉县民族小学的孩子们合影留念

（四）与大凉山孩子的第四封信

不知不觉 2020 年已逾半载，志愿者与昭觉的孩子们愈加熟络，最初的小心翼翼、字斟句酌渐已隐去，字里行间透出的是那真挚的心意与情趣。本学期的笔友通信渐进尾声，孩子们即将迎来假期，志愿者们纷纷提议在下一次通信时，为他们选购图书，丰富孩子们的暑期生活，帮助他们养成热爱阅读、崇尚知识的学习习惯。同时，为了拓展交流形式，让孩子们感受到真实存在的哥哥姐姐，党支部还发起了"镜中万象，笔下千情"见面视频录制活动，倡议一经提出就得到了众多志愿者的响应。

线上交流会后，志愿者们紧锣密鼓地筹备接下来的"小惊喜"，不少志愿者们也在去信时提到了为孩子们选购的图书以及制作的专属"表白"视频的计划，期待孩子们回信中最真实的反应。

精心包装的给孩子们的书本和信件

经过书单收集、统一选购、"6·18"下单等环节，课外书购买也让这个购物节显得更有意义。在为孩子们选购的书籍中，《小王子》拔得头筹，获得六位志愿者的青睐，其次是《中华上下五千年》《我们的中国》等中华历史文化类书目，此外还有《汤姆·索亚历险记》《鲁滨孙漂流记》《牧羊少年的奇幻之旅》《绿野仙踪》等游历冒险类的外国经典。

"6·18"的狂欢购虽扰乱了我们寄信的计划、延迟了书籍的抵达，却丝毫未减弱孩子们收到礼物时的快乐。6 月 21 日，快递全部寄达后，支教团老师们将书籍统一领到操场，用一条红丝带，将图书与志愿者的来信一对一进行了匹配，也将一颗颗爱心连在一起。

孩子们观看四川大学志愿者录制的见面视频

孩子们早已按捺不住心中的喜悦想立马拆开那精美的包装，看看哥哥姐姐给他们的回信，读一读哥哥姐姐为他们选购的图书。

也就在当晚，在孩子们领取图书信件组成的爱心礼包回到教室后，支教团老师为他们播放了由 23 颗暖心集成的影像。其中有 9 位在校同学精心选取了四川大学江安校区独具特色底蕴的标识物作为画面背景，并解析了其中的寓意："山不在高，淡薄明远。"以物言志，以声传情。其余未返校的志愿者则完成了"健康定位打卡"，以目前所在地为景，送上最真挚的寄语与祝福。支教老师也为孩子们详细介绍了川大优美整洁的校园环境、包容开放的学术思潮、缤纷多彩的学生活动，为孩子们打开了一个全新的世界。

端午佳节之际，志愿者们终于收到了期待已久的第四封回信。图书与视频似乎打开了孩子们的话匣子与想象空间，回信被满满的心意与彩绘包围。回信中孩子们谈到了各自收到的"智识之礼"，"见到"通信已久的哥哥姐姐们时的激动与喜悦，同时还送上了端午节的问候与祝福，也为同样处在期末面临考试的各位志愿者们加油打气。见面视频还激发了孩子们对大学和山外世界的想象，有孩子夸赞川大具有"古人的风范"，还与志愿者交流了自己"有趣"的梦想。

孩子们用"心"的回信

每逢回信寄达日，朋友圈必被刷屏，这次志愿者们更是"秀"出了新花样，让不少未参与活动的同学们羡慕不已。其实无论是志愿者们精心选购的图书、拍摄的视频，抑或孩子们回信中的手工、彩绘，所有形式承载的是彼此日渐加深的情谊，每一位志愿者都期望成为孩子们志趣相投的朋友，成为开启他们另一段心灵之旅的伙伴。同样，每一个孩子都希望用质朴、纯洁的方式去回馈与回应这份爱。

昭觉县民族小学7月初将进行期末考试，志愿者们第五封来信也于6月28日寄出，这将是本学期的最后一次通信。希望孩子们有个愉快充实的假期，我们下学期再见啦！

六、活动特色及展望

1. 活动形式多样。线上、线下相结合，采用党课学习、公益服务和结对书信等形式，既保持政治上的严肃性又注重具体操作的多样有趣，充分调动支部党员的兴趣和热情，体现参与感与获得感。

2. 小切口，大主题。以语言文字书信为切入点，探索扶智和扶志的新路径，展现深度贫困地区和学生面貌发生的积极变化和故事，献礼全面建成小康和脱贫攻坚。

3. 紧密结合专业特色。党支部以中文类专业的党员为主，活动多采用以书信、新媒体、读书、交流学习等为主的文化实践活动，也将支部党员的专业学习延伸到实践，具有浓郁的文新特色。

4. 与日常工作相结合，立足于党员实际。结合三会一课，激励支部党员在理论学习和公益实践中，不断实现个人的完善提高，加深对国家社会的认知，践行初心使命，履行社会责任。

参考文献

习近平，2020. 习近平给北京大学援鄂医疗队全体"90后"党员的回信［EB/OL］. 新华网，（2020-03-16）［2020-10-08］. http://www.xinhuanet.com/politics/leaders/2020-03/16/c_ 1125719125. htm.

朱虹，2019. 2018，习近平来到我家"拉家常"系列报道之一："总书记的话像火塘里的火一样温暖"——四川大凉山昭觉县三河村村民吉木子洛［EB/OL］. 人民网，（2019-01-24）［2020-10-24］. http://politics. people. com. cn/n1/2019/0124/c1001-30588475. html.

第二部分

教育文化脱贫

坚持党建引领　强化责任担当
提升扶贫干部打赢脱贫攻坚战的能力和水平

王智猛[*]

【摘　要】　打赢脱贫攻坚战对实现中华民族第一个百年奋斗目标至关重要。脱贫攻坚的新形势和新任务对扶贫干部能力和水平提出了全新的、更高的要求。为确保决战胜利，在扶贫工作中，坚持党建引领，强化责任担当，提升扶贫干部能力和水平，有利于扶贫干部厘清工作思路，找准问题症结，精准发力，综合施策，巩固提升脱贫攻坚质量。

【关键词】　党建引领；责任担当；能力和水平

习近平总书记强调："脱贫攻坚越到最后越要加强和改善党的领导。"这是对进一步加强党对脱贫攻坚的领导提出的明确要求，为打赢脱贫攻坚战提供了根本保证。脱贫攻坚任务能否高质量完成，关键在人，关键在于扶贫干部队伍能力和水平的提高。强化责任担当，提升扶贫干部的能力和水平，培养一批甘于奉献、作风过硬、攻坚克难、敢担当、会担当的扶贫干部，对打赢脱贫攻坚战起着至关重要的作用。

一、提高政治站位，增强扶贫干部打赢脱贫攻坚战的责任感、使命感和紧迫感

打赢脱贫攻坚战是一项艰巨的政治任务，使命光荣，责任重大。扶贫干部必须增强"四个意识"，坚定"四个自信"，做到"两个维护"，自觉在思想上、政治上、行动上同以习近平同志为核心的党中央保持高度一致，从党和国家事业发展全局出发，深刻认识打赢脱贫攻坚战的重要性、紧迫性，深刻认识

＊　王智猛，四川大学党委组织部常务副部长。

打赢脱贫攻坚战是彰显社会主义制度优越性的重要实践，深刻认识打赢脱贫攻坚战是全面建成小康社会的迫切需要。扶贫干部要提高政治站位，强化责任担当，强化思想自觉，保持定力耐力，夯实能力基础，认清脱贫攻坚战面临的困难和挑战，以时不我待的紧迫感和只争朝夕的精神投入工作。扶贫干部要提高政治站位，要有攻坚克难的精神，勇于直面矛盾，善于解决问题，以"钉子精神"坚决贯彻落实党中央决策，以更大的决心、更明确的思路、更精准的举措，努力啃下脱贫攻坚的硬骨头，以"不破楼兰终不还"的精神带领当地群众全力推进扶贫工作的开展，确保全面小康路上一个都不能少。

二、坚持党建引领，加强扶贫干部思想建设

2020 年是脱贫攻坚战收官之年，回顾总结我国反贫困的历史性变革和奇迹，可以得出一条重要结论：党领导全国人民艰苦奋斗，成功地走出了一条中国式减贫脱贫的道路。当前，面对剩下的深度贫困地区和最贫困人口，面对脱贫人口中还有数百万人临近贫困边缘仍存在返贫风险的情况，特别是受全球新冠肺炎疫情影响，经济陡然下行，压力越来越大，脱贫攻坚遇到前所未有的挑战。在此紧要关头，更需要坚持党建引领，加强扶贫干部思想建设。

（一）扶贫干部加强思想建设，多维度来提高思想认识

思想是一切工作开展的源头，只有扶贫干部正确认识打赢脱贫攻坚战的重要意义，提高自身思想认识，才能在实际工作中发挥更好的作用，提高贫困人口脱贫的思想意识，调动贫困人员实干创业致富的积极性，才能使扶贫工作顺利开展。从历史维度看，如期打赢脱贫攻坚战将是中华民族几千年发展历史中首次整体消除绝对贫困；从政治维度看，让贫困人口和贫困地区全面脱贫，同全国一道进入全面小康社会是我们党的庄严承诺；从发展维度看，打赢脱贫攻坚战是我国向更高质量发展过程中必须完成的底线任务。

（二）扶贫干部加强思想建设，着重提升扶贫干部的主观能动性

党员干部要加强思想认识，自觉提高个人责任心和工作积极性，改变以往简单粗放的送"富"方式，多进行实地考察，深入群众，真正了解群众所需所想，针对性地开展帮扶工作。以问题为导向，剖析问题原因，解决根本症结，以体制改革和政策创新为核心，引导贫困群众直接或间接地参与特色优势产业开发，实现由救济式扶贫到开发式扶贫的根本转变，确保贫困群众持续稳定增收，达到脱贫致富的目的。比如，鼓励并帮扶贫困户发展种养殖业、农产

品加工业及其他增收产业，为贫困户争取种养殖资金补助，同时加大贫困家庭就业援助，切实做好帮扶工作，巩固帮扶效果。

（三）扶贫干部加强思想建设，做好当地群众扶贫、扶志的工作

扶贫干部在具体的扶贫工作中一定要坚持一个原则：扶贫先扶志，兜底不兜懒，要让群众明白"幸福不是靠张嘴要来的，不是伸手要来的，不是在家中跷着脚等来的"。扶贫干部应积极投身于转变贫困人员思想的工作，加强与贫困人员的沟通，让其思想先"富"起来，改变其落后的观念、懒惰的思想，和安于现状、进取精神不足的状态，打消其"等、靠、要"的思想，通过外部牵引催生内部动力。这样，才能避免年年扶，年年贫，甚至越扶越贫的情况出现。

三、强化组织保障，激励扶贫干部担当作为

习近平总书记2013年7月12日在河北调研时的讲话中指出："做好基层基础工作十分重要，只要每个基层党组织和每个共产党员都有强烈的宗旨意识和责任意识，都能发挥战斗堡垒作用、先锋模范作用，我们党就会很有力量，我们国家就会很有力量，我们人民就会很有力量，党的执政基础就能坚如磐石。"

（一）强化组织保障促脱贫攻坚，真正把基层党组织建设成带领群众脱贫致富的坚强战斗堡垒

扶贫干部要扎实开展"三会一课"、主题党日及谈心谈话等活动，切实发挥党员干部脱贫攻坚先锋模范作用。切实凝聚扶贫干部想做事、敢做事的思想共识，凝聚会做事、做成事的强大合力，凝聚敢担当、会担当的扶贫精神。

（二）完善扶贫干部激励和保障机制，树立正确用人导向

选优配强贫困村第一书记和驻村工作队，选派作风正、能力强的中坚力量，发挥"头雁效应"，真正让思想好、愿意为群众服务的优秀年轻干部到脱贫攻坚一线工作中去。对在脱贫攻坚一线工作主动、成效明显、反响较好的干部，适时提拔重用，对不能完成脱贫任务的干部，坚决给予组织处理。

（三）依托组织强化培训指导，提升扶贫能力和水平

加强脱贫政策和业务能力培训，真正让脱贫攻坚一线干部搞懂政策、精准

施策；加强扶贫干部工作能力培训，请农村工作经验丰富的专家传授经验，实行情景教学、案例教学，用实践促实战，让脱贫攻坚一线干部能做群众工作、会做群众工作，实现"面上问题统筹解决、点上问题逐个化解"，切实全面提高干部扶贫能力和水平。

（四）加强宣传教育，传播好声音、传递正能量

近年来，在扶贫工作中，各级党委政府选派 300 多万名第一书记和驻村干部前往第一线，实现驻村扶贫全覆盖，为脱贫攻坚做出重大贡献。700 多名扶贫干部为此献出了生命，涌现出了一批像沈浩、李保国、朱有勇、黄文秀这样的时代楷模。他们以自己的青春和热血，铸就了新时代共产党人的精神丰碑。

四、加强作风建设，确保扶贫干部工作务实

习近平总书记指出："脱贫攻坚任务能否高质量完成，关键在人，关键在干部队伍作风。"随着越来越多贫困人口脱贫、贫困县摘帽，个别扶贫干部感觉即将大功告成，可以松口气、歇歇脚了，一些地方出现工作重点转移、投入力度下降、干部精力分散的现象，这些心态和现象需要及时克服和纠正。脱贫攻坚剩下的任务绝不仅仅是总结经验、汇报成就，必须坚决杜绝形式主义、官僚主义，防止出现"虚假式"脱贫、"算账式"脱贫、"指标式"脱贫、"游走式"脱贫等问题。在看到脱贫攻坚取得显著成绩的同时，要清醒认识到决战决胜面临的困难和问题，脱贫工作越到最后时刻，越要狠抓工作作风转变，把提出问题与解决问题结合起来，上级下级捆到一起干，确保各项工作见真章、出实效。

（一）加强扶贫干部作风建设，坚持把全面从严治党要求贯穿脱贫攻坚全过程

要确保扶贫工作务实、脱贫过程扎实、脱贫结果真实。扶贫干部必须坚决杜绝形形色色的形式主义、官僚主义，心无旁骛投身到攻坚克难中去，切实防止数字脱贫、虚假脱贫等现象，确保脱贫攻坚质量。脱贫攻坚不仅是一种责任，更是检验党员干部作风担当的一把标尺，考验这些干部的思想、作风、能力和担当。

（二）加强扶贫干部作风建设，要坚持以人民为中心的发展理念

民之所望，施政所向。群众满意是衡量扶贫干部工作的最高标准，工作干

得好不好、成效实不实，必须由群众说了算。扶贫干部要充满活力、开拓创新、务实为民、勤廉工作，把身子沉下去，把脚踩在泥土里，切实防止"蜻蜓点水""走形式"和"一阵风"的倾向，做富民、乐民、安民、爱民的先锋人。

（三）加强扶贫干部作风建设，要坚持完善考核机制

驻村帮扶就是要求驻村干部脱离原工作岗位，扎扎实实地下到村里，天天和农民在一起。当前，贫困农户不仅需要投入，还需要技术，如果下派工作队和扶贫干部的作用能发挥好，就可以起到很好的作用。正因为如此，精准扶贫需要制度保障，需要完善扶贫干部考核考评制度，强化过程考评、实绩考核，鼓励帮扶工作出实招、出实效，考核结果与年终考核、经济待遇、政治待遇等挂钩。

五、结语

脱贫攻坚的成败事关人民幸福与否，事关巩固党的执政基础，事关国家长治久安。2020年进入脱贫攻坚的关键之年，从中央到地方树立起坚决打赢脱贫攻坚战的决心和信心，相信在习近平新时代中国特色社会主义思想指导下，坚持和加强党的全面领导，突出基层党组织的政治功能，夯实基层攻坚堡垒，全面提升扶贫干部的能力和水平，为打赢脱贫攻坚战打下坚实的基础。

参考文献

冯俊玲，2018. 基层党建助推脱贫攻坚路径研究［J］. 江西农业（24）：113.

郭梦真，2020. 基层扶贫队伍建设中存在的问题及对策建议——以遂溪县扶贫干部为分析样本［J］. 南方论刊（4）：68-70.

李强，张轩硕，2019. 论新时代提升扶贫干部脱贫攻坚的"扶志"能力［J］. 广西教育学院学报（4）：63-66.

张冉，王帅印，2019. 河北省基层扶贫干部的激励机制研究［J］. 法制与社会（6）：178-179.

艺术扶贫　青春逐梦

——探析四川大学艺术学院学生扶贫实践模式

杨　梅[*]

【摘　要】　推进精准脱贫攻坚、逐步实现共同富裕，是以习近平同志为核心的党中央从战略全局高度做出的重大决策部署，是全面建成小康社会的重点工程。艺术学院学生运用专业特长，积极探索艺术扶贫新模式，搭建双基地平台，挖掘地方特色，开展创新实践，以实际行动践行社会主义核心价值观。

【关键词】　艺术扶贫；美育；双基地；实践

2020 年是我国全面建设小康社会的收官之年，国家高度重视并呼吁社会各阶层贡献力量，强调消除贫困，改善民生。艺术作为社会经济面貌的重要体现，其文化扶贫不仅是对扶贫成果的巩固，也是对扶贫效果的提升。习近平总书记提出，广大青年要成为实现中华民族伟大复兴的生力军，肩负起国家民族的希望。青年大学生应当肩负责任，投身于脱贫攻坚、精准扶贫，通过艺术实践，以"扶智"促"扶贫"，坚持"扶贫同扶志、扶智相结合"，四川大学艺术学院青年积极投入艺术社会实践，探索艺术扶贫新模式，以艺术播种希望，用青春守护梦想。

一、以党建带团建，树立美育观念，实现价值引领

长久以来，艺术对贫困群众而言是一个美丽但遥不可及的梦。正是这样的思想认知偏差，使得乡土艺术产业这一农村脱贫的全新生长点受到掣肘。究其根本，是农村艺术教育陷入了精神与物质的双重贫困。农村艺术教育不仅是养成学生感受美、表现美、鉴赏美、创造美能力的重要举措，也是从根本上提升

---

* 杨梅，四川大学艺术学院党委副书记兼纪委书记。

公民文化素养、提升农村艺术人力资本、提振我国经济的重要保障。艺术学院抓住这一难点，组成党员先锋队，发挥模范性探索"以党建带团建"模式，通过跨专业、跨年级方式组队，发挥主观能动性，践行社会主义核心价值观。

2017 年起，四川大学艺术学院党员先锋突击队赴甘洛县教育扶贫，采用"党员带团员"模式组建了有党员 4 人、团员 4 人的先锋队，创建了"甘洛县2017 年中小学教师书法美术培训"班，从美育观念上启发甘洛县师生对艺术的认识。各中小学教师通过培训了解了目前高校开设书法、美术专业的情况，坚定了为提升当地艺术教育事业的信心和自我终生学习艺术的决心。甘洛中学刘红帆老师说："（培训）增强了学习的信心和动力，觉得自己以后要坚持学习书法和绘画。"2018 年四川大学艺术学院继续在甘洛县开展"中小学艺术教育教师培训班"，此次同样采取"老带新""党带团"模式，扩大学生团员队伍。通过这支更年轻的团队，深入农村中小学课堂，培养当地学生的责任感和荣辱观。在实践中同样可以提升大学生的思想认识，激励大学生用自己所学的知识为精准扶贫工作提供智力支持和人力保障，实现思想上的提升。

二、以课堂带实践，搭建双基地平台，实现能力培养

《中共中央国务院关于深化教育改革全面推进素质教育的决定》指出："实施素质教育，必须把德育、智育、体育、美育等有机地统一在教学活动的各个环节中"，同时强调"要尽快改变学生美育工作薄弱的状况"。"物力"与"人力"构成的艺术资源能够精确聚焦教学资源与教师资源两大核心问题，艺术学院学生利用课堂所学搭建实践平台，在学校与贫困地区之间建立"双基地平台"，通过建立"物""人"结合的艺术资源介入机制将为贫困地区艺术教育注入新鲜血液，从供给侧为艺术融入农村教育创造可能。同时学生能在艺术助农的过程中，提升专业技能，实现能力提升。

四川大学艺术学院针对"物力"与"人力"这两大痛点精准扶贫，深入调研。当了解到部分乡镇中小学开设书法、美术课的环境较差，多数中小学书法、美术课由其他科目教师兼任，学校附近的文具店、小卖部不容易买到所需的书法、美术材料等困难时，艺术学院学生实践团队以专业课堂的标准，在当地搭建起了第二课堂。艺术学院的学生们以"艺术教育培训班"为平台，组织募捐艺术材料与艺术工具，模拟课堂所学，在贫困地区由"学生"转变为"导师"，对当地艺术教师进行专业教学。授人以鱼不如授人以渔，大学生们通过讲授、走访等方式，解决当地艺术教育人力资源紧缺问题，传达对当地文化扶贫的决心。在之后的社会实践中，艺术学院学生继续以"双基地"为平

台，将其打造为常态化、可持续的良性发展机制。未来，围绕"双基地"培训班，可探索"艺术社区"模式，每个版块由大学生组织负责，打造一体化的可持续性发展模式，这不仅提升当地艺术教育氛围，还能在一定程度上拓展学生艺术专业的管理、推广、经营等实践能力。

三、以实践带科研，挖掘地方特色，实现创新提升

艺术扶贫的关键是要发挥好宣传先进文化的作用，坚持立德树人根本任务，培养社会先进文化的传承者和创造者。艺术扶贫的重点不仅在于为贫困地区输送人力资源，而且在于提取传统文化基因，推动乡土艺术发展，并且通过文化因素的弘扬真正助力贫困地区人民的经济收入的可持续发展。艺术院校运用科研优势，帮助贫困地区打造富有地域文化、特色文化、民族文化品牌的文化产业。

四川大学艺术学院由"教授带学生""实践带科研"组成的"助力村容村貌打造的小分队"赴甘洛县斯觉镇、格布村和则拉乡等地就乡村规划、村容村貌打造以及扶贫宣传等方面开展工作，深入各集中安置点，结合地方特色，对当地村容村貌设计和生态环境规划等提出合理的意见与建议，推动甘洛县的精准扶贫工作。针对岳池县苟角镇，艺术学院科研团队提出书法特色小镇的发展思路和街道的书法景观特色打造策略，设计具有苟角文化特色的标识景观，力争建成四个文化地标，并且以开发摩崖历史文化景观为契机，将其打造为具有历史主题、文化内涵、书法特性的乡村特色旅游景点，提升旅游文化价值，促进经济发展。基于艺术学院科研课题，实践带动科研，科研反哺实践，完成研究要求的同时培养了学生的创新能力。

四川大学艺术学院学生以艺术实践的方式参与脱贫攻坚战，在艺术助农的实践中探索出了"川大艺院模式"。青年学子通过实践扶贫工作，培养了大学生的家国情怀，丰富了专业知识储备，激发了强烈的责任担当，以艺术扶贫写下青春答卷，以川大责任守护中国梦。

参考文献

习近平，2017. 决胜全面建成小康社会 夺取新时代中国特色社会主义伟大胜利 [J]. 中国民族 (11)：1.

高校在教育扶贫阻断贫困代际传递中发挥的作用

——以四川大学为例

贾秀娥*

【摘　要】　"扶贫先扶智，扶智先通语。"党的十八大以来，党中央把脱贫攻坚工作纳入"五位一体"总体布局和"四个全面"战略布局，作为实现第一个百年分头目标的重点任务，做出一系列重大部署和安排，全面打响脱贫攻坚战。到 2020 年，稳定实现农村贫困人口不愁吃、不愁穿，义务教育、基本医疗和住房安全有保障。实现贫困地区农民人均可支配收入增长幅度高于全国平均水平。确保我国现行标准下农村贫困人口实现脱贫，贫困县全部摘帽，解决区域性整体贫困。

【关键词】　教育扶贫；高校；代际传递；专项计划

2012 年我国贫困人口 9800 余万，国家级贫困县 832 个，贫困发生率 10.2%。十八大以后国家确立精准扶贫方略，取得显著成效，2018 年我国贫困人口 1660 万，国家级贫困县 395 个，贫困发生率 1.7%（习近平，2019：4），2020 年实现现行标准下农村贫困人口全部脱贫，贫困县全部摘帽，解决区域性整体贫困问题。

一、教育扶贫阻断贫困代际传递

教育扶贫是拔除穷根、阻断贫困代际传递的治本之策。贫困并不只是表现为衣食住行等物质层面的短缺，在更深层次上反映为对人的选择和机会的否定，意味着缺乏有效地参与社会的基本能力。由于教育发展不均衡，贫困地区

---

* 贾秀娥，四川大学对外联络办公室（校友总会、教育基金会）副主任（副秘书长）。

和贫困人口往往得不到公平的医疗和教育资源，导致其人力资本低下，这是造成能力贫困的主要原因，而通过教育手段能提升贫困地区人民的生存和发展能力。那么，教育扶贫如何真正帮助贫困地区？下面我们以凉山州甘洛县为例，分析贫困地区教育扶贫的手段、迫切需求和实施方法。

（一）贫困地区基础教育现状

2015 年颁布的《乡村教师支持计划》指出："每个孩子都应得到公平、优质的教育。城乡师资均衡是农村儿童获得优质教育的保证。"这些政策措施有力地促进了农村基础教育发展，但农村整体落后性还没有得到根本改变，尤其是一些贫困地区基础教育现状不容乐观。

1. 留守儿童现象严重。

2016 年民政部、教育部、公安部在全国范围内联合开展农村留守儿童摸底排查工作，不满 16 周岁的农村留守儿童数量为 902 万人。其中，由（外）祖父母监护的 805 万人，占 89.3%；由亲戚朋友监护的 30 万人，占 3.3%；一方外出务工另一方无监护能力的 31 万人，占 3.4%。有 36 万农村留守儿童无人监护，占 4%（高晓兵，2016 - 11 - 09）。由于地理和历史等原因，我国不同区域的经济发展很不平衡。改革开放以后，城镇迅猛发展，农村大量剩余劳动力为改变生存状况外出务工，其中大部分夫妻一同外出，无法将子女带在身边，由此引发"留守儿童"问题。留守儿童由祖辈照顾，祖父母隔代监护和亲友临时监护，监护人基本没有能力辅导或无心认真辅导和监督孩子学习。家庭和学校监护不力，导致一些留守儿童厌学、逃学、辍学。九年义务教育难以全面覆盖，贫困代际传递严重，精准扶贫以后，国家提出衡量脱贫的一项重要指标控辍保学，目标是九年义务教育全覆盖，通过教育摆脱贫困，效果明显，但是很多问题仍然得不到根本解决。

2. 求学难度增加。

2001 年起，为了优化农村教育资源配置，对农村教育资源进行整合，对临近的学校进行资源合并采取了一系列措施。摒弃"村村办学"的方式，合并临近学校，大量撤销农村原有的中小学，使学生集中到小部分城镇学校。据统计，从 1997 年到 2010 年，全国减少小学 371 470 所，其中农村小学减少 302 099 所，占全国小学总减少量的 81.3%（佚名，2012 - 04 - 12）。这样虽然整合了优质教育资源，但同时也增加了上学的困难，特别是农村，原来村村有小学，家长不需要督促和接送，孩子自己上学放学，然而现在，少则几里，甚至十几里，特别是贫困山区，有些孩子需要走 1 小时的山路上下学，没有坚定的信念，很多孩子就不上学了，待在家里分担家务，辍学现象比较普遍。

3. 师资缺乏问题突出。

农村基础教育薄弱，教师队伍建设在整个基础教育体系中发挥着重要作用。原来民办教师占农村教师的很大比重，2000 年左右民办教师退出历史舞台。然而，由于农村贫困地区相对闭塞，交通不发达，很多教师不愿到农村去。大部分农村教师身兼数职，多样化教学难以保障。许多贫困地区学校，由于缺乏教师，时常出现一名教师跨学科跨年级教学的现象，严重影响了教学质量。有的学科如美术、音乐等由于缺乏教师常年处于"停课"的状态。

4. "读书无用论"泛滥。

随着经济的快速发展，城市化的迅速崛起，越来越多的人追求物质生活，"知识改变命运"逐渐被人们淡忘。另外，1999 年开始不少高校大幅度扩大招生，部分大学生也可能面临"毕业即失业"的尴尬局面。同时，媒体对个别没有受过高等教育的成功企业家的宣传，也在一定程度上导致越来越多的农村孩子放弃学业，过早走上打工路。从高校录取的数据可见，农村孩子的比重也越来越小。2012 年国家开始出台政策，国家贫困专项计划、高校专项计划、地方专项计划，鼓励高校向贫困地区以及贫困地区的农村籍学生倾斜。

5. 素质教育很难落实。

素质教育是以提高受教育者多方面素质为目标的教育模式。素质教育重视人的思想道德素质、能力培养、个性发展、身体健康和心理健康教育，强调"以学生为中心"，尊重学生的个性发展。但是，由于条件限制，农村基础教育仍然以应试教育为主。教育普遍流于外在形式，不注重学生个性的全面分析，只看重考试结果。更有教师为了升学率，只关心学习好的学生，而对成绩靠后的学生不闻不问，更不用说提高学生的素质了。另外，由于素质教育尚缺乏明确的评价体系，在现有的教学观念下，受考核的影响，有些教师过分看重学生的成绩，甚至出现了"只喊不做"的极个别情况，再加上一些偏远地区的教师缺乏专业的培训，学历偏低，自身素质亦有待提高。

（二）教育扶贫中的高校力量

党中央、国务院高度重视贫困地区发展，明确要求把集中连片特殊困难地区作为主战场，提高发展能力，缩小发展差距，加大高校对农村特别是贫困地区的定向招生力度。实施专项计划是贯彻落实党中央、国务院关于新阶段扶贫宏观战略部署、促进教育公平的重要举措，是招生制度改革的重要组成部分，也是贫困地区增强自我发展能力的客观需要。

1. 国家专项计划。

高校面向贫困地区单列计划招收、培养贫困地区孩子。国家确定了832个集中连片特殊困难县、国家级扶贫开发重点县以及新疆南疆四地州，在上述范围内的考生可以通过国家专项计划进入优质大学深造。2012年3月19日，教育部、发改委、财政部、人力资源和社会保障部、国务院扶贫办五部门联合发布《关于实施面向贫困地区定向招生专项计划的通知》。在普通高校招生计划中专门安排适量招生计划，面向集中连片特殊困难地区（832个贫困县）生源，实行定向招生，引导和鼓励学生毕业后回到贫困地区就业创业和服务。2012年开始部属高校额外设置了贫困专项计划，例如四川大学2012年在全国安排100个计划，而且要求在各省现有的计划基础上做加法，目的是使贫困地区、基础教育落后地区的孩子得到在优质大学接受教育的机会，学生进校不转户口，不转专业，引导学生学成后回到当地建设地方。2013年为了更好地引导贫困地区孩子，国家政策调整，可以申请调整专业，可以签转户籍。各地严格审查考生资格：在832个贫困县范围内，本人具有实施区域当地连续3年以上户籍，其父亲或母亲或法定监护人具有当地户籍，本人具有户籍所在县高中连续3年学籍实际就读经历。经过几年的实施效果显著，至今四川大学国家专项计划已增加到每年近600人。

2. 地方专项计划。

地方专项计划是指地方高校定向招收实施区域的农村学生的专项计划。一般只为省属重点大学，在国家专项批次之后。地方专项计划定向招收各省市实施区域的农村学生，招生计划一般不会少于本校一批次招生规模的3%。国家专项计划实施后取得显著效果，为贫困地区培养了大量优秀人才。随后国家又启动了地方专项计划，主要招收农村籍学生，这项计划更有针对性，专门针对贫困地区的农村籍学生，让大山里的孩子能够获得到大学学习的机会。

3. 高校专项计划。

在国家专项计划基础上，面向贫困地区的农村籍学生，高校专项计划由教育部直属高校和其他自主招生试点高校承担，招生计划不少于学校本科招生规模的2%。中央部门高校要将调减的特殊类型招生名额优先安排高校专项计划。高校专项计划主要招收边远、贫困、民族等地区县（含县级市）以下高中勤奋好学、成绩优良的农村学生。具体实施区域由有关省（区、市）确定。考生及其父母或法定监护人户籍地须在实施区域农村，考生本人具有当地连续3年及以上户籍和当地高中连续3年学籍并实际就读。

（三）推广普通话助力脱贫攻坚

1956 年，国务院发出《关于推广普通话的指示》，普通话推广普及工作至今已有 64 年。推广普通话工作对促进各区域人口流动、推动优质资源均衡分配、打破贫困的恶性循环有积极贡献，也为全面建成小康社会、增强中华民族共同体意识以及提升国家文化软实力等奠定了坚实基础。

1. 政策支持。

为贯彻落实习近平总书记关于脱贫攻坚工作的重要指示精神，充分发挥普通话在提高劳动力基本素质、促进职业技能提升、增强就业能力等方面的重要作用，采取更加集中的支持、更加精准的举措、更加有力的工作，为打赢脱贫攻坚战、全面建成小康社会奠定良好基础，教育部、国务院扶贫办、国家语委于 2018 年 1 月 15 日出台了《推普脱贫攻坚行动计划（2018—2020 年)》，明确九项具体措施，组织开展青壮年农牧民普通话培训，同步推进职业技术培训与普通话推广，切实发挥公务员的表率作用，大力加强学校语言文字工作，严把教师语言关，加强普通话培训资源和培训能力建设，加强对口地区语言文字工作支援，积极发挥各方面力量，加强监督检查。

2. 增强推普行动的针对性，完善教育培训形式。

很多深度贫困地区同时也是少数民族聚居区，人们长期使用民族语言，与外界隔绝。应聚焦这部分人群在实际生活与工作中的语用需要，建立健全以应时、应景、应人、应求为导向的内容体系，不断提高推普教育培训的实操性与针对性。针对不同人群不同施策，针对在当地务农的农牧民，进行简单的生活用语的培训；针对外出务工人员，应对其做出相应的调整，比如提高国家通用语言教学占比，创设融语言能力培养、职业技能改善、综合素养提升为一体的专业培训课程等，以做好参训学员语言、技能、素养并序发展的培训工作；针对幼儿园和义务教育阶段的学生进行规范的、专业的普通话培训，鼓励在校师生使用普通话交流，鼓励孩子回家教大人普通话，"小手牵大手"。

3. 创建良好语用环境，强化正向激励、引导作用，确保提升参培主体学普积极性。

成人学员参培积极性、主动性与自觉性的提升需要从外部环境与内生机制入手，不断增强不通普通话人群的学普需求。创建良好的语用环境，增强对外沟通交流的需求与愿望。有需求才有参训动力，才能不断增强不通普通话人群的学普欲望。学普需求的激发同时也可以依托特色产业为其创建良好的语用环境。产业发展加快了地方经济发展、人员流动，促进了使用不同语言人群的广泛接触，也由此增强了不通普通话人群对外沟通交流需求与愿望。

二、教育扶贫的主要举措（以四川大学为例）

第一，学历教育与非学历教育相结合，开展基层干部、基层中小学教师骨干和基层医疗卫生人员三支队伍的培训，提高基层干部和教育及医卫干部队伍综合能力。一是开展学历继续教育项目。针对扶贫单位开展"圆梦川大"网络学历继续教育项目和"扶贫＋扶智"成人高等学历教育项目，提升甘洛干部综合素质，培养更多用得着、留得住、能干事的实用型、高素质人才。二是开展非学历基层党政干部培训项目。针对村、乡、县级干部实行按级按需进行继续教育与培训专项工程，如开展甘洛县党政领导干部学习贯彻习近平新时代中国特色社会主义思想"四川篇"精神读书班。三是开展专业技术人员培训。举办贫困县中小学（幼儿园）校（园）长、骨干教师教育信息化专题培训班。

第二，学前教育与高等教育相结合，开展"多层次"培训对象，持续关注未来希望。在幼儿教育阶段，学校与 3 所贫困县幼儿园开展结对帮扶活动，开办为期 10 天"影子跟岗"跟班教学培训，参训的贫困县幼教达百余人。开展跟班教学培训幼教 131 人。在义务教育阶段，学校研究生支教团共派遣 7 名支教教师赴甘洛县职业技术学校开展支教扶贫，涵盖语、数、外、政治、地理等学科，覆盖 9 个班级超过 300 名学生，授课时间达 3630 余课时。通过送教到县、网络课程、短期培训、脱产培训、远程医疗教学、农民夜校等多元化的教育课程，充分发挥四川大学教育资源优势，构筑多层次培训体系，实现从幼儿教育到成人教育的全覆盖。

第三，四川大学每年按照教育部的规定，积极宣传录取贫困地区的学生近700 名，这部分学生通过国家专项计划和高校专项计划，分数低于该省的普通学生，且考生自愿签转户口，自由申请专业调整，为贫困地区培养优秀人才。

三、思考和建议

2019 年 4 月 16 日下午，中共中央总书记、国家主席、中央军委主席习近平在重庆主持召开解决"两不愁三保障"突出问题座谈会并发表重要讲话。总体来看，"两不愁"基本解决了，"三保障"还存在不少薄弱环节。"三保障"的其中一项义务教育有保障是教育扶贫的主要目标。

一是高校在教育扶贫中大部分做法是培训，培训贫困地区各类人员。但是，贫困县对于本县的各类人员的提升计划缺少整体和较长期的计划，临时性培训多，导致培训效果差。建议针对各地区不同人群形成不同的培训计划，因人施策，学以致用。

二是以学校为主健全保学体系，控辍保学作为贫困县、村推出的考核指标后，各地都非常重视，想尽办法把辍学的孩子带回学校，希望他们能够完成义务教育，大部分地区很有成效。但是个别地区，由于条件有限，已经出去打工的孩子没有对接好学习内容，仅形式上留住了学生。建议分年龄段进行不同的教育，比如对十几岁的已经在外面打工的孩子，劝返后应增加一些职业教育的内容，让他们学到更好的技能，提升他们的技术能力，能够适应更好的、收入更高的工作。

三是进一步加大教育扶贫力度，针对本地区基础教育薄弱环节，切实加强教育投入，国家已经开始高度重视教育扶贫，并采取一系列推动贫困地区教育发展的切实举措。通过发力教育扶贫，在助力贫困家庭脱贫致富的同时，培养更多优秀人才，将进一步激发社会活力。贫困地区将享受到公平、高质量的教育资源，贫困家庭的孩子也可以用自己的双手创造未来、根除贫困。

参考文献

高晓兵，2016. 关于农村留守儿童摸底排查工作基本情况的通报和"合力监护、相伴成长"关爱保护专项行动的说明 [EB/OL]. 中华人民共和国民政部官网，（2016 - 11 - 09）[2020 - 04 - 11]. http://mzzt. mca. gov. cn/article/nxlsrtbjlxhy/zhbd/201611/20161100887430. shtml.

李月，刘义兵，2020. 推普扶贫视域下少数民族成人国家通用语言教育培训的困境与突围 [J]. 中国成人教育（7）：92 - 96.

马健云，陈恩伦，2019. 我国教育扶贫政策的执行困境与治理路径 [J]. 教育与经济（6）：10 - 17.

王瑜，叶雨欣，2019. 多维贫困视角下教育扶贫政策逻辑探析 [J]. 基础教育（2）：10 - 17.

习近平，2019. 在解决"两不愁，三保障"突出问题座谈会上的讲话 [J]. 当代江西（9）：3 - 9.

向雪琪，林曾，2018. 改革开放以来我国教育扶贫的发展趋向 [J]. 中南民族大学学报（人文社会科学版）（3）：74 - 78.

佚名，2012. 农村小学数量十年减5成"撤点并校"引争议 [N/OL]. 人民网，（2012 - 04 - 12）[2020 - 08 - 09]. http://edu. people. com. cn/n/2012/1204/c1053 - 19782616. html.

精准扶贫中高校挂职干部人才的作用发挥

——以四川大学的具体实践为例

张云华* 范 瑾**

【摘 要】 高校选派挂职干部参与精准扶贫是高校贯彻落实脱贫攻坚任务的重要举措，是发挥高校自身优势、践行高校扶贫主体作用的重要体现，也是锻炼干部人才和提升能力素质的重要途径。近年来，四川大学充分发挥综合型大学优势，探索构建了"1＋N"干部人才精准扶贫模式，推动援派工作创特色、上水平、见实效。深入总结高校选派挂职干部人才参与精准扶贫的重要意义、思路举措、成效特点，对新时代做好高校精准扶贫工作、坚决打赢深度贫困地区脱贫攻坚战具有重要的现实意义。

【关键词】 精准扶贫；高校；挂职干部人才；作用发挥

脱贫攻坚战是我们党践行以人民为中心发展理念的生动实践，高校作为汇聚大量人才与科技资源的智力高地，是打赢脱贫攻坚战中不可或缺的重要力量。在脱贫攻坚进入攻城拔寨、全面收官的关键时期，高校更应当主动承担起中国特色社会主义大学所肩负的历史重任，充分利用丰富的教育、科研、人才、医疗、校友等资源优势，在这场战役中发挥重要作用，做出更大贡献。选派挂职干部人才积极参与精准扶贫，是高校打好脱贫攻坚战的重要方式。本文以四川大学的具体实践为例，深入总结高校选派挂职干部人才参与精准扶贫的重要意义、思路举措、成效特点，对新时代做好高校精准扶贫工作，坚决打赢深度贫困地区脱贫攻坚战具有重要的现实意义。

---

* 张云华，四川大学人才工作领导小组办公室副主任。

** 范瑾，四川大学党委组织部副部长兼人才工作办公室副主任。

一、高校选派挂职干部人才参与精准扶贫的重要意义

（一）高校贯彻落实脱贫攻坚任务的重要举措

充分发挥高校优势，助力打赢全国脱贫攻坚战，是中国特色扶贫开发事业的重要组成部分，也是我国政治优势和制度优势的重要体现，是培养新时代社会发展所需要的人的迫切需要（范瑾，纪志耿，张云华，等，2020）。《中国农村扶贫开发纲要（2011—2020年）》明确要求，高校要积极参加定点扶贫工作。2012年，44所教育部直属高校纳入国家定点扶贫工作体系。2013年，习近平总书记提出"精准扶贫"思想，将教育扶贫作为重要战略任务，当年7月，国务院办公厅下发《关于实施教育扶贫工程意见的通知》，要求高校发挥优势开展好定点扶贫工作。2016年教育部出台《教育脱贫攻坚"十三五"规划》《关于做好直属高校定点扶贫工作的意见》，参与定点扶贫高校增至75所。2018年，教育部、国务院扶贫办印发《深度贫困地区教育脱贫攻坚实施方案（2018—2020年）》，要求用三年时间如期完成深度贫困地区"发展教育脱贫一批"任务。2020年，教育部印发《打赢教育脱贫攻坚收官战总攻方案》，要求进一步落实75所直属高校扶贫责任，并组建了八个扶贫联盟，进一步集聚和发挥高校优势。高校参与精准扶贫是落实党中央、国务院关于定点扶贫和脱贫攻坚重大决策部署的政治任务，而挂职干部人才作为高校扶贫工作的具体执行者，在脱贫扶贫工作中发挥着重要的作用，是高校参与脱贫攻坚工作的重要依托，也是近年来高校在脱贫扶贫工作中积累的成功实践经验。

（二）发挥高校职能优势、践行高校扶贫主体作用的重要体现

选派挂职干部人才赴定点扶贫地区开展有针对性的帮扶工作，有利于更好地发挥高校职能优势、履行社会责任、践行高校扶贫主体作用。2017年，《中共中央　国务院关于加强和改进新形势下高校思想政治工作的意见》指出："高校肩负着人才培养、科学研究、社会服务、文化传承创新、国际交流合作的重要使命，是巩固马克思主义指导地位、发展社会主义意识形态的重要阵地。"（中共中央党史和文献研究室，2018）高校被赋予五大重要职能和使命，同时由于自身拥有优质的智力资源、丰富的科技资源、众多的人才资源以及强大的社会影响力，尤其是高校本身作为人才的聚集地，一大批有较高学术水平和较大影响力的专家学者长期研究"三农"问题、经济发展问题，以及水利水电、计算机（软件）等专业领域问题，对在脱贫攻坚方面的战略规划制定、

农业科技创新、重大扶贫工程实施等方面作用突出，是教育扶贫的重要支撑力量。挂职干部人才作为桥梁和纽带，可以结合个人的管理和专业优势，积极将高校在人才培养、科学研究、社会服务、文化传承创新、国际交流合作方面的特殊职能和优势同贫困地区的实际相结合，通过整合各类资源，推动帮扶项目落地，提高扶贫工作成效，更好地推动扶贫地区脱贫致富，有利于更好地发挥新时代中国特色社会主义大学的重要使命担当。

（三）锻炼干部人才和提升能力素质的重要途径

习近平总书记在2019年中央党校中青年干部培训班开班式上指出："干部成长无捷径可走，经风雨、见世面才能壮筋骨、长才干。"脱贫攻坚一线既是磨砺和检验干部的"大熔炉"，也是考察和识别干部的"试金石"，更是干部人才干事创业和成长成才的"大舞台"。对于高校的干部而言，面对的工作群体和服务对象都是高知分子和大学生，素质、学历层次较高，工作环境相对单纯，在吃劲岗位、急难险重任务锻炼的机会较少。挂职深入脱贫攻坚主战场，有利于干部在锻炼中丰富阅历、增长才干、锤炼作风，强化为人民服务的宗旨意识，更好地践行共产党人的初心使命，增强贯彻执行政策的能力、开展群众工作的能力和应对复杂问题的能力，是培养和造就高素质专业化干部人才队伍的重要途径。"纸上得来终觉浅，绝知此事要躬行。"对于高校专业技术人才而言，闷在实验室和书斋做学问的不在少数，他们和基层一线、干部群众打交道少，难免存在理论研究和实践运用脱节的情况。选派专业技术人才到脱贫攻坚一线锻炼成长，搭建了从学校走向社会的渠道和平台，是推动身居"象牙塔"的专家学者贴近基层、了解民情、关注需求，以及将科研文章写到祖国大地的重要途径，也是培养和造就一大批担当民族复兴大任时代新人的重要保证。

二、四川大学选派挂职干部人才精准帮扶的主要举措及成效

四川大学全面贯彻落实党中央决策部署和习近平总书记脱贫攻坚的战略思想，自觉担当时代重任，按照国务院扶贫办、教育部和四川省的相关要求，将定点帮扶四川省凉山彝族自治州甘洛县、四川省广安市岳池县扶贫工作作为重大政治任务，充分发挥学校综合优势，探索构建了以扶贫干部为支点、"1 + N"干部人才精准扶贫模式，推动援派工作创特色、上水平、出实效。

（一）主动深入谋划，探索构建干部人才精准扶贫川大模式

四川大学结合学校人才、学科等优势和定点扶贫地区实际，坚持将贫困村作为扶贫的主攻方向和突破口，突出重点、兼顾全局，在原有选派 1 名县级领导和 1 名"第一书记"的基础上，创新提出"1 + N"干部人才精准扶贫模式。根据甘洛、岳池等帮扶县的重点领域人才需求，积极选派农业、经济、医学、水利水电、城市规划、计算机等学科领域方面的专家学者、优秀年轻干部到基层一线挂职锻炼，形成了覆盖县、乡（镇）、村三级的梯队式干部扶贫工作格局，构建了"1 名县级副职 + 3 至 4 名县局级副职 + 1 名乡镇副职 + 1 至 4 名驻村干部"的"1 + N"干部人才精准扶贫川大模式。近年来，四川大学先后共计选派 30 名干部人才赴定点扶贫县挂职，平均年龄 37 岁，具有硕、博士学位人员达 80%，高级职称 8 人，中级职称 12 人，处级干部 5 人，为当地脱贫攻坚、经济社会发展提供了立体式、专业化的干部人才支撑。

（二）狠抓激励保障，导向鲜明引领脱贫攻坚实干风尚

四川大学将"1 + N"干部人才精准扶贫模式作为干部人才培养锻炼的重要方式。一是树立实干导向。坚持严管与厚爱结合，激励与约束并重，把推进责任落实和扶贫实绩作为挂职工作考核的重要指标，旗帜鲜明地树立实干的扶贫工作导向和选人用人导向。在干部选拔任用、职称评聘等文件中明确规定，对于在扶贫期间表现突出、成绩显著、群众公认的，在干部选拔任用、职务职级晋升、评先评优等方面予以优先考虑。近期，学校共提拔了 10 余名在艰苦边远地区一线锻炼的优秀挂职干部担任中层领导人员，9 名扶贫干部担任科级干部，有力引导干部教师主动到扶贫一线干事创业。二是强化激励保障。制定《四川大学挂职干部人才管理暂行办法》及其《补充规定》，构建驱动扶贫工作可持续发展的干部人才激励保障机制。此外，在扶贫干部或家人生病期间，校院两级领导带队探望，让扶贫干部感受到组织的温暖，在扶贫工作中放得下心、扎得了根。三是强化示范引领。近年来，学校涌现出多名优秀的扶贫干部。其中，一名扶贫县委副书记当选学校党委委员并提任党委学生工作部部长，一名扶贫副县长转任学校扶贫办专职副主任，两名处级专职组织员在两年挂职即将期满时坚决服从脱贫攻坚大局，主动延期挂职至当年底。多名扶贫干部先后获得四川省优秀第一书记、广安市优秀共产党员，以及四川大学先进个人、优秀共产党员、优秀党务工作者、五粮春优秀管理人员、团员青年标兵等荣誉称号，发挥了较强的示范引领作用。

（三）举校同心共筑，以人才聚资源确保扶贫工作取得实效

四川大学以"1＋N"干部人才为支点，通过他们架起学校和帮扶县的"连心桥"，整合、联动在校师生、毕业校友、学生支教团、社会企业家等各方面力量，举全校之力，构建多方联动的大帮扶格局。在逐家逐户走访调研的基础上，"1＋N"干部人才积极将帮扶县干部群众最迫切、最关切的需求同学校的资源优势进行有效对接、精准施策，真正"帮到点子上，扶到关键处"，取得了显著成效。近年来，学校组织专家学者为帮扶县编制了"十三五""十四五"规划纲要、交通规划、水利建设、村容改造等各类规划近200个；划拨扶贫专项党费410万元、产业帮扶资金1044万余元，用于基层党建、基础设施、产业发展等方面的建设；坚持"扶贫与扶智"相结合，为帮扶县党政领导干部、村（社区）干部、教师队伍、医疗队伍、技术人员开展各类培训24 999人次；协同帮扶548家市县级医疗卫生机构，建设网络医院3个，捐赠医疗设备价值300多万元，募集先心病救助资金3000余万元，免费救治先心病儿童1200余名；组织师生330余人次赴17个县开展脱贫成效第三方评估；联动校友和社会企业家，争取了5100余万元项目资金；通过"以购代捐"、实体店销售、举办产品展销会实现帮助销售农副产品1050.56万元，直接采购农副产品610.03万元。

四川大学以"1＋N"干部人才为支点，撬动各类资源汇聚整合，形成了"'1＋N'＋N"的资源集聚效应，有效推动学校扶贫工作取得重要阶段性成效，精准帮扶的2个县4个村已全部脱贫"摘帽"，直接帮扶1264人脱贫，受益人数达14.5万人，甘洛县贫困发生率降至0.1%，岳池县贫困发生率降至0.9%。学校先后荣获"四川省脱贫攻坚'五个一'驻村帮扶先进集体""四川省定点扶贫先进单位"称号，1个项目入选教育部直属高校精准扶贫十大典型项目，1个团队荣获四川省"最具爱心慈善楷模"。

三、精准扶贫中推进高校挂职干部人才作用发挥的路径探讨

近年来，高校通过选派挂职干部人才深入脱贫攻坚一线，充分发挥高校在精准扶贫中的各项优势，有力推动精准脱贫工作，取得突出成效。在脱贫攻坚进入决战完胜、全面收官的关键阶段，根据习近平总书记在决战决胜脱贫攻坚座谈会上的重要讲话精神和教育部《打赢教育脱贫攻坚收官战总攻方案》要求，高校和挂职干部人才应树立总攻意识，聚集总攻目标，坚持以问题为导向，下大力气补齐短板，确保收官之年高质量如期完成各项任务。

（一）持续加强队伍建设，提升整体战斗力

一是加强对挂职干部人才的培训，提高脱贫攻坚能力。"行百里者半九十"，在脱贫攻坚巩固提升关键时刻，保证挂职干部人才队伍的稳定性至关重要，尤其是因脱贫攻坚工作需要延期的干部人才，高校需要从思想上引导他们提高认识，始终保持"目标不变、靶心不散、力度不减"，以高度的责任感和使命感全身心投入脱贫攻坚工作。坚持以问题和需求为导向，按需施教，坚持理论学习和实践锻炼相结合，切实开展挂职干部人才能力素质培训，提高干部人才开展群众工作的能力、履职尽责能力和攻坚克难能力，进一步加强能力建设、党性锻炼、纪律和作风建设，提升扶贫工作能力。

二是建立良好的用人导向和正向激励机制。高校对在脱贫攻坚工作中表现优秀、干部群众认可度高、作风优良、实绩突出的挂职干部人才，在干部选拔任用、专业技术职务和职员职级晋升、评先评优等方面优先考虑、适当倾斜，通过事迹报告会、宣传报道等多种途径积极宣传脱贫攻坚正面典型，旗帜鲜明地树立良好的选人用人导向，激发干部人才干事创业激情和动能。同时，准确把握"三个区分开来"，正确、客观评价干部人才，为实干者撑腰，为担当者撑腰。

三是注重关心关爱挂职干部人才。校级层面和校内派出单位明确专人负责联系挂职干部人才，开展经常性交心谈心，及时掌握干部人才的政治、思想、工作和生活情况。认真落实挂职期间的生活补贴、保险等各项待遇保障，充分利用"扶贫日"、春节、中秋节等重要时间节点，组织校领导和组织部领导看望慰问挂职干部人才和家属，切实关心爱护挂职干部人才，尽最大可能帮助解决实际问题和困难，免除干部人才的后顾之忧，让其全身心地投入精准扶贫的工作。

（二）挂职干部人才主动作为，整合资源增强帮扶合力

一是扛起担当重担，打好总攻之战。作为教育战线脱贫攻坚的亲历者、推动者、见证者，在打赢脱贫攻坚战、全面建成小康社会和开启第二个百年奋斗目标的重要历史交汇时期，高校挂职干部人才更应立足职责使命，担起担当责任，以高度自觉的政治担当、历史担当、使命担当、责任担当，积极投身脱贫攻坚工作，将脱贫攻坚作为践行"两个维护"和初心使命的具体实践，打好总攻之战。

二是结合个人优势，发挥主观能动作用。各高校的挂职干部人才都是经过

层层推荐选拔出来的优秀人员，具备一定的行政管理经验或专业技术方面能力，是执行脱贫攻坚任务的精锐力量。应结合个人优势，充分发挥主观能动作用，在全面排查脱贫任务完成情况的基础上，综合分析研判，盯紧瞄准脱贫攻坚中的关键问题、薄弱环节以及可能的返贫风险点等，认真查漏补缺、狠抓工作落实、创新扶贫方式，做到真扶贫、扶真贫。

三是整合多方资源，形成帮扶合力。脱贫攻坚已经进入攻坚拔寨的最后冲刺阶段，在原有各项帮扶下，充分依托和深度挖掘高校在人才、智力、科技、医疗、校友资源等综合优势和作用，统筹用好各类帮扶政策，有力整合各方资源，加大帮扶力度，创新帮扶方式，丰富帮扶内容，形成帮扶合力，提升帮扶成效。同时，要切实尊重和发挥当地干部的主体地位，形成上下联动、相互补台互助，汇聚起脱贫攻坚的磅礴力量。

（三）着眼未来，谋划好"后脱贫时代"的可持续发展

一是建立脱贫致富长效机制。近年来，高校的实际帮扶工作，充分体现了教育扶贫"扶贫先扶志，扶贫必扶智"的基本内涵。在此基础上，需要继续巩固脱贫攻坚成果，实现从输血式帮扶向造血式帮扶转变。尤其是要植好产业之根，找准聚焦帮扶地的产业发展方向，推动农产品精深加工，不断延伸农业产业链，确保更多的农户增产增收，实现从短期向长效、从治标向治本、从摘帽向振兴的转变，建立实现脱贫致富的长效机制。

二是善于总结和运用脱贫攻坚经验和成效。高校应系统总结在脱贫攻坚工作中的典型模式、创新经验、工作成效，并积极在权威媒体发声，做好经验推广。同时，充分利用脱贫攻坚成果，将讲好中国脱贫攻坚故事，纳入高校立德树人课堂，作为国情教育的重要内容；鼓励师生结合理论和具体实践，积极将研究成果运用到脱贫攻坚和乡村振兴工作中。

三是积极探索脱贫攻坚与乡村振兴的有效衔接。当前，我国正处于脱贫攻坚与乡村振兴统筹衔接的历史交汇期，两者具有目标一致性、工作连续性等特征，需要做好两者的有机衔接和协同推进。脱贫攻坚是乡村振兴的前提和基础，脱贫攻坚形成的领导体制、工作机制、经验做法为乡村振兴战略的实施提供了有益借鉴。因此，巩固脱贫成果长效工作机制，积极推动贫困地区的"转型升级"发展，可为下一步更好地推进乡村振兴做好充分准备，真正实现"一张蓝图绘到底"。

高校选派挂职干部参与精准扶贫是高校贯彻落实脱贫攻坚任务的重要举措，是发挥高校职能优势践行高校扶贫主体作用的重要体现，也是锻炼干部人

才和提升能力素质的重要途径。2020 年是脱贫攻坚收官之年，当前正是脱贫攻坚战最紧要的关头，形势紧迫、任务艰巨、工作繁重，高校的帮扶任务能否顺利完成，关键在挂职干部人才，因此需要从体制机制等方面做好保障，从而激发他们的内生动力、确保作用发挥。

参考文献

范瑾，纪志耿，张云华，等，2020. 充分发挥综合大学优势，积极探索精准扶贫的"川大模式"［M］//四川高校党建研究论文选编（七）. 成都：四川大学出版社.

国务院扶贫开发领导小组办公室，2018. 教育部　国务院扶贫办关于印发《深度贫困地区教育脱贫攻坚实施方案（2018—2020 年)》的通知［EB/OL］. 中国政府网，(2018 - 02 - 27)［2020 - 8 - 23］. http://www. cpad. gov. cn/art/2018/2/27/art_ 46_ 79213. html.

李俊杰，李晓鹏，2018. 高校参与精准扶贫的理论与实践——基于中南民族大学在武陵山片区的扶贫案例［J］. 中南民族大学学报（人文社会科学版）(1)：79 - 84.

李永明，2016. 高校精准扶贫工作的必要性、优势与实现路径研究［J］. 云南开放大学学报（4)：24 - 28.

吕腾飞，2018. 高等院校在精准扶贫中的作用［J］. 改革与开放（6)：133 - 134.

《人民日报》评论部，2019. 干部成长无捷径可走——年轻干部，上好成长"必修课"［N］. 人民日报，2019 - 03 - 22（9).

张伟平，李期，2018. 地方高校在精准扶贫中的责任担当［J］. 学理论（5)：159 - 160.

中共中央党史和文献研究院，2018. 十八大以来重要文献选编（下）［M］. 北京：中央文献出版社.

周小韵，2019. 高校挂职干部在精准扶贫中的作用机制分析［J］. 经济研究导刊（18)：36 - 37.

发挥高校优势 做好人才培养帮扶

——以四川大学定点帮扶甘洛县为例

原秀云[*]

【摘 要】贫困地区的发展，面临诸多因素的制约，其中人才要素尤为关键。近年来，随着脱贫攻坚的有序进行，不少高校认真贯彻落实党中央、国务院的决策部署，积极发挥自身优势，把先进的理念、人才、技术、经验等要素传播到贫困地区，通过人才帮扶为脱贫注入内生动力。本文以四川大学定点帮扶甘洛县为例，总结并探索了高校人才培养帮扶工作的经验做法，为高校积极参与定点帮扶工作提出科学的路径选择，供相关院校和政府有关部门决策参考。

【关键词】 脱贫攻坚；高校；人才；帮扶

高校作为经济社会发展的人才库和智力源，积极参与国家重点贫困县定点帮扶工作，是高校服务社会的一个重要途径。高校扶贫不仅可以充分发挥自身优势，为扶贫县提供智力支撑和人才支持，而且可以扩大高校办学影响力，促进产、学、研有机融合，为高校干部人才的锻炼成长搭建实践平台。

一、定点帮扶的主要措施

按照党中央、国务院扶贫开发战略部署，四川大学自 2013 年开始定点帮扶甘洛县。自工作启动以来，四川大学认真贯彻落实国务院扶贫办、中央组织部等八部委《关于做好新一轮中央、国家机关和有关单位定点扶贫工作的通知》文件精神，充分发挥高校优势，积极探索高等学校参与定点扶贫的有效模式，提高政治站位，坚持"输血与造血结合、帮扶与合作并举"，真扶贫、

---

* 原秀云，四川大学计算机学院讲师。

扶真贫，为加快甘洛县贫困群众脱贫奔康进程注入了强劲动力。

（一）加强领导，保障经费，健全工作机制

四川大学高度重视定点扶贫工作，成立定点扶贫工作领导小组，多次召开党委常委会、定点扶贫工作领导小组会议、定点扶贫领导小组扩大会议、定点扶贫工作专题会等安排部署相关工作，明确指出定点扶贫工作是学校应尽的社会责任和历史使命，各单位要充分认识到此项工作的重要性，主动承担责任，扎扎实实做好相关工作。同时，落实扶贫工作专项经费，确保扶贫工作顺利开展；坚持校领导每季度实地调研考察，加强互动交流。

（二）发挥优势，多措并举，增强工作实效

1. "高考帮扶"，加大贫困考生高考政策倾斜力度。

四川大学严格按照教育部办公厅《关于做好 2019 年重点高校招收农村和贫困地区学生工作的通知》要求，实施重点高校招收农村和贫困地区学生的国家专项计划、地方专项计划和高校专项计划。严格报考条件，加强资格审核，规范招生管理，加大对贫困家庭学生的政策倾斜，达到四川大学投档要求的建档立卡贫困家庭考生，同等条件下优先录取。同时，也加大宣传服务和考生帮扶。四川大学组织招生就业处相关专家在高考志愿填报期间，深入甘洛县，采取多种形式广泛开展专项计划政策宣传，提高宣传实效，为考生提供更加便捷的报考服务。

2. "培训帮扶"，提升贫困地区领导干部脱贫能力。

提升甘洛县干部专业素质，确保脱贫攻坚有人才保证和智力支持，是四川大学定点帮扶甘洛的重要内容之一。2016 年起，四川大学网络教育学院、成人教育学院"圆梦川大"项目计划在甘洛实施。通过两年半的教育学习，四川大学成人继续教育学院甘洛教育班 2019 届的汉语言专业（本科）、行政管理（本科）、会计学（本科）、农业经济管理（专科）、公共事务管理（专科）共计 59 名学员顺利毕业。多次举办以提高贫困县基层党政干部综合能力为目的培训班，组织甘洛县基层干部赴四川大学开展脱产培训，内容涉及加强党的基层干部执政能力、乡村振兴助推脱贫攻坚、农产品营销与策略、脱贫成效第三方评估工作流程及相关要求等方面。

3. "人才帮扶"，强化贫困地区工作保障。

四川大学以扶贫干部为支点，主动深入谋划，创新开展以"1＋N"精准扶贫模式为核心内容的人才帮扶工作。结合学校人才、学科等优势和定点扶贫地区实际，坚持将贫困村作为扶贫的主攻方向和突破口，突出重点、兼顾全局，在原有选派 1 名县级领导和 1 名"第一书记"的基础上，根据甘洛县的重点领域人才需求，积极选派水利、计算机等学科领域方面的专家学者、优秀年轻干部等 7 位优秀教师到基层一线挂职锻炼，形成了覆盖县、乡（镇）、村三级的梯队式干部扶贫工作格局，推动援派工作创特色、上水平、出实效。此外，根据贫困地区的帮扶项目需求，学校积极组织水利水电、电子商务、城市规划建设、中药材种植及医药产业、生命科学、食品加工等相关专家赴实地开展项目考察论证，进行专业指导。

4. "支教帮扶"，辐射优质教育资源。

"苔花如米小，也学牡丹开。"四川大学创新开展幼教特色"影子跟岗培训"活动，互派优秀幼儿教师进行业务培训和交流，共选派 4 名支教教师赴甘洛县斯觉镇中心幼儿园，分别开展了为期半年的支教工作。同时，学校研究生支教团用智慧和汗水让大凉山重换新颜，自 1999 年以来，先后有两百多名川大学子选择在本科毕业后前往凉山州进行为期一年的支教扶贫。经过多年实践探索，形成了"一教双创三扶"的教育扶贫模式，即"教学＋创新、创业＋扶贫、扶志、扶智"，为当地教育发展、基础建设、公共卫生等方面做出了积极贡献。

二、定点帮扶的经验模式

（一）领导高度重视

定点扶贫、精准扶贫是国家战略，参与国家定点扶贫工作对于高校而言是一项重要的政治任务，也是一项全新的工作任务。自该项工作启动以来，国务院扶贫办、教育部领导高度重视，科学部署，全面指导，使得高校定点扶贫工作目标明确、责任到位。四川大学领导同样十分重视这项工作，身体力行，实地调研，亲自部署，狠抓落实。采取专题会议、工作督办和走访慰问等形式，落实对定点扶贫工作的领导、谋划、组织和协调。正因为有了各级领导的关心和重视，四川大学定点扶贫工作才能顺利开展，并在较短时间内取得了一定成效。

（二）科学制定规划

科学规划对于定点扶贫工作这样一项长期任务而言具有极其重要的意义。四川大学充分依托自身办学优势，科学设计定点帮扶的远、中、近期目标，科学规划，顶层设计，制定了《四川大学定点帮扶甘洛实施方案》，既抓住主要矛盾，着力改善制约贫困地区发展的关键因素，比如人才、科技等问题；又关注民生问题，加强对基础教育、医疗卫生、产业发展等的扶持，扎实推进资金、项目、产业、智力、医疗五大帮扶，为甘洛县经济社会全面发展注入了强劲动力。

（三）完善协同配合

定点扶贫是一项涉及面广，需要多学科、多部门通力配合的系统工程，协同配合、整合资源是做好该项工作的关键所在。学校积极探索定点扶贫新模式，创新工作思路，通过多年的实践，基本形成一个以学校统筹协调为支撑，以学院支持为主体，以科学管理为保障的定点扶贫工作体系。充分整合校内各种资源，形成合力；另一方面整合校友资源，动员社会力量参与定点扶贫。事实证明，这是一条可以借鉴的路子。四川大学按照这样的工作思路，不断整合学科力量，组织实施了多个扶贫项目；与此同时，充分利用自身的影响力和平台，动员校友和各种社会力量实施各种活动，成效显著，并吸引了更多社会人士关注扶贫工作。

三、完善高校扶贫模式的几点思考

（一）探索推进"翻转课堂"建设

依托高校网络教育学院的教育优势和智力资源，利用全国微课程资源共建共享联盟的技术支持，统一部署，在贫困地区的幼儿园、中小学探索推进翻转课堂建设。充分整合数字化资源、相关 App 和网站，改变教师的授课模式，让不同层次的学生可根据自己的进度进行个性化学习，培养学生自主学习、兴趣学习能力。实现优质教育资源共享，助力提升贫困地区的中小学教育水平和基层管理水平，实现高校对口扶智扶贫的目标，为贫苦地区的教育发展注入强劲动力。

（二）加大推进人才队伍建设

高校帮扶工作不能只局限于"输血"，更要建立行之有效的"造血"机制，而教育正是发挥"造血"功能的主要途径。要在帮助基层干部能力提升的基础上，将干部学历提升作为工作重点，依托高校多种人才培养途径，探索构建基层干部在职培训、网络教育、继续教育等多种学历提升体系。事实上，贫困地区在各个领域都需要形成人才"金字塔",由点到线、由线到面、由面到体。基于此,高校要结合扶贫地的实际需求,利用技术优势搭建远程教育平台,建立长效的教育扶贫网络,充分发挥高校教育培训资源优势,开展全方位、多层次的人才智力帮扶工作。只有打造一批本地专业人才队伍,发挥传递效应和辐射作用,进而形成自我良好的造血机制,才能推动贫困地区经济社会的全面发展。

(三)持续推进科技扶贫发展

加强产业扶贫,是增加贫困户收入和减少贫困人口的重要举措,也是现阶段扶贫开发必须着力推进的重点工作,高校应该充分发挥"智囊团、思想库"的作用,做好科学规划,将产业、科技、科研有效结合起来。充分发挥高校科研优势,利用科学技术对地方传统特色产业进行改造和扶持;积极调动学校校友资源,利用高校平台引进带动农村经济发展的产业扶贫项目,优化农业产业结构,同时建立有效的农村合作组织,实现农产品收益最大化;努力整合社会各界及国际科研合作资源,深入挖掘贫困地区的生态、旅游、农产品等优势,争取项目、招商引资,让更多的科研成果在贫困地区落地转化,真正实现双赢。

(四)统筹推进脱贫攻坚向外延展

高校应当提前统筹谋划,在确保高质量完成定点扶贫工作任务的同时,积极将党的十九大报告中提出的"乡村振兴"战略思想融入定点扶贫工作中,推动脱贫攻坚工作的内涵向外延展。如在干部培训过程中新增乡村建设、乡村发展等课程;引入优选产业帮扶项目,大力振兴乡村产业;创新文化扶贫方式,将文化扶贫与教育扶贫有机结合,为贫困地区培育一批专业教师;开展相关课题研究工作,把扶贫提升到一个新的高度等。

参考文献

陈佳,2018. 高校对口扶贫研究 [D]. 长沙:湖南农业大学.

李俊杰,李晓鹏,2018. 高校参与精准扶贫的理论与实践——基于中南民族大学在武陵山片区的扶贫案例 [J]. 中南民族大学学报(人文社会科学版)(1):79-84.

钱伟,2020. 发挥高校优势,助力脱贫攻坚与乡村振兴有效衔接 [N]. 贵州民族报,2020-12-17(A03).

凉山彝族自治州基础教育现状分析研究

——以凉山州甘洛县为例

赵邱越[*]　任培培^{**}

【摘　要】　完善青少年基础教育是阻断贫困代际传递的有效途径之一，是新时代贫困地区精准脱贫的重要检测标准。凉山彝族自治州由于历史因素、地理位置、思想观念、特有文化等多种原因，基础教育发展落后，严重影响了青少年正确的世界观、人生观、价值观的形成，并极大阻碍了当地的经济发展。本文以凉山州甘洛县为例，实地深入考察，探讨当地基础教育落后的主要原因，并提出合理有效的改善措施。

【关键词】　彝族地区；基础教育；改善措施

凉山彝族自治州甘洛县，位于四川省西南部，素有"凉山北大门"之称，位于凉山、乐山、雅安三地的交界处。据统计，截至 2020 年初，甘洛县总人口约 23.5 万，其中彝族人口约占 78%。1956 年民主改革之前，凉山州还保留着奴隶制度，改革开放之后直接进入社会主义社会，俗称"一步跨千年"（胡庆钧，1956）。正因其整体环境相对封闭，甘洛县部分彝族地区目前还保留着彝族本土的独特文化，经济发展落后。教育是切断贫困代际传递的有效途径和关键环节，甘洛县基础教育的严重滞后，是其贫困的主要原因。分析探讨其基础教育滞后的内部原因，才能对症下药，提出可行、有效、合理的改善措施。

一、甘洛县基础教育现状

通过实地调查，笔者深入了解甘洛县 9 所中小学教学质量，如甘洛中学、

---

* 赵邱越，四川大学人事处科员。
** 任培培，四川大学原子核科学技术研究所科研秘书。

民族中学、吉米九年制学校等，发现甘洛县部分学科的平均分数相比 2018 年有所上升，具体信息如图 1 所示。

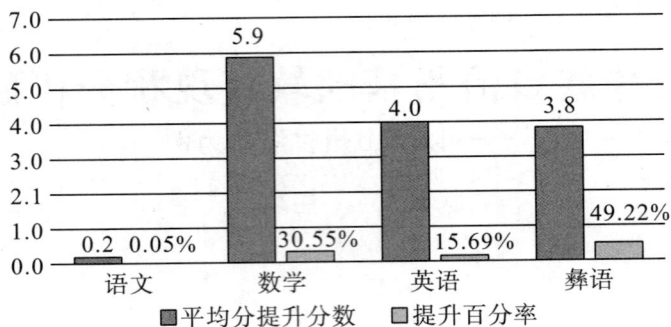

图 1 2019 年部分学科平均分提升相关统计

但初中物理、化学、政治、历史、地理和生物呈现出不同程度的下降。同时，将甘洛县放在整个凉山州 17 县市中，其 2018 年中考综合排名靠后，为第 14 名。

甘洛县青少年基础教育质量低的同时还伴随着大量学生辍学的现象，经深入调研发现，截至 2020 年 4 月 28 日，各中小学未到校学生共计 666 人（含建卡户 204 人）。具体信息如图 2 所示。

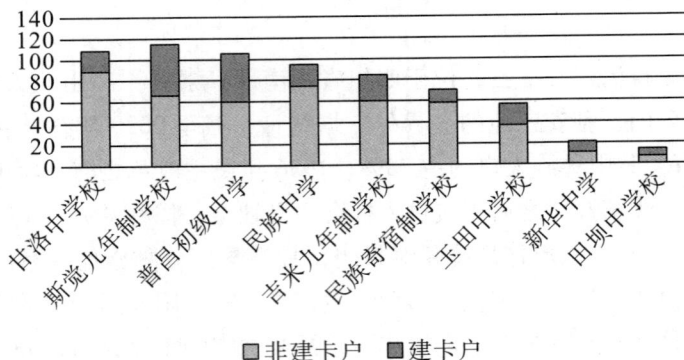

图 2 甘洛县辍学人数相关统计

2020 年 2 月 18 日，虽然甘洛县经四川省人民政府研究通过退出贫困县，但其教育整体性薄弱的状况并未得到根本解决。

二、甘洛县基础教育中存在的主要问题分析

1. 思想观念落后、主观能动性差。

虽然新中国成立前，凉山彝族自治州还处于奴隶社会，但也有如《玛牧特依》的教育典籍。在彝语里"玛"为教育、训导之意，"牧"为智慧、明智之意，"特依"为书、经之意，《玛牧特依》可译为《道德经》或《训世经》，其主要流传形式为背诵、口耳相传或手抄，内容是教人向善（阿育几坡，刘亭园，2012）。民国时期，甘洛县出现了以岭光电为代表的彝族教育者，他认为彝族落后的主要原因为自身内部经济、极端落后的思想及其社会制度的腐败（陈启喆，2019），1937 年 3 月，岭光电创办私立斯补边民小学并任校长，13年间，总共培养了 200 余名学生。虽然在当时已经有部分杰出彝族代表意识到现代教育的重要性，但力量有限。至今，甘洛偏远地区的家庭有很多仍然只会说彝语，看不懂彝文或听不懂、看不懂汉语，多数村落文盲较多。甘洛县彝族青少年从小生活在彝族大环境中，仅使用本民族语言，并形成彝族特有的语言思维习惯，学习汉语的困难大。

家长的陈旧观念，也是青少年学习路上的障碍。有些家长不愿让孩子读书，让其外出打工挣钱。2020 年寒假期间，甘洛县分别在火车站、海棠、则拉、尼日四个控辍保学拦截卡点先后拦截外出务工的学生 115 人。封闭的社会环境、文化氛围、艰苦生活给甘洛县的现代基础教育背上了沉重的包袱，严重影响了脱贫攻坚的进展和成效。

2. 教师流动频繁、农村教学点空置化严重。

国家的振兴在于教育，教育的振兴在于教师。受交通、城市基础建设、经济条件等限制，甘洛县教师福利待遇偏低，教学质量低下，教学效益不高，导致教师没有荣誉感、成就感。甘洛县大部分教师会在教学一两年后通过转行、借调、转岗、辞职等各种方式离开教学一线，造成优秀教师流失、优质教育资源浪费。甘洛县岭高谷深，全为山路，很多农村中小学校地处偏远，其中乌史大桥乡二坪村为甘洛县较为有名的偏远村，村庄坐落在 1800 米高的悬崖绝壁之上，凌空垂直的"天梯"是直达"天梯学校"的唯一路径。同时，教师周转房规划和建设并没有全部覆盖所有农村学校，教师不得不实行"走教"模式。

随着义务教育均衡发展的深入推进和城乡学校布局调整，甘洛县教育资源配置不断优化，但受办学条件、师资队伍、固有文化等综合因素的影响，整个甘洛县出现严重的教育资源不均衡现象，如城区等地方出现大班的情况，而其

他乡镇学校入学人数总体下降，尤其是农村教学点学生寥寥无几，教师上课随意、散漫，很难保证充足的教学时间和优良的教学质量，甚至有的村级教学点空置或撤并。教学网点分散、待遇欠佳、职业发展受阻、生活环境差等多种因素使得作为教育主导者的教师严重缺乏积极性和主动性。

3. 缺乏科学有力的长效管理机制。

学校管理制度、学习氛围、领导教师的教学理念对学校的发展和教育质量的提高起着关键性作用，好的制度还须有坚强有力的执行。近年来，甘洛县教体科局针对学校管理提出了一系列要求，但缺乏行之有效的奖优罚劣、奖勤罚懒的竞争激励机制，造成"大锅饭"的局面，久而久之，制度和要求成为摆设。

三、合理有效的改善措施

1. 破除语言障碍，提升沟通能力。

因地制宜，对症下药，针对甘洛县彝族学生基础教育问题，应采用各种手段，通过当地的广播、电视等大众媒体宣传教育的重要性。除教育工作者，还应号召驻村工作队员、乡镇干部加入这场战役。同时，推广普通话，转化语言思维模式，可直接提升彝族青少年的学习能力。普通话是我国宪法规定的国家通用语言，是国内使用范围最广、使用频率最高的语言，是个体获得教育、信息和迁移机会等各种人力资本的重要手段（王海兰，崔萌，尼玛次仁，2019）。为充分发挥对口帮扶教育资源的力量，甘洛县斯觉镇格布村自2017年起接受四川大学精准帮扶团队的帮助，积极推广普通话，并长期进行"影子"跟岗培训，提升格布村学生普通话的口语表达技能和水平。四川大学精准帮扶团队以斯觉镇中心幼儿园为教育示范点，邀请甘洛县其他幼儿园参观示范教学，将推普教育效果放大，以点带面。

2. 加强师资队伍建设，提升教育质量。

为适应基础教育改革发展，全面推进素质教育，需对教师进行全方位的培训。甘洛县一线教师利用北京大学、四川大学、宜宾学院的优质帮扶队伍资源，通过短期培训班、现场教学演示、专题培训大会、远程教学、国培省培计划等多种形式，多手段、多维度拓宽教学思维，提升教学技能，丰富教学方法。甘洛一线教师走出去，把外面优秀教师请进来，通过一系列教研活动和优质课评比、赛课等方式打造一批名优教师。

3. 加大教育投入，完善激励机制。

2017年1月，习近平总书记在河北张家口考察时说："要把发展教育扶贫作为治本之计，确保贫困人口子女都能接受良好的基础教育，具备就业创业能力，切断贫困代际传递。"扶贫先扶智，智力的扶持需要经费投入、资金安排、人力调配等政策的倾斜，应对家庭经济特别困难的学生给予适当的生活补助，降低青少年外出务工人数比例，防止辍学的发生。提高教师的工作补助，建立教学奖励基金，对优秀人才在住房、福利待遇和社会地位等方面给予充分保障，让一线教师有更多的精力投身教学，让每一名教师都对学校有归属感、对工作有荣誉感。同时，还需进一步完善中小学教育质量提升考核机制，细化指标，明确目标，加强考核落实，有激励才有动力，有动力才能进步。

参考文献

阿育几坡，刘亭园，2012. 彝族道德经典《玛牧特依·伦理篇》新解［J］. 西南民族大学学报（人文社会科学版）（11）：43－46.

陈啟喆，2019. 历史叙事与族群认同——以近代凉山彝族土司岭光电为个案的分析［J］. 河池学院学报（3）：38－42，61.

胡庆钧，1956. 凉山彝族的奴隶制度［J］. 教学与研究（C1）：14－26.

王海兰，崔萌，尼玛次仁，2019. "三区三州"地区普通话能力的收入效应研究——以西藏自治区波密县的调查为例［J］. 云南师范大学学报（哲学社会科学版）（4）：49－58.

大凉山深度贫困地区
脱贫攻坚工作路径探索与创新
——以四川大学定点扶贫村工作实践为例

吴先国[*]

【摘　要】　脱贫攻坚是我国当前最大的民生工程，也是最大的发展机遇，是一场改变山河、脱胎换骨的历史发展革命。对于大凉山来说，脱贫攻坚更是改变发展面貌、改变人民生活的格局之变。党和国家在资金、项目、政策等方面对凉山给予了大力支持，如何更好地发挥相关政策和资源的作用，有赖于不断探索和创新脱贫攻坚的工作路径。四川大学自定点帮扶凉山州甘洛县格布村以来，因地制宜，积极探索村级脱贫攻坚工作的新路径、新方法，取得了一定成效。

【关键词】　凉山；贫困地区；脱贫攻坚；工作路径

大凉山是我国少数民族的集中居住区和极端贫困地区，是全国脱贫攻坚主战场之一。大凉山深度贫困地区决胜脱贫攻坚战，需要结合当地实际，不断探索与创新脱贫攻坚工作路径，确保各项政策措施落实并发挥最大作用。

四川大学自 2012 年对口定点扶贫凉山州甘洛县以来，坚持以"百姓所需、政府所急、川大所能"为原则，充分发挥综合性大学优势，聚焦"两不愁三保障"问题短板，创新帮扶举措，建立长效机制，探索出高校精准扶贫的"川大模式"。四川大学驻村工作队在四川大学脱贫攻坚统一思想的指导下，也对村级脱贫攻坚工作路径进行了有益探索，提出了格布村"12345"脱贫攻坚工作思路：围绕一个宗旨，脱贫致富、为民服务；聚焦两个目标，精神脱贫和物质脱贫；团结三支队伍，村三职干部、驻村工作队和党员队伍；用好用活

---

* 吴先国，四川大学离退休工作处退休科副科长。

四种资源，政策资源、帮扶单位资源、当地资源和社会资源；突出五个抓手，党建、教育、产业、民生和村民自治。围绕该工作思路，四川大学驻村工作队针对工作中遇到的种种难题，积极思考，勤于钻研，不断探索创新符合村情户情的工作方法，取得了较为显著的工作效果。

一、紧扣宗旨，带领贫困群众脱贫致富

不论是"人民对美好生活的向往，就是我们的奋斗目标"的执政理念，还是"全面建成小康社会，一个不能少；共同富裕路上，一个不能掉队"的庄严承诺，都表明了共产党人的初心和坚守。怀揣着"不实现脱贫，誓不罢休"的坚定信念到格布村，当地根深蒂固的贫穷落后和村民眼中对美好生活向往的差距，激励着格布村每一位扶贫干部"攻坚拔寨"的决心。谋思路、想办法、出实招、见实效，让全村 150 户贫困家庭摆脱贫困、致富奔康，就是格布村所有扶贫干部的目标。

二、聚焦目标，推进精神物质同步脱贫

围绕同步推进"物质脱贫"和"精神脱贫"两个目标，驻村工作队带领格布村全体村民既抓生产也抓思想，全力以赴，与贫穷作斗争，自立自强，聚焦目标，让产业发展起来，让村规民约建起来，让文明风尚兴起来。一是物质脱贫率先突破。在四川大学的大力帮扶下，格布村于 2018 年 12 月实现了村脱贫，贫困发生率降低至 1.69%，人均年纯收入由 2015 年不到 3000 元增长到 2019 年的 8000 多元。村里的房子建起来了，道路硬化了，家具家电用起来了，村民们信心也强起来了，笑容与希望也逐渐绽放。二是实现精神脱贫。物质上脱贫，精神上不脱贫，不是真正的脱贫。驻村工作队依托农民夜校培训计划，向贫困群众宣讲政策法律、实用技术、致富经验等内容，培育自强励志型农民；开展移风易俗行动，修订完善村规民约，组建村级道德评议委员会，抵制不良习俗，引导贫困群众知荣辱、争先进；组建村级文艺表演队，精心组织编排节目，广泛开展群众性精神文明创建活动，用艺术的形式展现美好生活图景；开展村卫生创优评比活动，建立"村卫生创优评比红黑榜"，以家风带民风，让贫困群众养成好习惯、形成好风气。

三、凝聚团队，增强队伍战斗力执行力

脱贫攻坚战，靠外力，更靠内力，靠一支强有力的队伍带领。短短几年，格布村发生了翻天覆地的变化，这就是驻村工作队、村两委干部和党员同志三

支队伍所散发出的组织力、凝聚力和战斗力的真实写照。三支队伍的组织力，是各项政策在脱贫攻坚战第一线的宣传力和执行力，是实现高质量脱贫的关键，时刻检验着共产党人的初心和使命。驻村工作队以身作则，带领村两委干部和党员同志，以坚定的信心、扎实的作风、过硬的措施，强力推进脱贫工作。一是重视理论研习。驻村工作队与领村两委干部和党员同志自觉学习《习近平扶贫论述摘编》《摆脱贫困》《精准扶贫 精准脱贫：打赢脱贫攻坚战辅导读本》《绣花功夫》等理论著作，提高三支队伍助推脱贫攻坚的能力和素质，准确把握中央扶贫的大政方针和地方政府精准滴灌的要义，增强队伍的战斗力。二是增强团队协作。三支队伍围绕脱贫目标，不断强化协作，强调规矩意识和工作效率。通过多次摸底走访、排查，摸清了贫困户的具体情况和帮扶需求，以此为基础形成实施计划，帮助解决贫困户的实际困难。一次次入户、讨论，解决群众的一个又一个难题，让群众摆脱了贫困，走向小康生活，群众满意度得到前所未有的提升。三是严格落实制度。严格按照驻村工作管理办法，坚持"台账化"管理，严格落实考勤签到、请销假、随机督查等制度，建立了村活动室轮流值班制度、每周工作例会制度、村级议事协商制度等，进一步落实责任、传导压力，增强队伍的执行力。

四、盘活资源，发挥资源群集规模效应

深度贫困地区资源分散、缺乏有效整合是贫困户增收致富、稳定脱贫的痛点和难点。驻村工作队在盘活农村资源、推动资源变资产、实现资源整合上积极出谋划策、下绣花功夫，统筹用好帮扶单位资源、当地资源、社会资源和政策资源。一是积极争取帮扶单位资源。驻村工作队组织召开村民委员会工作会议，结合帮扶单位优势，主持编写并实施《2019 年度四川大学帮扶斯觉镇格布村工作计划》，从精准扶贫、发展集体经济、村容村貌改造、教育帮扶等方面梳理近 30 个帮扶项目，争取项目资金 300 余万元。二是盘盈整合村级资源。主持召开格布村盘盈资产村民大会，清产核资，摸清家底，重点调查、梳理和统计全村可用于市场销售的产品，形成格布村可销售产品目录清单，实现分散资源化零为整，由点到面，由小到大，产生"1＋1＞2"的效果。依托格布村"格布商城"项目，有效整合分散的农村物流资源，实现贫困户"小生产"与"大市场"的高效对接；并通过村集体合作社入股，发展壮大了村集体经济，实现了"资源变资产、资金变股金、农民变股东"的转变。三是充分运用社会资源和政策资源。根据格布村产业发展定位，积极引进企业入股，参与经营管理，扩大集体经营规模，带动贫困群众增收致富。立足资源特色，突破地域条件桎梏，

扎实推进格布村农产品品牌建设，将格布村资源、产品优势转化为品牌优势。

五、抓好重点，务实做好各项具体工作

围绕脱贫宗旨和目标任务，狠抓党建、强化教育、发展产业、改善村貌、创新治理，真正将各项任务落到实处，确保实现高质量脱贫。

（一）狠抓党建，夯实战斗堡垒

农村基层党组织是党在农村工作和战斗的基础，关系着党的路线方针政策能否在农村基层贯彻执行。为了不断增强党支部的凝聚力和战斗力，驻村工作队坚持按时组织召开党建月会，持续学习，强化宗旨观念；针对部分党员不会汉语的情况，驻村工作队组织了两名精通彝汉双语的年轻党员将有关政策及学习内容进行双语宣传。为了提升支部党建工作水平，格布村党支部与四川大学学工部党支部开展了系列支部共建活动。为了拓展学习渠道、提升学习效果，"引进来"与"走出去"相结合，邀请四川大学各学院党委书记到格布村讲党课，利用远程系统开展同步党建学习，同时组织本村党员外出考察学习，开阔眼界。经过不断学习与改进，格布村党员队伍组织性和纪律性不断强化，宗旨意识和奉献精神不断加强，成为率领村民真抓实干、攻坚克难的中坚力量。

（二）强化教育意识，阻断贫困代际传递

扶贫要先扶志和扶智，教育是摆脱贫困的重要途径。为了改变村民落后的教育观念，提升教育水平，驻村工作队主张从幼儿教育、九年制义务教育、成人教育三个方面展开工作。在幼儿教育上，2019 年四川大学投资 371 万元在格布村建立了一个集村文化活动室、党群活动中心、幼教点为一体的多功能活动室；为斯觉镇中心幼儿园和格布村幼教点捐赠了大量教学设备、文具、书本书包、衣物、幼儿玩具等，幼儿教育硬件条件得到了极大改善。同时，组织了格布村幼教点老师到四川大学幼儿园进行跟班学习，并选派了两名优秀的幼儿教师赴斯觉镇中心幼儿园进行支教。义务教育以控辍保学和提升学习兴趣为重点，秉持"该入学的一个不少、已入学的一个不走"的原则，经过不断的政策宣讲和动员，格布村 38 个辍学生已全部返校。同时，为引导学生思考上学与读书的意义，组织发起了以"我的理想"为主题的征文比赛，并组织优秀学生在暑期赴四川大学参观学习，开阔眼界。在暑假期间，驻村工作队组织了18 名优秀的四川大学学生到格布村为四至九年级的学生开展了为期 15 天的趣味学习活动，大大激发了孩子们的学习兴趣。成人教育以农民夜校为主要阵

地，以问题为导向，以追求实用为目标，本着干什么学什么、缺什么补什么的原则，力争浅显易懂，不拘形式，力戒死板。

（三）因地制宜，带领村民致富

产业是发展的根基，是脱贫的根本途径。为了大力发展格布村产业，驻村工作队提出了"种植、养殖和手工业齐步走"思路。在不改变村民种植养殖习惯的前提下，引进优良品种，通过增产增收树立村民对产业发展的信心。根据格布村地理环境和生产条件，对车厘子、菊花、春芽、天麻等经济作物种植和跑山鸡、孔雀等珍禽养殖进行了有益探索，为下一步规模化发展做好了准备。为充分利用和发挥格布村妇女人力资源优势，驻村工作队联系了成都华珍藏羌文化博物馆，着手在格布村建立一个彝绣工坊，致力发展彝族刺绣艺术、开发格布村妇女人力资源，促进贫困家庭增收。

（四）软硬结合，营造新村新气象

为进一步改善格布村的人居环境，鼓励村民形成良好卫生习惯和健康生活方式，驻村工作队确定了以绿化、亮化、美化、净化为主要改善内容，完善基础设施和开展人居环境综合整治。同时，为了破除"等、靠、要"思想，摒弃"只伸手不动手"的行为，驻村工作队向四川大学及各帮扶学院建议改变以往"捐赠式"的帮扶为"引导式"的帮扶，开展卫生评比和建立"积分兑换超市"，引导和鼓励贫困户做出相应改变后，再予以一定的精神及物质鼓励，不断激发贫困群众的内生动力，用耐心帮助贫困群众成长。

（五）鼓励奉献，提高村民自我服务水平

为了提高村民自我管理和服务水平，引导村民热爱祖国、热爱家乡，驻村工作队强调通过发挥先进群众，尤其是党员的带头作用，鼓励奉献和互帮互助，营造和谐相处、民乐村安的氛围。发动有意愿、有能力的党员同志和先进群众与本村存在特殊困难的家庭结对，在力所能及的范围内及时为帮扶对象解决生活上的困难。同时，成立了以党员同志为核心的卫生督导队、文艺表演队、农业服务队等公益性队伍，为实现村民互助和自治创造良好的条件和氛围，不断提高村民的自我管理、自我服务水平。

格布村正迈向发展快车道，一次次的蜕变和跨越，奏响了深度贫困地区内生式发展的最强音。青山掩映，暖风轻拂。可以预见，在不久的将来，在四川大学的帮扶下，一个更好的格布村必将呈现在世人面前。

参考文献

李俊杰，耿新，2018. 民族地区深度贫困现状及治理路径研究——以"三区三州"为例
[J]. 民族研究 (1)：47 - 57，124.

石泰峰，2017. 立下愚公志 啃下深度贫困硬骨头——深入学习习近平总书记在深度贫困
地区脱贫攻坚座谈会上的重要讲话精神 [J]. 求是 (18)：8 - 10.

汪三贵，殷浩栋，王瑜，2017. 中国扶贫开发的实践、挑战与政策展望 [J]. 华南师范大
学学报（社会科学版）(4)：18 - 25.

习近平，1992. 摆脱贫困 [M]. 福建：福建人民出版社.

高校教育基金会参与推普脱贫有关问题探讨
——以四川大学教育基金会为例

蒋良宵[*]　王汾雁^{**}　贾秀娥^{***}

【摘　要】　扶贫先扶智，扶智先推普。教育扶贫是精准扶贫的根本之策，推普脱贫是教育扶贫的一项重要举措。本文介绍了四川大学教育基金会参与推普脱贫的实例，并思考了基金会在新冠肺炎疫情背景下开展推普脱贫工作的相关问题。

【关键字】　高校教育基金会；推普脱贫；教育扶贫

《中华人民共和国慈善法》将"扶贫济困"写入总则，作为六大慈善活动之首，赋予了慈善组织助推精准扶贫新的历史使命（李莹，谢茜，2019）。《国务院扶贫开发领导小组关于广泛引导和动员社会组织参与脱贫攻坚的通知》指出，"参与脱贫攻坚是社会组织的重要责任"。高校教育基金会作为促进高校公益事业发展而形成的社会组织（陈秀峰，2009），积极参与精准扶贫是服务社会的重要体现。

2017 年教育部、国家语委出台了《国家通用语言文字普及攻坚工程实施方案》，提出"扶贫首要扶智，扶智应先通语"。2018 年教育部、国务院扶贫办、国家语委研究印发了《推普脱贫攻坚行动计划（ 2018—2020 年）》，提出"要动员社会各方面力量参与贫困地区国家通用语言文字推广普及工作，消除因语言不通而无法脱贫的情况发生"。《教育部语用司关于做好 2020 年推普助力脱贫攻坚工作的通知》，要求"组织更多高校、社会力量参与推普助力

---

　　* 蒋良宵，四川大学对外联络办公室基金管理科副科长。
　　** 王汾雁，四川大学对外联络办公室基金管理科科长。
　　*** 贾秀娥，四川大学对外联络办公室（校友总会、教育基金会）副主任（副秘书长）。

脱贫攻坚"。推普脱贫是精准扶贫一个重要切入点（戴先任，2018），高校教育基金会如何参与推普脱贫是值得研究的。

一、四川大学教育基金会参与精准扶贫介绍

四川大学教育基金会成立于2010年，是在民政部登记注册的非公募基金会，于2017年被认定为慈善组织。基金会自成立以来，一直秉承"心向至善，胸怀苍生"的公益理念，追求至善的信仰，把服务经济社会发展作为义不容辞的责任。

在打赢脱贫攻坚战中，基金会积极履行社会责任，充分发挥自身优势，踊跃投入四川大学脱贫攻坚工作。近三年来，基金会直接支持帮扶经费总计近200万元，帮助甘洛县斯觉镇格布村建设多功能活动室、修建全民路、捐赠木制衣柜、为幼儿园小朋友购置冬衣、开展推普脱贫系列活动等，在精准扶贫中发挥了重要作用。

二、四川大学教育基金会参与推普脱贫的实例

四川大学教育基金会深刻认识到推普对实现教育脱贫具有重要意义，积极响应教育部推普脱贫攻坚行动计划的号召，精准聚焦儿童教育，开展了一系列活动，为有效促进凉山州普通话推广，助力推普脱贫攻坚工作发挥了积极作用。

（一）助力"学前学会普通话"行动

2018年5月28日，四川省凉山州"学前学会普通话"行动正式启动。活动目的是阻断贫困代际传递，帮助儿童在学前学会普通话，听懂敢说会说普通话，并形成普通话思维习惯，顺利完成义务教育，为上高中、上大学打下基础。凉山州以积极完善设施配置等举措来扎实推进"学前学会普通话"行动。

四川大学教育基金会本着"扶贫先扶智，扶智从娃娃抓起"的工作理念，积极响应此行动，从自有资金中直接投入16万元，同时广泛宣传动员海内外校友及社会各界爱心人士参与其中，动员四川大学创业家联谊会捐赠5万元、校友企业马良神笔教育捐赠17 800元用于凉山州甘洛县斯觉镇格布村幼儿园条件改善和硬件设施购置。幼儿园可以"吃热餐""睡床铺"了，有了更多的娱乐实施，孩子们第一次有了"喜欢学校，爱去学校"的强烈愿望，对新生一代想学、爱学、乐学产生了深远的影响，对在学前教育阶段开展推普工作起到了直接促进作用。

（二）开展"微爱筑梦"暑期公益实践活动

2019 年暑期，四川大学教育基金会联合学工部举办了"微爱筑梦"暑期公益实践活动，招募 16 名大学生志愿者，赴四川省凉山州甘洛县斯觉镇哈布村、觉呷村等 6 个村，面向 145 名学生进行为期 10 天的暑期希望课堂暨小小广播员培训班。活动通过大学生深入贫困地区开展短期支教的形式，结合彝族孩子特点，将普通话培训与艺术培训相结合，带给孩子们不同于普通课堂的学习体验。

实践活动中开设了小小广播员培训班，对孩子们进行播音培训，帮助他们自主运行村广播站。他们充满自信的声音通过广播在村子的上空响起，吸引当地孩子不自觉地加入推广普通话的行列，对推普脱贫工作意义深远。

此次暑期公益实践活动不仅能够助力推普脱贫攻坚，还对磨砺大学生品质、培养大学生的公益理念和社会责任感具有重要意义。

（三）开展"雏鹰成长计划"公益活动

从 2018 年开始，四川大学教育基金会联合四川大学团委发起"雏鹰成长计划"公益活动，组织凉山州甘洛县中、小学生走进川大校园，开展访学活动。活动包括感悟历史文化、体验现代科技、开启大学启蒙等内容。来自甘洛的同学们参观四川大学校史馆、口腔博物馆、生命科学学院实验室等，并与机器人协会、航模协会、科幻协会等学生社团面对面互动交流。这些活动让同学们学习倾听故事，近距离感受川大深厚的人文底蕴，感悟"海纳百川，有容乃大"的川大精神，同时在交流中提高普通话水平。

"雏鹰成长计划"公益活动让凉山州的孩子们走出大山，感受外面的世界，不仅开阔了他们的视野，激励他们努力学习，更让孩子们树立了"用知识改变命运、改变家乡"的坚定信念。

三、基金会在新冠肺炎疫情背景下开展推普脱贫的思考

2020 年是决战决胜脱贫攻坚和全面建成小康社会的收官之年，而突如其来的新冠肺炎疫情，给原本就是一场硬仗的脱贫攻坚工作带来了新的挑战，也增加了推普脱贫工作的难度。基金会努力克服疫情影响，扎实推进 2020 年推普助力脱贫攻坚工作。

（一）提高政治站位，强化责任担当

习近平总书记在决战决胜脱贫攻坚座谈会上的重要讲话，不仅为脱贫攻坚工作指明了方向，更是为最后的决战吹响了号角（罗增斌，2020）。基金会要切实把思想和行动统一到习近平总书记重要讲话精神和中央关于脱贫攻坚的重大决策部署上来，深刻领会打赢脱贫攻坚战的重大意义，进一步增强政治责任感和历史使命感，在抓好疫情防控工作的基础上，多措并举抓好推普助力脱贫攻坚工作落实，全力以赴助力决战决胜脱贫攻坚。

（二）聚焦攻坚重点，形成有效机制

基金会仍然坚持将推普对象精准聚焦在儿童身上，大力加强贫困地区儿童普通话教育，全面提升在园幼儿、在校中小学生普通话交流和应用能力。基金会总结以往工作经验，探索建立在常态化疫情防控中推普脱贫攻坚的有效机制，将面对面的活动转变成无接触式活动，发挥网络平台优势创造性开展活动，同时将宣传普及科学防疫知识作为活动中重要的环节。

总之，基金会整合校内、外资源，强化攻坚力量，精准聚焦、注重实效，促进少年儿童的语言能力发展，有力推动国家推普脱贫攻坚工作。

参考文献

陈秀峰，2009. 大学教育基金会与大学战略发展关系探析［J］. 武汉科技大学学报（社会科学版），11（4）：6-9.

戴先任，2018. "推普脱贫"是精准扶贫一个重要切入口［N］. 中国商报，2018-03-02（2）.

李莹，谢茜，2019. 慈善组织参与农村教育扶贫的运行模式与推进路径［J］. 行政科学论坛（1）：23-27.

罗增斌，2020. 在常态化疫情防控中打赢脱贫攻坚战［J］. 中国党政干部论坛（5）：31-35.

高校自媒体平台在脱贫攻坚中的实践
——以四川大学自媒体平台运营为例

迪丽达尔·艾山江*

【摘　要】　习近平总书记在打好精准脱贫攻坚战座谈会上指出"脱贫攻坚，精准是要义"，对脱贫路上坚守的"精准"工作原则提出更高要求。高校是脱贫奋斗里程中的重要环节，四川大学积极响应"精准、精细"的工作目标，举全校之力集中攻坚，充分发挥人才、学科资源优势，对内扎实推行学生实际解困帮扶，通过丰富的资助育人手段提升家庭经济困难学生综合能力，对外接应定点扶贫点，通过人才帮扶、产业帮扶、医疗帮扶等帮扶项目，形成"川大模式"的帮扶战略。同时，不断扩展扶贫渠道和思路，挖掘自媒体交互性强、图文信息丰富、灵活快捷等优势，借助自媒体平台开展精准扶贫新举措。本文阐述了高校自媒体在脱贫攻坚中的优势以及以四川大学为例高校自媒体平台在脱贫攻坚中的具体实践与启示。

【关键词】　脱贫攻坚；校园自媒体；学生资助；实践

一、引言

党的十八大以来，党把人民对美好生活的向往作为奋斗目标，从人民群众的根本利益和幸福出发，提出了精准扶贫的战略思想。在党的十九大会议上，习近平总书记再次郑重提出："让扶贫人口和贫困地区同全国一道进入全面小康社会是党的庄严承诺。"这无疑将脱贫攻坚工作提升到了一个全新的战略高度。四川大学将跑好全面建成小康社会"最后一公里"作为重大政治任务、重大政治责任，以对口定点扶贫凉山州甘洛县、广安市岳池县为"点"，以学

＊　迪丽达尔·艾山江，四川大学学工部学生资助中心科员。

生资助为"面"，把握好整体目标和个体目标的关系，以"百姓所需、政府所急、川大所能"为己任，充分发挥学校的独特优势，聚焦"两不愁三保障"，探索高校精准扶贫的"川大模式"，努力做教书育人的奋进者，教育扶贫的践行者，学生成长的引领者，为打赢脱贫攻坚战做出积极贡献。

四川大学作为一所坐落在西部的综合性大学，每年有近60%的学生来自西部，根据2019年数据，全校家庭经济困难本科生有9478人，约占全校本科生人数的25%。针对家庭经济困难学生基数大，贫中之贫、困中之困学生人数多的实际，学校秉持"帮扶一个贫困生，脱贫一个家庭"的工作思路，采取"学校＋学生精准资助"的模式，利用国家、学校及社会资源为家庭经济困难学生提供资助，夯实学生反哺家乡的教育基础；以"学校＋定点贫困村＋教育/医疗/人才/消费等扶贫"的模式对定点扶贫地区提供物质支持，培养"造血"能力。在以"川大模式"助力脱贫攻坚的过程中，着眼自媒体平台优势，拓展思路，创新方式，推进脱贫攻坚工作的精准度和成效。

二、高校自媒体在脱贫攻坚中的实践

高校自媒体以互联网、各类通信软件等媒介为手段的计算机技术，是融合信息丰富、图文声像俱全、搜索灵活快捷、交互性强的校园媒体形式，具有"信息及时性强""受众延展度高""接受度高"等优势。一方面，高校自媒体的输入与输出端均有学生参与，可以形成资助政策与帮扶对象、实现途径等环节一一对应，将资助与育人信息进行更广泛的传递和融合，提升了资助精准度；另一方面，引导学生加入自媒体主创队伍，加入脱贫攻坚志愿团队，有利于拓展新时代大学生服务社会的切入点、结合点和着力点，有利于激发大学生的大国情怀和责任担当。

（一）创建学生资助信息平台，为家庭经济困难学生精准发布资助信息

精准不仅是扶贫工作的关键，也是学生资助工作的基本要求。为进一步落实资助对象精准、力度精准的目标，四川大学学生处创建学生资助的信息平台——"四川大学学生资助"微信公众平台，以家庭经济困难学生为平台核心服务群体。"四川大学学生资助"微信公众平台自2015年设立以来，已发布信息1800余篇，内容包括奖、助、贷、勤、补、免、偿、保，资助育人活动等，年均发布信息360余篇，年均阅读量达160 000余人次。微信公众平台以零时间差、分裂式的信息传递方式有效弥补了传统资助信息传递中的短板。

增强了信息的及时性、针对性、透明度和公平性。与此同时，覆盖面高、点对点的信息传达赋予资助信息"隐形"功能，能够有效保护受众学生隐私。信息的公开及操作的便捷、保密，有助于坚持实现"不让任何一名学生因家庭经济困难而失学"的承诺。

（二）推动资助育人信息多元化，助力扶贫和扶智

随着高校学生资助政策体系的不断完善，对家庭经济困难学生的资助从保障型资助向多元化的发展型资助转变。"四川大学学生资助"微信公众平台成为新的开展资助育人的前沿阵地，通过渗透式教育提高家庭经济困难学生的软实力，实现以"扶志""扶智"推动"扶贫"的资助育人目的。

平台定期组织诚信教育、"助学、筑梦、铸人"主题征集、"'魅力女生·美丽人生'三八国际妇女节"等多项主题教育活动，借助平台信息的宣传优势，引导学生加强自我管理，鼓励学生自信自强，丰富校园文化生活。着力于学生能力提升，发布学生朋辈互助及分享会信息，在线招募互助小组成员，通过学生间的互助成长，帮扶家庭经济困难学生增强自我解困的能力。通过"自强之星"评选和基层就业学生代表访谈系列，树立自强自立的学生典型，通过朋辈榜样营造积极向上的校园文化氛围，在学生中传递正能量。在"停课不停学、停课不停教"的特殊的疫情防控教学期间，"四川大学学生资助"微信平台成为开展主题教育活动的主要抓手，充分发挥了网络教育功能，鼓励学生在疫情防控期间规律生活、学习。

（三）回归学生为主体的原则，提高资助信息的互动性

建立"川小助"学生微信运营团队，将信息选择的主动权交到学生手中，鼓励学生取材学生关注的资助话题，回应学生的需求及困惑，使得信息具有引导性、价值性；开展原创推文设计，以学生间的交流方式或者元素为纽带，让信息的传递效率与质量有进一步的提升。另一方面，本着"从学生中来，到学生中去"的理念，关注学生阅读习惯，不断优化信息的表达和展现方式，发现和考虑学生的实际需求及潜在需求，不断提升团队的"自我教育、自我管理、自我服务"能力。

同时，加强平台模块设计，从学生信息使用角度优化平台服务性。"四川大学学生资助"在微信主页设计"资助信息""活动资讯""关于我们"（见图1）三个主要模块，将"八位一体"资助育人体系的政策讲解及申请流程有序归入"资助信息"模块，将开展的主题教育等专题活动置顶归入"活动资

讯"模块，并将学生处学生资助中心各项资助项目的联系电话及常用表单归入"关于我们"模块。增强信息的使用效率及便捷性，让学生及时一键获取资助育人咨询，同时保障资助信息的公正、公开。

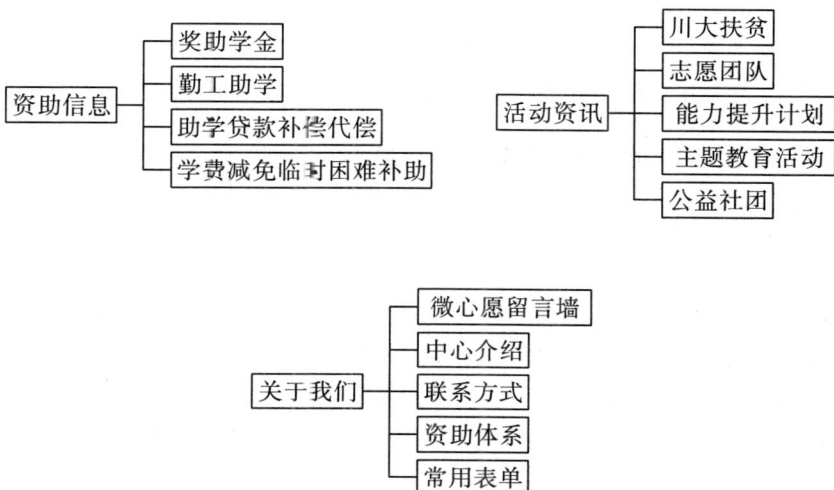

图1　"四川大学学生资助"微信公众号自定义菜单

（四）组建学生扶贫志愿服务队，开拓线上宣传促进消费脱贫

在落实精准扶贫的目标驱动下，四川大学持续拓宽扶贫的广泛性和增强扶贫的深入性，在资助扶贫、教育扶贫、技术扶贫等基础上，以"学校＋贫困村＋消费扶贫"的模式拓展帮扶触角。校工会向对口帮扶的甘洛县搭建消费扶贫平台和渠道，积极推动扶贫产品进校园系列活动。根据学校师生社会责任感强、消费需求稳定多样、消费量集中等特点，扶贫县直销学校师生的渠道获得显著成效。一方面，学生扶贫志愿服务队打破原有的销售习惯，引入 H5、抖音、快手等自媒体平台，打通与本地商户的信息沟通。通过产品展示、集中推介等方式，让学校消费群体了解贫困地区的产品，并为其提供便利的、常态化、规范化的交易平台，使产品的更新频次及品种丰富度均有显著提高，从而改变过去采用的扶贫县直销、集中销售或"以购代捐"的帮扶方式。另一方面，组建学生扶贫志愿者服务队，降低学生参与脱贫攻坚"门槛"，提高师生的参与度，成了助力精准扶贫的新举措。在操作层面，在学生扶贫志愿服务队内部组建推广运营部，协助扶贫对象进行产品的包装及推广，并通过多款平台发布产品资讯，让师生从以往单纯的"消费者"身份转身为"消费扶贫智囊

团"中的关键成员。第三方面，服务队组建及自媒体平台引入均考虑到学生资源的优势。引导学生成为自媒体平台的前沿使用者和创意者，引导他们在信息发布、上线包装等方面充分考虑校园因素，使扶贫消费更接"地气"，更具活力，更有利于广泛推广。同时，在协助产品设计、培训指导、数据分析、活动策划等系列工作中增强学生社会实践能力，发扬志愿服务精神，感知社会责任与担当，为决胜全面小康、打赢脱贫攻坚战贡献青春智慧和力量。

四、高校自媒体在脱贫攻坚中实践启示

在脱贫攻坚的冲刺期，四川大学继续探索精准扶贫多元化路径，发掘高校自媒体的扶贫功能，充分发挥学生优势，融合社会力量，专设学生资助微信公众号、组建学生扶贫志愿服务运营自媒体平台促进消费扶贫，校园自媒体实践资助政策的宣传面助力学校资助工作实现"应助尽助""应扶尽扶"的目标，获得持续稳进的关注，资助育人获得活跃的信息载体，定时为受助对象提供精准度高的信息资源；集合学生扶贫队伍的组织优势、创新优势，借助多种自媒体方式进行持续性实践，此前联合"e帮扶"电商平台，开展"大川聚爱，贫尽甘来"主题农产品采购活动，为期8天的线上宣传和销售，学校携手甘洛县爱心扶贫近88余万元。自媒体平台在脱贫攻坚进程中探索与实践初获成效，取得经验与启示。

（一）清晰信息主体，回应信息需求

高校自媒体在运营过程中需清晰信息服务的对象，找准服务对象的特点和信息习惯、信息需求，实施平台信息建设，提升信息的针对性和适用性；可通过信息模块化、信息分类集合等方式，顺应或引导目标对象的使用习惯，提升信息的便捷性。同时，在运行过程中需要加强平台管理的适应性，不断探索平台功能，应对信息主体需求变化及信息主体的迭代。

（二）关注媒体使用数据，助力精准扶贫

在高校自媒体管理运营过程中要观测信息主体的使用数据，并将其视作数据资源，提升平台的精准服务。以微信公众号为例，可以关注平台在较长时间段内阅读量较高的信息类型、发布时间与阅读量间的关联性，信息展现形式与阅读量间的相关影响等，由此深入了解信息主体的具体需要，优化信息的传递方式和功能，提升信息的精准度。

（三）充分发挥学生资源的优势，领悟社会责任与担当

学生是高校自媒体服务的核心对象，要坚持"从学生中来，到学生中去"的原则，严把平台信息的输入与输出环节控制，在严守信息审核管理的前提下，借助学生力量，与学生合作，实现互益效果。可借此了解学生的信息使用习惯，融合学生间必要的沟通元素，提升信息的丰富度、交互性、活跃性等，更好地为脱贫攻坚总目标服务。同时，引导学生发挥专业或兴趣优势，充实信息的创新性，锻炼社会实践能力，并主动加入脱贫攻坚的战队，奉献青春。

参考文献

柴颖，范晓伟，张立中，2017. 高校微信公众平台运营状况分析［J］. 新闻研究导刊
　　（22）：55.

陈宝生，2018. 进一步加强学生资助工作［N］. 人民日报，2018-03-01（13）.

付妍妍，2016. 互联网＋思想政治教育视角下贫困生资助工作对策［J］. 现代经济信息
　　（15）：420.

刘宁，卜士滇，2017."微时代"背景下高校资助育人工作的路径［J］. 华北理工大学学报
　　（社会科学版）（1）：97-101.

杨雯，2020."互联网＋"视域下高校发展性资助育人微信平台构建探索［J］. 教育教学
　　论坛（1）：380-381.

钟鸣，马英，赵建淦，2019. 高校"微资助"育人模式构建探索［J］. 太原城市职业技术
　　学院学报（6）：110-111.

决战决胜脱贫攻坚背景下高校教育扶贫的思考

董奇妤[*]

【摘　要】　脱贫攻坚已经到了决战决胜阶段，但是面临的困难和遇到的挑战不容忽视。教育扶贫作为阻断贫困代际传递的根本抓手，对于助力贫困地区如期打赢脱贫攻坚战具有十分重要的意义。高校资源丰富、优势独特，在教育扶贫中能够大有作为，实现自身价值。

【关键词】　脱贫攻坚；高校；教育扶贫

2020 年是脱贫攻坚决战决胜之年，现行标准下农村贫困人口要实现全面脱贫，贫困县要全部摘帽，区域性整体贫困要得到解决。截至目前，全国依然有 52 个贫困县未摘帽，2707 个贫困村未出列，建档立卡贫困人口未全部脱贫。虽然与以往相比总量不大，但都是贫中之贫、困中之困，是最难啃的硬骨头（习近平，2020）。在已经脱贫的人口中依然有近 200 万人存在返贫风险，边缘人口中有近 300 万存在致贫风险，脱贫程度的巩固难度大。夺取脱贫攻坚战的全面胜利，需要本着"扶贫先扶志，扶贫必扶智"的原则，注重扶贫与扶志、扶智的结合，充分发挥高校在教育扶贫中的重要作用。

一、高校开展教育扶贫的主要优势

（一）高校是区域优质教育资源的聚集地

高校拥有优质的师资队伍，教师年龄结构、学历结构、职称结构合理，为开展教育扶贫提供了人才保障；具有生源稳定、数量庞大的学生群体，能够持续开展社会实践、志愿服务活动。高校学科门类齐全，专业众多，能够为贫困地区提供中小学教师培训、贫困群众技能培训、基层干部管理能力培训、乡村

＊　董奇妤，四川大学人事处师资管理科科员。

医生医疗培训等。高校教育教学设施健全，拥有完备的实验器材、先进的教学设备、宽敞的教学场所，具备开展教育扶贫的硬件条件。高校图书文献总量大，信息资源丰富，网络平台覆盖面广，线上信息资源完备，能够满足教育扶贫的基本条件。

（二）高校是贫困群众内生动力的激发者

开展教育扶贫的核心要义就是扶志，就是要教育引导贫困群众摒弃自暴自弃的心理，坚决破除"等、靠、要"思想，进而自蓄动能、自力更生、自我奋进。激发群众诚实守信、立志脱贫、自强自立的意识，全面提高广大困难群众对脱贫攻坚的参与度、认可度和满意度，推动他们由"局外人"变成"局内人"。高校选派的驻村工作队，能够准确宣传脱贫攻坚各项方针政策、决策部署、工作措施，善于做好贫困群众思想发动、宣传教育和情感沟通工作，激发摆脱贫困内生动力。同时，高校教师在政策宣讲、思想教育、先进文化传播等方面具有明显的优势，能够推动贫困群众通过思想创新和努力来脱贫致富，用勤劳的双手建设幸福家园，帮助他们树立战胜困难的信心，激发摆脱困境的斗志。高校青年师生思想活跃，教学方法多样，能够通过群众喜闻乐见的形式引导贫困群众放下思想包袱，增强脱贫信心。

（三）高校是贫困地区人才队伍的建设者

开展教育扶贫的重要任务是扶智。扶贫要扶智，就是通过教育培训、实例引导等方式，开阔困难地区人民的眼界，训练贫困群众创新创业的思维能力，整体性提高贫困群众脱贫致富的智力水平，让贫困群众有能力脱贫致富（张琪，2019）。高校教师资源丰富，具备派出优秀教师赴贫困地区支教的能力，也具有对当地进行教师培训、考前辅导、经验交流等教育帮扶活动的能力。高校教育资源丰富，能够整合资源深入贫困地区开展中小学教师继续教育，提高当地教育教学水平，促进义务教育均衡发展；能够开展农村实用技术、劳动力转移、致富带头人培训等，推进贫困地区脱贫致富；能够选派优秀师范专业学生开展教育顶岗实习，缓解贫困地区教师阶段性短缺等困难。高校专业优势明显，能够选派汉语言文学等专业人才深入少数民族地区、贫困地区开展教师汉语言文字水平培训，提升少数民族地区、贫困地区教师汉语言文字水平和教学能力；能够选派医学类专业人才，开展贫困群众疾病预防培训，避免群众因病致贫、因病返贫；能够选派农学等专业人才开展剪枝修枝、病虫害防治培训，提升贫困群众脱贫致富的素质能力。

二、高校开展教育扶贫的路径选择

（一）加强贫困群众思想教育

在决战决胜脱贫攻坚的关键时刻，高校要坚持扶贫与扶志相结合，做到干部全入户、走访全覆盖、贫困户全结对，找准弱项短板并及时研究解决。帮扶干部要自加压力、履职尽责，做到懂政策、知农事、会农话，通过走访、短信、微信、QQ、电话等形式对贫困群众进行思想教育，引导群众自强脱贫。驻村工作队要深入开展政策再学习、村情再了解、民情再熟悉、贫情再研判，推动贫困群众加深对各项惠民政策的认识和理解，持续激发贫困群众脱贫致富的热情和决心，提高其利用扶贫政策脱贫致富的积极性和主动性。以大学生"三下乡"社会实践活动为抓手，通过举办扶贫政策和扶贫措施落实宣讲等活动，实现政策普及全覆盖，提升群众对享受政策的理解，推进群众自强、诚信、感恩。

（二）加大贫困地区教育培训力度

师范院校要发挥自身优势。可以利用附属中学、附属小学以及合作单位等现有资源，采取"引进来"和"走出去"的方式，对贫困地区中小学教师进行教学培训和指导。一方面，可以整合区域内优质资源，通过"送教到县""送教到乡""送教到校"等方式，对贫困地区中小学教师进行培训，着力解决他们教学目标不够清晰、教学方法不够新颖、教学效果不够明显等问题；同时可以与教育主管部门沟通合作，参加培训的中小学教师经过考核，成绩合格后，可以置换继续教育学分，着力解决教师"工学矛盾"。另一方面，可以利用周末或者寒暑假时间，组织贫困地区的教师到相关高校开展爱国主义教育、师德师风建设以及师生沟通策略、备课技巧、教学技能、作业命制、课例研究等方面的培训，使贫困地区的教师有走出去学习交流的机会，激发民族责任感、开拓思维，获取先进的教学经验和有效的教学方法（崔茂乔，陶乔双，2018）。

医学类院校可以通过医疗人员进修交流、建档立卡贫困户疾病预防培训等方式，提升贫困人口健康水平，避免因病致贫、因病返贫。农林类院校通过加强对农林业的指导、养殖业的培训，提升贫困群众致富能力。职业院校要通过培训提高贫困户技能，做好"两后生"的培养工作，确保实现职教一人、就业一人、脱贫一家。法律类院校可以开展法律援助、普法培训等，营造良好的脱贫攻坚法治环境和风清气正的社会环境，避免"不符合条件者争当贫困户"的现象出现。

（三）鼓励高校教师开展支教活动

高校要了解帮扶贫困地区的现状，并根据现有情况制订帮扶方案。首先，应该以教育扶贫为主要形式。通过开展支教活动、顶岗实习等形式提高基础教育教学质量，让更多贫困地区的人认识到知识的重要性。其次，要充分调动优秀教师的积极性。制定优惠政策，完善保障机制，增加激励措施等，充分鼓励优秀教师到贫困地区支教。一是保持原有工资待遇不变，增加支教补贴，在提拔任用、职称评审、课题评审、先进申报、表彰奖励等方面向支教教师倾斜。二是严格落实生活补助、通讯补贴、艰苦边远地区津贴等各项待遇。加强支教教师身体健康保障，定期组织健康体检。健全走访慰问支教教师工作机制，努力实现突出贡献必访、生病住院必访、家庭特殊困难必访，帮助支教教师解决实际困难。加大对支教教师先进典型的宣传报道，充分发挥先进典型示范带头作用，弘扬正能量。

（四）引导青年学生开展志愿服务活动

师范学校可以把贫困地区基础教育的师资队伍建设纳入教育扶贫工作规划，实现教育精准扶贫的目标。选派优秀的师范生到贫困地区进行顶岗实习，可有效改善贫困地区教师队伍不充足、教师教学水平有限、教学理念落后等状况。其次，师范生的顶岗实习，使得这些准中小学教师有更多的机会参与"真枪实弹"的教学工作，有利于提升教师的教育教学水平。同时，高校还需完善学生顶岗程序，严把报名关，严格筛选，力求把最优秀的学生选拔出来，健全顶岗学生激励措施，在课程免修、学分置换、推优评优、就业推荐等方面给予适当政策倾斜，解决顶岗学生的后顾之忧。文化艺术类院校可以结合专业优势，以组建工作队和"大学生三下乡"、为留守儿童举办艺术培训班、开展文艺演出等形式的志愿服务活动，深入开展教育扶贫。

（五）推进贫困地区教育扶贫平台建设

高校图书资源丰富，可以推进高校图书馆与贫困地区"农家书屋"的有效对接，定期为贫困地区提供图书资料，满足农民的文化需求。发挥高校电子图书资源丰富的优势，与贫困地区中小学建立健全对口帮扶机制，推进高校图书馆资源平台与贫困地区教育信息系统端口的对接，努力实现中小学师生在电子阅览室 PC 端就可以免费无障碍访问高校电子图书资源，使贫困地区中小学校拥有高校图书馆电子藏书资源。加快农村互联网建设，探索建立"互联网＋教育扶贫"模式，为贫困地区提供优质的网络课程和资源共享平台，帮助当地干部群众学懂用好大数据，用现代科技手段搭建产销对接平台。加强高校与校友会、企业及社会团体等的联动机制，通过援建网络教室、文化活动室，捐赠教学设备、文体用品、体育器材、图书资料等，改善中小学办学条件，营造优良的校园文化和育人氛围，为控辍保学工作贡献力量。

参考文献

崔茂乔，陶乔双，2018. 贫困山区教育现状与高校教育扶贫路径 [J]. 社会主义论坛（1）：46 – 47.

习近平，2020. 在决战决胜脱贫攻坚座谈会上的讲话 [N]. 人民日报，2020 – 03 – 07（2）.

张琪，2019. 打赢脱贫攻坚战必须扶志、扶智、扶质、扶制 [J]. 求知（6）：33 – 35.

绿色发展与社会基层治理能力现代化视角下
高校计算机语言助力精准扶贫

董凯宁*　张可桢**

【摘　要】　在社会主义现代化建设的背景下，绿色发展与社会基层治理能力现代化成为党中央对"建设现代化发展格局、构建美丽中国"的新要求、新思路。党的十八届五中全会强调，要加强和创新社会治理，推进社会治理精细化，构建全民共建共享的社会治理格局。应此要求，本研究梳理了传统扶贫模式下的工作现状和不足，在绿色发展和社会基层治理能力现代化视角下对精准扶贫工作提出的新要求，而高校计算机语言工作具有独特的思维方式和专业的技术方向，借助高校计算机语言的技术优势，利用计算机语言的简洁性、归一化描绘扶贫工作，用信息化的思维和手段搭建技术平台，开发精准扶贫App，为精准扶贫工作描绘蓝图，开发助力扶贫工作的产品，助力精准扶贫、脱贫攻坚，为全面小康社会的建设贡献力量。

【关键词】　高校计算机语言；精准扶贫；绿色发展；社会治理现代化

一、引言

（一）研究背景

改革开放40年来，我国政府对贫困问题一直高度重视，涉及贫困线的标准和扶贫开发政策也进行了多次调整。党的十九大报告指出，目前我国已有6000多万贫困人口稳定脱贫，贫困发生率也降到4%以下，中国的扶贫工作已

＊　董凯宁，四川大学公共管理学院讲师。
＊＊　张可桢，四川大学公共管理学院2018级本科生。

进入攻坚阶段，在绿色发展的理念下，切实提高社会基层治理能力，实施精准扶贫、精准脱贫已经成为摆在各级政府部门面前的一项难题。

随着现代化信息技术手段助力于政府管理，挖掘高校计算机语言的功能，将其应用到精准扶贫的领域中，可以有效解决信息发布不畅、管理不到位等问题。我国将计算机语言应用于精准扶贫的项目为数不多，但计算机语言在信息管理其他领域取得的成功为对接精准扶贫工作提供了很好的借鉴。

（二）研究意义

计算机语言与基层治理能力的现代化联系日益紧密，通过计算机语言进行管理不仅可以使公民获得更便捷的政务服务，而且承载了国家打造绿色生态、实现基层治理能力现代化的决心与创新举措。美国、法国、澳大利亚、英国均意识到将计算机语言运用在管理中的重要性，计算机语言在现代化的精准扶贫中成为不可或缺的工具。如何利用计算机语言实现现代化的精准扶贫管理是值得深入思考与研究的。

本文作者在教学、学习的过程中使用了 UML、Java 类语言、正则表达语言、计算机回归分析语言，将 UML 用于精准扶贫设计，Java 类语言用于扶贫App 开发，正则表达语言用于精准扶贫产品的测试与实施，计算机回归分析语言用于扶贫工作的定量分析与预测，将高校计算机语言应用于精准扶贫工作中，生动描绘工作蓝图、助力扶贫工作的开展。具体研究意义有如下三点：第一，从实际的角度出发，可以提升高校计算机语言开发的应用价值；第二，将高校计算机语言应用于精准扶贫工作，可以有效解决传统扶贫模式工作中存在的问题；第三，利用高校计算机语言开展精准扶贫，可以提升社会基层治理能力的现代化水平。

二、传统扶贫模式下工作的现状与不足

（一）精准扶贫对象识别困难

做好扶贫工作最重要的前提是精准识别贫困，因此准确挖掘贫困人口也是国内研究者现在非常关注的问题之一，更是我国实现 2020 年全面建成小康社会目标的首要前提。

为了做好扶贫工作，尤其是经过大量扶贫的工作以后，贫困人口明显减少，要从大多数的普通农户中精准找出贫困户，是现在急需要解决的问题。只有对真正的贫困人口和贫困家庭进行有效的帮扶，从根源上解决贫困问题，才

能实现精准扶贫。目前，对精准识别方法的研究仍然比较欠缺，贫困户的识别在大多数地区还是通过村级单位进行民主评议来评选，这种方法在一定程度上还是主观性占主导，从而带来一定的偏差。

因此，在现有的理论基础上，通过构建贫困对象精准识别体系以及脱贫对象精准认定体系，对农村贫困户进行识别，可以为贫困户的精准识别提供方向指引和具体方法。

（二）精准扶贫工作绿色发展体现不足

1. 绿色观念落后。

关于扶贫的绿色发展问题，习近平总书记指出，我们既要绿水青山，也要金山银山，宁要绿水青山，不要金山银山，而且绿水青山就是金山银山。绿色观念是指以崇尚自然、保护生态、爱护环境为核心的现代发展理念。绿色观念体现了人与自然和谐相处的基本思想，它能为产业精准扶贫提供理论基础、精神依托和思维方式。但产业精准扶贫实践很少将绿色观念、绿色考核体系及考核指标纳入其中，扶贫参与主体的思想观念比较落后。通过发展绿色旅游业、绿色农业、绿色服务业等新兴产业来帮助贫困地区实现脱贫的案例较少，难以在扶贫效率、扶贫方式上取得实质性的突破。

2. 绿色文化缺失。

绿色文化是指在相关环境理念、环境意识的影响下形成的生态文明发展观。由于我国国土辽阔，贫困地区自然地理条件千差万别，资源禀赋各异，文化事业发展也参差不齐。但绝大部分贫困人口还停留在"富口袋"的思维观念上，"等、靠、要"思想极其严重。贫困地区乡村文化基础设施落后、人才资源匮乏、文化土壤贫瘠、活动经费短缺，造成了精神上的贫困，从而成为产业精准扶贫的短板，缺乏帮扶的内生动力。

因此，通过计算机语言，开发手机 App，加强绿色文化的宣传和绿色经济的推广，将绿色考核体系及考核指标纳入其中，可以促使精准扶贫工作得到质的提升。

（三）计算机语言助力精准扶贫是实现社会基层治理能力现代化的有效途径

人们一直致力于计算机的人性化与智能化的研究，计算机语言从最初的最简单的机器语言一直发展到现在的更能够被人们掌握和解读的高级语言。狭义上，计算机所能执行的机器语言就叫作计算机语言（computer language）。而广义上的计算机语言则是指一切用于人（用户）与计算机通信的语言，是人和计算机之间进行信息交流的手段。计算机语言包括计算机程序设计语言、各种专用的命令语言、查询语言、定义语言以及高级语言等，正是这些计算机语言的产生才促进了计算机的高速发展。计算机语言经过多年的发展已经成了一套标准化的语言。

计算机的出现也促使了计算机网络的出现，计算机网络出现距今也不过二十几年的时间，却给人们的生活方式带来了巨大的变化。计算机网络的出现也使得计算机语言不得不向网络语言的方向去发展，这就使计算机语言具有网络性。另一方面，网络编程语言能够对计算机网络进行编译，促进计算机网络的发展；同时网络编程语言几乎能够兼容所有的计算机语言，在几乎所有的计算机终端得到识别和执行。

我国扶贫开发始于 20 世纪 80 年代中期，通过近 30 年的不懈努力，取得了举世公认的辉煌成就，但是，长期以来贫困居民底数不清、情况不明、针对性不强、扶贫资金和项目指向不准的问题较为突出。2013 年 11 月，习近平总书记到湖南湘西考察时首次作出了"实事求是、因地制宜、分类指导、精准扶贫"的重要指示。2014 年 1 月，中央办公厅详细规划了精准扶贫工作模式的顶层设计，推动了"精准扶贫"思想落地。

传统的扶贫记录方式是使用台式电脑进行上传文件，纸质扶贫记录，人工记录、分析方式不仅会造成操作的时间延误，人力资源的浪费，特别是数据管理、存储分析时由于粗心极其容易出错，程序较为烦琐且实时性较差。

而随着移动应用的日益普及和深化，人们早已习惯利用移动应用帮助自己进行办公和记录。研究开发基于移动互联网的将存储数据信息和智能记录与监管功能集成起来的精准扶贫手机 App，可以有效地存储、更新、查询、计算信息，提高工作效率和准确率，实现社会基层治理能力现代化。

三、高校计算机语言助力精准扶贫的实施

我国主张的"网络推动经济创新发展，促进共同繁荣"，其中体现的实际上是创新理念和绿色理念。创新是互联网的固有基因，也是互联网发展的核心动力，绿色是互联网产业的特点，也是提升国家现代化治理能力的要因。

互联网的创新发展已经成为创新驱动发展的先导力量，带动了众多产业的革新，在农业现代化、制造强国建设、宏观经济调控中都发挥着重要的引领和支撑作用。因此，互联网经济符合产业结构调整、激发新的增长动力、提升经济发展的科技含量，助力更高水平更高质量的可持续发展方向的需求。

计算机语言身为互联网经济的构建者，具有简洁化、归一化的特点，而高校计算机语言工作主要涉及的统一建模语言、Java 类语言、正则表达语言、计算机回归分析语言在精准扶贫产品的建模、开发、测试过程中融汇互通，对于在绿色发展和社会基层治理能力现代化视角下的精准扶贫工作大有裨益。对于实现 2020 年全面建成小康、助力精准扶贫有推动作用。

（一）助力一：统一建模语言助力精准扶贫蓝图勾画

统一建模语言（Unified Modeling Language，UML）是一种面向对象的建模语言，在高校计算机语言教学过程中起着十分重要的作用，它的主要作用是帮助用户对软件系统进行面向对象的描述和建模（建模是通过将用户的业务需求映射为代码，保证代码满足这些需求，并能方便地回溯需求的过程）。UML通过建立各种类之间的关联、类/对象相互配合实现系统的动态行为等成分（即模型元素）来组建整个模型，UML 提供了各种图形，比如用例图、类图、时序图、协作图等，来把这些模型元素及其关系可视化，让人们可以清楚地理解模型。

UML 具有统一标准、面向对象、可视化、表达能力强以及独立于过程、易掌握、易用的特点，对于描绘夫贫工作的前景、解读扶贫政策、展示扶贫工作的进展具有良好的应月效果。

1. 用户用例名词化短语描绘扶贫蓝图。

用户用例图具有描述系统的功能需求，找出用例和执行者的作用，可以通过获取需求，指导测试，在整个过程中起到指导作用。应用用户用例图描绘扶贫蓝图十分简洁清晰，人员关系及具体目标清晰，可以勾画出一幅关系明了、目的明确、层次结构清晰的扶贫前景图（见图 1）。在党中央下达精准扶贫命令后，各级地方政府、工作人员积极响应精准扶贫的号召，执行贫困户的精确识别、到村到户实地走访帮扶、针对每家每户的不同情况实施帮扶政策、将扶贫专项资金送达贫困户手中，以实现贫困户的"摘帽"，将一幅远大的"精准扶贫攻坚克难"的前景图变为现实，助力全面小康。

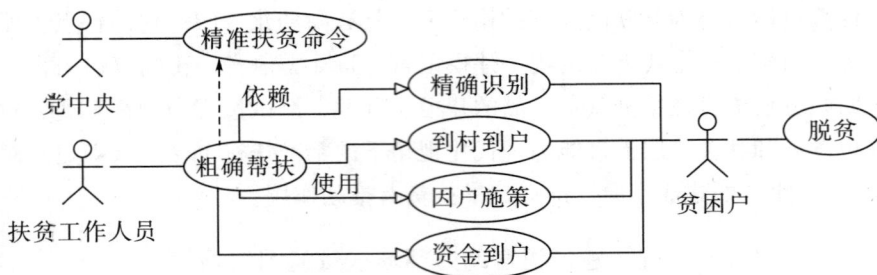

图1　用户用例名词化短语描绘扶贫蓝图

2. 肖像描绘语言记录基层组织架构。

静态图包括类图和对象图，其中类图是用类和它们之间的关系描述系统的一种图示，展示了系统中类的静态结构和类与类之间的相互联系，体现一个系统的逻辑结构；对象图可以显示一组对象和对象之间的关系。类图和对象图的这些特性，使得它们可以被看作一种肖像描绘语言，使用类图和对象图记录扶贫队伍的基层组织架构可以清晰地刻画组织结构关系，明确个人权责，便于精准扶贫工作中实际操作的职权分明、分工到人（见图2）。

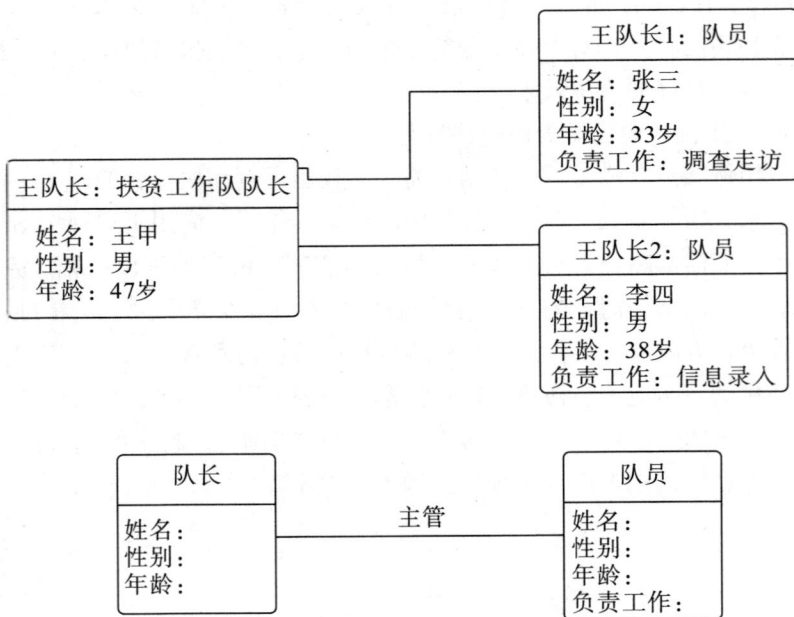

图2　肖像描绘语言记录基层组织架构

3. 动态记录语言描绘脱贫景象。

状态图可以用来描述一个特定对象的所有可能的状态及其引起状态迁移的事件，也可以被称作一种动态记录语言（见图3）。一个状态图包括一系列的状态以及状态之间的迁移。借助状态图的动态迁移特性，可以描绘贫困人口逐渐脱贫、欣欣向荣的动态景象，贫困户由特困等级逐步走向贫困、一般贫困、脱贫，甚至是走向富裕，清晰明了又简洁地记录了贫困户脱贫的景象，对记录精准扶贫工作历程以及鼓舞团队信心大有裨益。

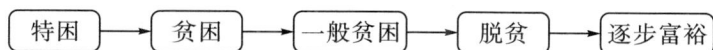

图3　动态记录语言描绘脱贫景象

4. 可视工作流语言描绘扶贫过程中的交互现象。

时序图，又名序列图、循序图，是一种统一建模语言交互图。它通过描述对象之间发送消息的时间顺序显示多个对象之间的动态协作，可以被看作一种可视工作流语言。它可以表示用例的行为顺序，当执行一个用例行为时，其中的每条消息对应一个类操作或状态机中引起转换的触发事件。利用时序图的动态交互性，描绘以政府为首的扶贫工作人员同贫困户之间的动态交互过程，扶贫人员给予贫困户的关怀和帮助，贫困户在接受了来自国家和社会的关心后对大众的回馈。

5. 协作沟通语言描绘工作动态过程。

协作图用于描述相互合作的对象间的交互关系与连接关系，展示对象间的动态协作关系以及描述信息在连接对象之间的传递，可以视为一种协作沟通的语言，对于精准扶贫工作中工作人员之间的交流互通以及相互合作关系的展示简洁明了（见图4）。

（二）助力二：Java 类语言助力精准扶贫产品开发

基于 Java 类语言编写的精准扶贫 App 可以有效地应用于扶贫工作中，其主要应用于扶贫工作中的信息化管理。精准扶贫 App 可以帮助审核贫困对象的精准识别信息、脱贫户的精准认定信息，管理所有驻村书记的帮扶轨迹，监管各管理员的帮扶记录，查询所有驻村书记的信息。

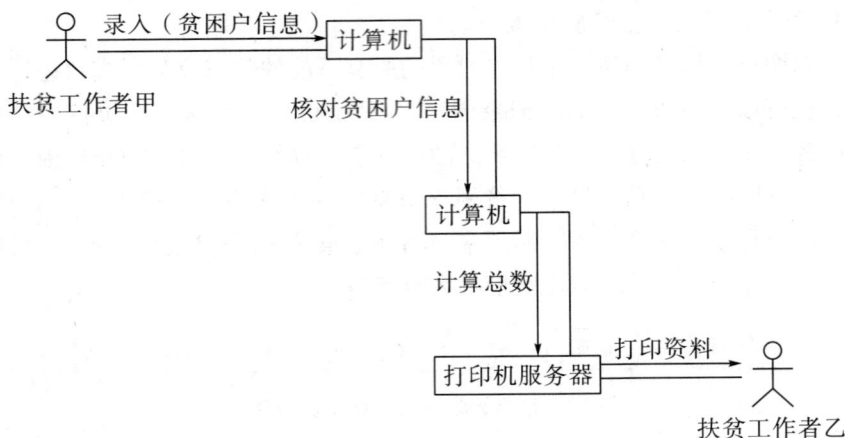

图4　协作沟通语言描绘工作动态过程

根据功能模块，可划分为"系统网站"和"用户系统"（见图5）。

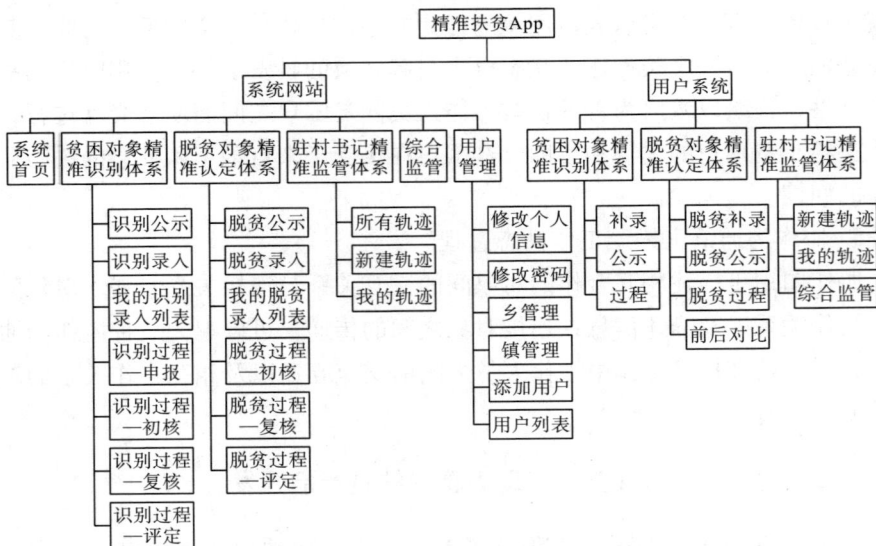

图5　精准扶贫 App 功能模块示意图

驻村干部用户通过本系统实现贫困对象和脱贫对象的补录、识别、认定、记录帮扶过程以及进行个人信息管理等功能。

主要包括系统统一账户登录；贫困对象精准识别信息查询展示和指标信息补报（包括对应图片），便于动态采集拍摄图片上传；脱贫对象精准认定信息查询展示和指标信息补报（包括对应图片），便于动态采集拍摄图片上传；驻村书记帮扶工作空间轨迹功能〔填报日志、图片、定位等〕，便于动态采集拍摄图片上传；驻村书记帮扶监管功能（上级领导监管驻村书记的帮扶工作等）。在具体使用过程中，用户首先授权登录。不同的授权用户登录，使用的功能不同。在登录页输入用户名和密码后，进入程序，用户名和密码错误不能进入。如果用户忘记密码，可以通过手机号码获取动态验证码，找回密码，重新设置密码，并进行登录（登录界面见图6）。

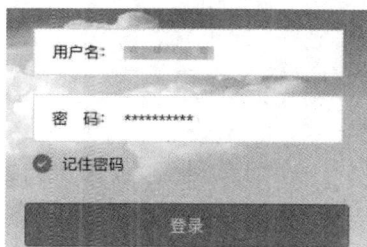

图6　用户登录界面截图

登录后，主页上部显示用户头像，中部显示从用户操作便宜性角度，结合管理系统实际办公需要构建的三大体系：贫困对象精准识别体系、脱贫对象精准认定体系和驻村书记精准监管体系。底部显示"设置"和"退出"按钮（App 主页界面见图7）。

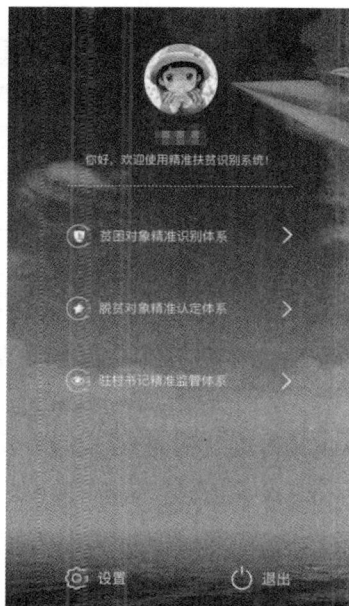

图7　程序主页界面截图

其中，贫困对象精准识别体系包括识别公示、识别录入、我的识别录入列表、识别过程—申报、识别过程—初核、识别过程—复核和识别过程—评定。用于审核贫困对象的精准识别信息。点击贫困对象精准识别体系，界面右侧出现"补录""公示""过程"三个按钮，对应识别补录、识别公示、识别过程三大功能（贫困对象精准识别体系见图8）。

图8 贫困对象精准识别体系截图

点击相应按钮进入相应的识别补录、识别公示和识别过程页面，其中识别补录页面中显示全部、待处理、已处理和未通过四项内容，顶部的切换按钮可以切换查询项，查询不同类别的贫困对象。还可以点击右上方放大镜按钮，通过姓名精准查找贫困对象。用贫困对象信息识别语言进行相关信息的查询、识别与补录，精确、高效地辅助贫困对象精准认定工作（贫困对象信息识别语言处理相关信息见图9）。

点击"公示"按钮进入识别公示页面，显示"公示信息"和"评定流程"两项内容，顶部的切换按钮可以切换功能项。信息发布语言在贫困对象的识别公示中应用，可以及时反馈贫困户的详细信息，评价综合指标，使得扶贫工作人员对于贫困户的现状做到实时掌握（信息发布语言展示贫困对象信息见图10）。

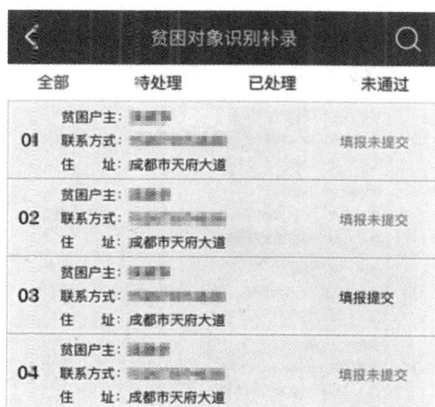

图 9　贫困对象信息识别语言处理相关信息

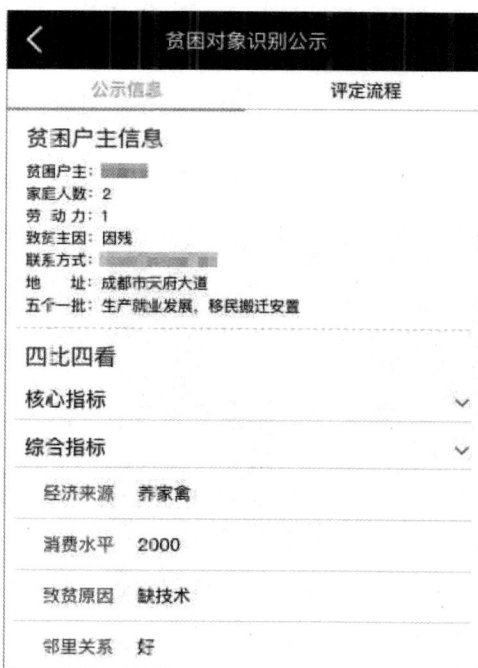

图 10　信息发布语言展示贫困对象信息

　　点击"过程"按钮进入识别过程页面，显示贫困户基本信息。通过过程识别语言鉴别贫困对象，并对对象信息进行填报、修改、整理、提交，精准地鉴别贫困对象，助力脱贫过程（过程识别语言鉴别贫困对象见图11）。

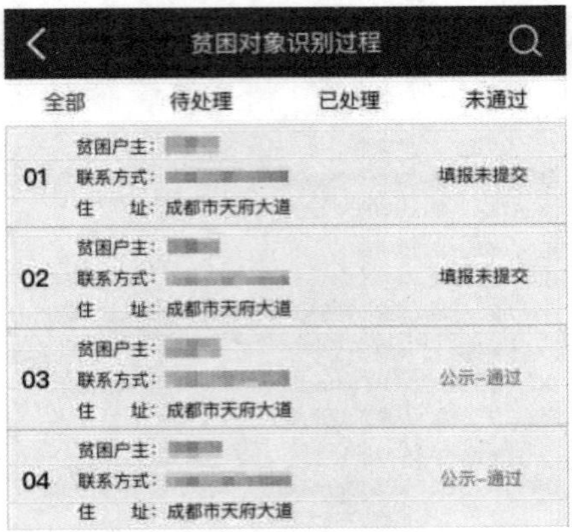

图11　过程识别语言鉴别贫困对象

　　脱贫对象精准认定体系包括脱贫公示、脱贫录入、我的脱贫录入列表、脱贫过程—初核、脱贫过程—复核和脱贫过程—评定，该体系帮助审核脱贫户的精准认定信息。点击贫困对象精准认定体系，界面右侧出现"脱贫补录""脱贫公示""脱贫过程""前后对比"四个按钮，对应脱贫补录、脱贫公示、脱贫过程和对比台账四大功能（脱贫对象精准认定体系见图12）。

图12　脱贫对象精准认定体系截图

　　点击"脱贫补录"按钮进入页面，显示"八大类"和"十二项"两项内容，顶部的切换按钮可以切换功能项，填写补录信息。用信息补录语言对贫困对象的信息进行补充，表达了对脱贫对象生产生活的时时关心，详细了解脱贫对象的生活现状，全面地描绘脱贫图景（信息补录语言描绘脱贫对象现状见图13）。

图13　信息补录语言描绘脱贫对象现状

　　点击"脱贫公示"按钮进入页面，显示"公示信息"和"评定流程"两项内容，顶部的切换按钮可以切换功能项。将信息发布语言应用于脱贫公示中，可以清晰地展现脱贫对象评定的流程及进度，为广大贫困人口描绘脱贫前景，为扶贫工作人员注入动力和信心（信息发布语言在脱贫公示中的应用见图14）。

　　点击"脱贫过程"按钮进入页面，输入想要查询的脱贫户即可显示脱贫户精准认定信息。随着贫困户的生活越来越好，每次打开这个页面都可以看到新的变化，动态脱贫语言描绘着脱贫过程，也见证了贫困户的变化，界面的数字，增收的产业，一次次增多、刷新，也从另一个侧面展现了脱贫户内心的喜悦，让扶贫工作人员也更有成就感和满足感（动态脱贫描述语言描绘脱贫过程见图15）。

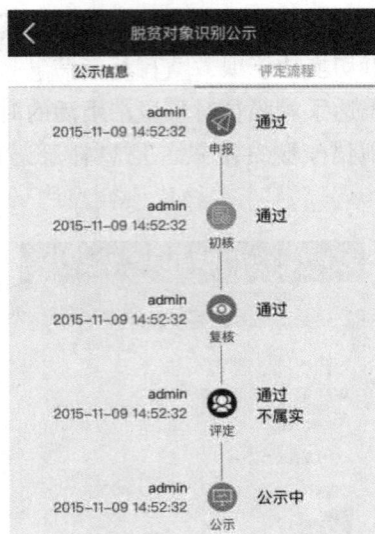

图 14　信息发布语言在脱贫公示工作中的应用

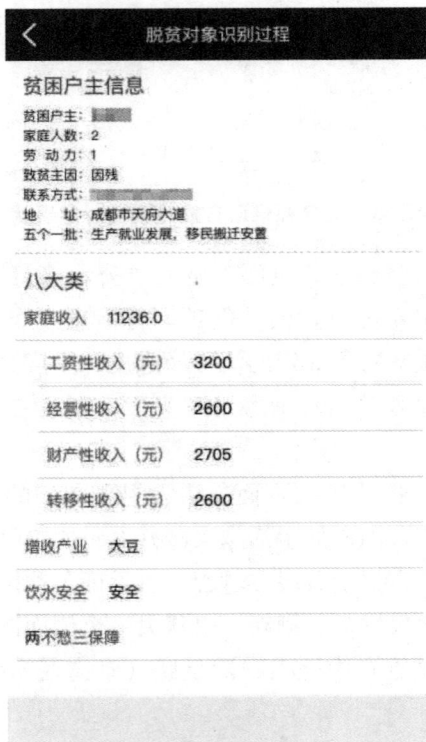

图 15　动态脱贫描述语言描绘脱贫过程

点击"前后对比"按钮进入页面，显示扶贫前和脱贫后内容，顶部的切换按钮可以切换功能项查看对比。成效对比最能凸显扶贫工作业绩，打开这个界面，通过这样一种成效对比的语言，可以清晰地看到贫困户脱贫前后生活的巨大变化，侧面展现贫困户内心的喜悦感，扶贫工作人员心中的满足感都通过成效对比语言真切地流露出来（成效对比语言在脱贫工作前后对比中的应用见图16）。

图16 成效对比语言在脱贫工作前后对比中的应用

驻村书记精准监管体系包括所有轨迹、新建轨迹和我的轨迹。主要用于管理所有驻村书记的帮扶轨迹。点击驻村书记精准监管体系，界面右侧出现"新建轨迹""我的轨迹""综合监管"三个按钮，对应新建轨迹、我的轨迹和综合监管三大功能（驻村书记精准监管体系见图17）。

点击"新建轨迹"按钮进入帮扶日志页面，填写帮扶对象、第一书记、工作时间、工作地点以及工作内容（包括文字及图片）等并提交保存。这一系列的操作可以被视为用一种轨迹描述语言，描述工作、帮扶的全过程，记录每次扶贫工作的进展。描绘轨迹，就是在描绘着贫困户的美好未来（用轨迹描绘语言新建轨迹见图18）。

图 17　驻村书记精准监管体系截图

图 18　轨迹描绘语言新建轨迹

　　点击"我的轨迹"按钮进入页面，可以查看各月工作情况以及本月工作进度。在这个界面，可以查看过去的工作情况，轨迹描绘语言将之前扶贫工作中的一幕幕都清晰地记录下来，供工作人员随时查看。轨迹描绘，除了记录当下，还可以品味过去。扶贫工作是脚踏实地，一点点积累而来的，重温"我的轨迹"，对之前的工作进行思考与总结，也是对于未来工作的启迪，助力工作人员描绘更加绚烂的扶贫轨迹（通过轨迹描绘语言查看"我的轨迹"，见图19）。

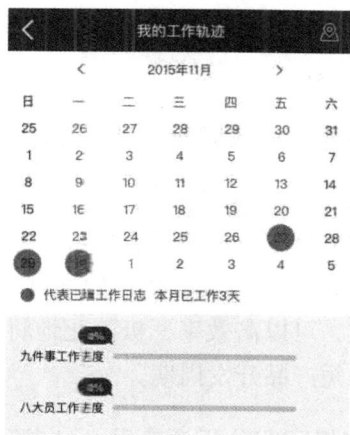

图19　通过轨迹描绘语言查看"我的轨迹"

点击"综合监管"按钮进入页面，可以查看其他人的工作轨迹以及工作进度。除了自己的扶贫轨迹，还可以通过轨迹描述员查看他人的帮扶轨迹，从他人的扶贫工作中进行总结、思考、学习、交流，为后续扶贫工作做得更出彩而努力（轨迹描绘语言查看帮扶印记，见图20）。

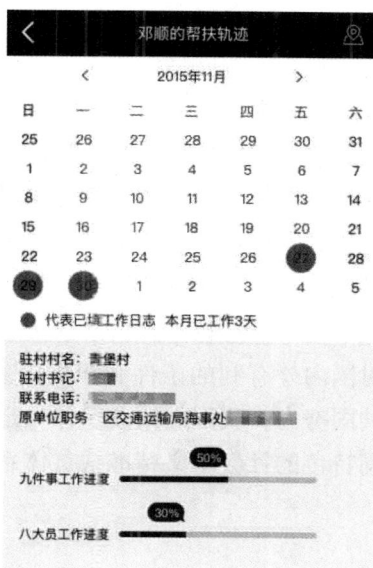

图20　轨迹描绘语言查看帮扶印记

精准扶贫App基于Java类语言进行开发，对于精准扶贫工作人员在扶贫过程中的业务信息化处理大有裨益，扶贫过程中的诸多描绘语言、记录语言也为扶贫工作者和贫困户提供了帮助和启迪，以上都体现了高校计算机语言对精准扶贫的助力。

（三）助力三：正则表达语言助力精准扶贫产品测试与实施

正则表达语言，又称正则表达式、规则表达式（Regular Expression）。作为计算机科学的一个概念，具有极高的简洁性和归一性。正则表达语言通常被用来检索、替换那些符合某个模式（规则）的文本。将正则表达语言用于精准扶贫产品的测试与实施，可以高效率、极简化地将文字转化为计算机语言，提高产品开发的效率，缩短产品开发周期。

（四）助力四：计算机回归分析语言助力扶贫工作定量分析与预测

人类的回归特性无处不在，回归分析就无处不在，用计算机回归分析语言来描述扶贫工作的波动性、长期性，可以定量分析扶贫工作的进展，具有效率高、准确度高的特点，甚至可以利用计算机回归分析语言预测贫困户"返贫"的时间，系统提前做好预警工作，帮助扶贫工作者精准地开展扶贫工作。

四、结语

精准扶贫领域中逐步加深利用先进的信息作为管理的手段，深入信息化与工业化融合，同时加快政府项目与信息技术的融合，这些都对扶贫工作提出了新的要求及挑战，也给扶贫工作带来了前所未有的机遇。虽然我国已经取得很好的效果，但是相较于发达国家而言，目前信息技术仍存在一定的差距，其发展任重而道远，仍需要继续提升信息技术能力，同时也需要学习国外先进经验、继续加强探索计算机语言与信息技术在精准扶贫领域中的应用。只要我们正确分析、科学决策，对国内外有利的条件和积极因素进行学习并加以利用，经过政府及各界人士的共同努力，我国的扶贫工作一定能充分利用信息技术的优势，发展建成具有中国特色的社会主义精准扶贫体系。

参考文献

陈湘海，2017. 基于绿色发展的产业精准扶贫问题研究［D］. 长沙：长沙理工大学.

丁元竹，2016. 推进社会治理现代化的基本思路［J］. 北京师范大学学报（社会科学版）（2）：108－117.

李柏楠，2018. 精准扶贫信息系统移动端设计与实现［D］. 武汉：中南民族大学.

李佳荣, 2018. 有监督机器学习在甘肃省农村贫困户识别中的应用 ［D］. 兰州：兰州财经大学.

刘解龙, 2016. 论绿色发展时代的精准扶贫精准脱贫 ［J］. 贵州省党校学报 （5）：92 - 98.

施昊华, 张朝辉, 2003. UML 面向对象结构设计与应用 ［M］. 北京：国防工业出版社.

熊显权, 2007. 罗田县林业扶贫地理信息系统的研究与设计 ［D］. 南京：南京林业大学.

郑坚, 郑宣哲, 2019. 浅析如何利用计算机技术促进政府扶贫工作的精准开展 ［J］. 江西通信科技 （4）：28 - 31.

朱霁, 彭军林, 2016. 论五大发展理念指导下互联网的发展 ［J］. 湖南工程学院学报 （社会科学版）（3）：79 - 82.

LARMAN, 2002. Applying UML and patterns：an introduction to object-oriented analysis and design and iterative development ［M］. Upper Saddle River：Prentice Hall.

凉山州甘洛县脱贫攻坚与大学生创业融合存在的问题及对策建议

迪力木拉提·尼亚孜*

【摘　要】　当前我国处于脱贫攻坚的关键时期，受疫情影响，脱贫工作难度加大，大学生就业创业形势亦变得更加严峻。大学生深入贫困地区需要因地制宜，结合当地优势开展创业项目，既可推动创业、带动就业，又有助于贫困地区实现脱贫且有效防止返贫，从而建立我国脱贫攻坚工作与大学生创业融合机制。鉴于此，在凉山州甘洛县调研的基础上，本文深入分析了当前大学生前往贫困地区开展创业项目存在的相关问题，并提出政策性建议和措施，从而在促进大学生创业就业的同时，助力我国 2020 年全面脱贫迈向小康，实现乡村振兴。

【关键词】　脱贫攻坚；创业；甘洛县

2015 年 11 月 27 日至 28 日，习近平总书记在中央扶贫开发工作会议上指出："消除贫困、改善民生、逐步实现共同富裕，是社会主义的本质要求，是中国共产党的重要使命。全面建成小康社会，是中国共产党对中国人民的庄严承诺。脱贫攻坚战的冲锋号已经吹响，坚决打赢脱贫攻坚战，确保到 2020 年所有贫困地区和贫困人口一道迈入全面小康社会。"对于贫困地区脱贫，我国相关学者从不同角度进行了探讨。例如：从社会公共服务的视角提出以基本服务为代表的社会服务减贫帮助贫困地区摆脱外在困境、打破内在瓶颈，提升贫困地区人口福祉水平；从金融脱贫的视角对全国 31 个省市的面板数据实证分析包容性金融发展对贫困地区减贫效应研究；从脱贫攻坚与乡村振兴结合的视角讨论产业扶贫与产业兴旺之间的有机衔接；基于农民合作社与精准脱贫视角

---

　*　迪力木拉提·尼亚孜，四川大学学工部科员。

讨论大数据助力脱贫、社会保障兜底促进脱贫等内容。很多学者提出了相关建议，为相关部门提供了政策决策依据。但不同地区地理位置、产业发展、民族风俗等不同，针对不同地区摆脱贫困、迈向小康须在大政方针指引下因地制宜，结合当地独特地理情形施以相应的对策。

一、现状和问题

四川省凉山彝族自治州甘洛县位于四川省西南部，凉山州北部，地处四川盆地南缘向云贵高原过渡的地带，地理地貌全为山地，交通运输成本较高，从而当地物价也相对较高，当地人民生活成本较高。2018 年全体常住居民年人均可支配收入为 12 296.2 元，相较我国开展脱贫攻坚工作之前有了较大提升，但目前仍为国家级贫困县，截至 2018 年底，全县 28 个乡镇 208 个贫困村、15 368 户 71 247 贫困建卡人口中，已累计退出贫困村 172 个、脱贫 63239 人，贫困发生率从 2014 年的 31.88% 降至 3.72%（佚名，2019）。因此，甘洛县目前处于脱贫攻坚的关键时期。甘洛县独特的地理位置等因素也增加了目前的脱贫工作困难。基于对甘洛县的调查和了解我们发现，目前主要存在脱贫障碍和返贫推动因素。

从地理环境来看，甘洛县地理环境具有特殊性。该县所处地区大多为高寒地区，气候条件相对恶劣，土地较为贫瘠，对于农作物种植要求较高，露天种植只能选择耐寒或耐旱农作物。从现有教育水平来看，甘洛县教育资源缺乏，教育水平落后。学生辍学率偏高，总体教育水平滞后，思想观念相对落后，具有慢性贫困思维，因此脱贫内生动力不足。从基础设施角度来看，基建不完善，致使招商引资较为困难。全县缺乏规模化产业且尚未形成完整的产业链条，基础设施配不足，致使投资商止步不前。从人才储备角度来看，人才引进力度不足，尚未建立人才储备库。各行业均缺乏相关专业人才，造成脱贫项目及工作后劲不足等问题。

二、建议和对策

根据相关部门新闻报道，2019 年全国普通高校毕业生预计达 834 万人，加上留学海归毕业生，2019 年预计本土毕业生与海外留学毕业生总计将达到900 万，大学生就业困难进一步加剧。目前我国大学毕业生数量巨大、就业结构不合理、就业理念不完善等问题，导致我国大学生就业形势严峻。自李克强总理提出"大众创业、万众创新"的口号以来，全国众多高校围绕创新创业进行改革，建立"双创实验基地"，推动当代大学生创新创业，同时创新大学生就业方式，帮助解决大学生就业问题。同时政府相关部门及学校相关组织机构推动实施大学生"创新创业"支持政策，以鼓励大学生充分发挥自身优势和才能，在实现创业的同时带动就业。

甘洛县具有高山地寒的独特地理特征，而这一特征同时也带来先天创业优势。偏远山区的另一面则代表着生态、有机、绿色、无污染、天然，符合现代化生活条件下人们对高品生活质量追求的元素需求，这亦为大山贫困地区提供了天然的优势，也为广大学有所成的大学生提供创新创业途径。在同本专业知识结合的基础上，大学生一方面将科研论文写在广袤的土地上，另外一方面可实现创新创业，同国家双创战略结合起来。

第一，大力发展生态种植农业，鼓励高校学子创新创业。高校学子具有专业知识，可根据所学知识和技能，因地制宜，种植发展高附加值生态农产品，打造独特品牌优势，形成品牌效应。如四川大学利用当地生态无污染泉水，采用先进的繁殖培育技术，种植天然的富含微量元素的泉水黄瓜，在充分利用自然优势培育高附加值农产品的同时也带动当地人口就业，形成完整的脱贫产业机制链条，也有效预防了返贫现象的发生。当前甘洛县农业种植发展总体水平不高，生态优势、资源优势尚未有效转化为产业优势、经济优势，这成为贫困人口增收脱贫的瓶颈。生态种植农业是一种合理开发利用农业资源，促进农业可持续发展，实现农业生产良性循环的生产方式。为吸纳大学生深入山区创业，当地政府部门须健全相关配套基础设施，如成立农产品加工物流园区，集商品化处理、加工、仓储保鲜、冷链物流、质量检测等于一体，从而解决农产品后端操作相关程序，减小大学生创新创业阻力，增强当地的产业发展吸引力。同时，当地政府仍需落实相关产业规划，推进大学生创业项目与当地其他产业融合发展，推进产业园区、产业片、产业带的建设，从而实现产业协同发展，携手并进，在大学生实现创业的同时带动当地整体经济的发展。

第二，健全相关配套政策措施。（1）高校需完善大学生创新创业支持政策，在资金支持、场地提供、指导建议等方面提供大力帮扶。如对创新团队前期工作给予一定的资金扶持，建立完善的大学生创新创业风险补偿基金机制，最大程度上减轻创新创业阻力。同时，高校还应当开设专门的创业指导课程，对创业团队提供建议和指导。（2）政府提供相关政策扶持。如相关政府部门对高校团队在贫困地区创业企业免除税收，给予财政税收优惠。同时财政部门拨付一定资金用于贫困地区大学生创新创业资金补助补贴。（3）完善天使投资人机制。大学生创业企业发展初期资金来源无法全部由高校或政府承担，因此，相关政府部门及社会机构需携手完善天使投资人制度，从而为初创企业建立完善的资金来源渠道，促使风险可控化。（4）相关金融机构提供贷款优惠措施。为加大对扶贫团队企业的支持，金融机构如银行、保险公司等可在充分评估相关创业项目风险大小之后，出台相关贷款优惠措施如小额贷款优惠等特色金融服务，并提供给创业团队一定的资金运作和经营专业化指导。

第三，高校可成立创新创业孵化站，政府可建立高新技术开发区。针对大学生创业初期存在的经营场所缺乏、社会经验不足、市场开拓能力有待强化的问题，高校可协同政府机构建立大学生创新创业孵化基地，并提供国家级创业咨询师全程指导，帮助产业项目孵化。

第四，健全农业生产服务体系，完善农业基础设施建设。对于大学生创业遭遇的技术瓶颈，相关政府部门可会同高校一起成立研究院或研究所，加强基层农技综合服务建设，完善农业配套设施，加强对创业团队的农业知识技能培训力度，培养出创业团队中的农业技术领军人才。此外，根据甘洛县当地地理特征，政府修建完善好种植农业所需要的农田水利工程等基础配套措施，确保大学生创业团队创业平稳推进。

参考文献

车树林，顾江，2017. 包容性金融发展对农村人口的减贫效应［J］. 农村经济（4）：42 - 48.

公丕明，公丕宏，2017. 精准扶贫脱贫攻坚中社会保障兜底扶贫研究［J］. 云南民族大学学报（哲学社会科学版）（6）：89 - 96.

刘明月，汪三贵，2020. 产业扶贫与产业兴旺的有机衔接：逻辑关系、面临困境及实现路径［J］. 西北师大学报（社会科学版）（4）：137 - 144.

佚名，2015. 习近平论扶贫工作——十八大以来重要论述摘编［EB/OL］. 人民网，（2015 - 12 - 01）［2020 - 12 - 27］. http://theory. people. com. cn/n/2015/1201/c83855 - 27877446. html.

佚名，2018. 2019 年全国高校毕业生人数再创新高 大学生就业有那么难吗？［EB/OL］. 环球网，（2018 - 12 - 18）［2020 - 12 - 27］. https://lx. huanqiu. com/article/9CaKrnKg33B.

佚名，2019. 甘洛县 2019 年贫困县如何"摘帽"？千人大会作详细动员部署［EB/OL］. 凉山彝族自治州人民政府网，（2019 - 02 - 20）［2020 - 12 - 27］. http://www. lsz. gov. cn/ztzl/rdzt/tpgjzt/2019tpgjjxs/2019n2y/201902/t20190220_ 1205374. html.

左停，徐加玉，李卓，2018. 摆脱贫困之"困"：深度贫困地区基本公共服务减贫路径［J］. 南京农业大学学报（社会科学版）（2）：35 - 44.

夯实根基，久久为功

——脱贫攻坚之"文化扶贫"

姜雅淇[*]

【摘　要】　全面建成小康社会的目标已进入冲刺阶段，一场突如其来的新冠肺炎疫情让脱贫攻坚再次成为全国上下关注的焦点。文化扶贫作为迥异于其他扶贫手段、旨在提升百姓精神文明生活质量的措施，将在冲向终点的路上扮演不可小觑的角色。本文通过重新梳理文化扶贫的概念、意义与原则，结合成功的扶贫案例，着重阐明了文化扶贫"扶志"与"扶智"的重要战略意义及其实施过程中的具体方法。高校学子要充分发挥自己的学识与才干，牢记自己的使命与担当，为全面建成小康社会、全面发挥文化扶贫的积极作用添砖加瓦。

【关键词】　文化扶贫；高校；案例

2020 年是我国决胜全面建成小康社会的收官之年。围绕脱贫攻坚，在今年的两会上，部分全国政协委员再次提及"文化扶贫"的重要意义，并强调制定精准到位、切实可行的文化扶贫措施，以"文化扶贫"打通脱贫攻坚的"最后一公里"——"扶贫工作是一项系统规划的大工程，经济扶贫、技术扶贫、文化扶贫应该统筹推进。"当经济扶贫和技术扶贫已显现出重大成效后，文化扶贫便一跃成为更为关键的任务。

一、文化扶贫的概念及意义

文化扶贫是与经济、技术并行不悖的扶贫方法，主要指从文化和精神层面对贫困地区给予帮助，也即"扶精神、扶智力、扶文化"，是主要通过"宣

---

[*] 姜雅淇，四川大学文学与新闻学院 2018 级本科生。

讲、诠释先进的文化理念、坚定的理想信念、自强不息的人格精神"等，为贫困地区的百姓扶志励志、提神提气的扶贫方法。目的是以具有鲜明针对性的新观念、新常识、新理性，大力提升贫困人口的综合素质。

首先，文化扶贫的意义在于作为上层建筑促进经济基础的发展。例如，重庆某乡镇以传统非遗技能培训助推脱贫，依托当地的夏布、刺绣、编织、木雕等非遗项目，积极开展技能培训，使当地 1100 多名群众掌握了一技之长，并实现了人均月收入 2000 元的初期目标，老百姓的经济生活大大改善。搭建起了"非遗＋扶贫"产品销售的特色平台，并吸引了国内大型文化企业，开启了全新的合作。如此，贫困地区所固有的文化资源便在得到了保留与传承，在此基础上将文化资源优势转化为经济层面的产业优势，促进了贫困地区的经济发展。

其次，文化扶贫的意义在于帮助贫困地区的百姓树立良好的思想意识，即所谓的"扶贫先扶志（智）"。激发贫困人口的内在动力，使其意识到"幸福都是奋斗出来的"，从而为经济发展提供精神动力和智力支持，逐步形成"不等、不靠、不拖、不颓、不服输、不服贫"的心理。如此方能走上可持续发展的道路，并不断巩固好和发展好已取得的脱贫成果。

除此之外，从宏观角度来看，文化扶贫的意义还在于推动社会的全面进步。这是因为，文化扶贫工程往往会联动教育、文化、科学普及等多领域，在满足贫困地区人民求知求富的同时将农村发展与社会发展紧密地结合了起来，实现了二者的同步发展。

二、文化扶贫的原则及措施

贫困地区的文化扶贫是一项统筹规划与协调推进的大工程，它需要遵循一定的原则。

一是要因地制宜，落在实处，切忌做样子、搞形式。应重视构建愿意奉献、愿意扎根基层、具有广博爱心的文化人才体系，以保证文化扶贫的效果真正体现并回馈到贫困地区的人民身上，即打造一支坚定可靠的活跃在扶贫一线的团队。

二是要坚持以人民为主体的原则，重视贫困地区人民的自我学习和自我提高，且不能忽视对人民群众的尊重。人民群众是社会历史的主体，是社会实践的主体，是社会物质财富、社会精神财富的创造者，因此要相信群众，服务群众，并对人民负责、向人民学习。

三是要坚持科学的发展观，即科学性原则。文化扶贫同经济和技术扶贫一样，有一个从量变到质变的过程，因此应从实际出发，抓住机遇，迎接挑战，用联系和发展的观点看待文化扶贫道路中可能会遇到的种种情况。

文化扶贫的方式与经济、技术扶贫一样，在围绕从文化和精神层面上给予帮助这一主题的基础上可以衍生出多种多样的举措。我国自从 1993 年 12 月成立文化扶贫委员会以来，便开展了多措并举的文化扶贫工程。例如，"万村书库"工程、"手拉手"工程、电视扶贫工程、报刊下乡工程等，通过建立图书馆、地面电视接收站，捐赠图书、报刊，城乡结对等形式提高了贫困地区人民的文化素质。

与此同时，由国务院扶贫办、人民日报社主办，《中国扶贫》杂志社、人民网联合承办的中国优秀扶贫案例报告会案例申报评审工作自启动以来，获得了社会各界的热烈反响。每届评选出的 60 个典型案例为我国的文化扶贫提供了源源不断的优秀示例，进一步增强了我国决胜全面建成小康社会的信心与决心。例如，河南省确山县以"孝善文化助力脱贫攻坚"成功入选了文化扶贫中"扶志与扶智"的典型案例，不仅营造了自力更生的精神导向，激发了贫困群众脱贫致富奔小康的干劲决心，更为全县打赢打好脱贫攻坚战营造出了浓厚氛围，同样展现了河南省确山县的良好形象。

可见，文化扶贫是脱贫攻坚的重要政治任务与民生工程，并且是其有力抓手。

三、贫困地区案例分析

M 村位于四川省西南部，靠近攀枝花市，群山环绕，河流众多。由于山地阻隔，地理环境封闭，交通极为不便，经济十分落后。村里的青壮年劳动力几乎全部外出务工，只有老人、小孩和病人留守家中。

地理区位因素分析：

（1）四川省西南部，靠近大城市。

（2）环境：山环水绕，环境优美，空气清新。

（3）气候：亚热带季风气候，夏季高温多雨，冬季温和少雨。受秦巴山地阻挡，冬季气温较高。位于内陆，受夏季风影响较小，年降水量在 800 毫米左右。

（4）地形：多山地陡坡，少成块连片的土地，且河流分割，土地破碎。

（5）水源：河流众多，有高山冰雪融水和地下水。

（6）交通：大山、河流阻隔，交通不便。

（7）土壤：红沙壤，酸性土。

（8）能源：水能、地热能。

（9）人口：青壮年基本外出务工，只留下老人、小孩和病人。

（10）思想观念：封闭保守，盛行迷信。

五类扶贫分析：

（1）异地搬迁扶贫：当地自然条件优越，能够进行扶贫开发建设。且当地遗留的大多为无劳动能力或劳动能力较低的老人、病人等，安土重迁的乡土思想浓厚，不适合进行异地搬迁。

（2）产业扶贫→基础设施建设：俗话说"要想富，先修路"，在产业建设之前，应首先进行基础设施建设，吸引外出务工农民工返乡就业以及外来投资等。基础设施建设的资金来源：①当地村民集资；②政府财政支持；③社会资本加入。基础设施建设阶段和方面：第一阶段——交通；第二阶段——住宅；第三阶段——娱乐设施。

产业建设：旅游与蔬果花卉园林业结合。

旅游业分析：

因素	优点	缺点
资源数量	环境优美，空气清新，冬暖夏凉	无特色文化历史资源或独特的自然风光
资源组合	体验农场（农家乐）、温泉	缺乏人文景观
客源市场	靠近攀枝花	远离东部沿海等发达地区
交通通达	新建公路，交通改善	交通基础差
接待能力	农户个体经营，体验感和亲和度强	缺乏大型餐饮酒店集团
环境承载	开发程度低，开发潜力大	

综上所述，当地可开发以农家乐为主要形式的体验农业与短期旅游，主要服务人群定位为周边城市的工薪阶层，进一步改善交通及其他基础设施建设，进行旅游服务人员的专业培训，提高服务水平，提高游客的旅游体验。利用当地农房进行改造，打造接地气的农家体验。

蔬果花卉园林业分析：

条件	有利	不利
水热	亚热带季风气候，生长期长，热量、水分充足	
光照	海拔较高，纬度较低，光照充足	
土地	多山地，起伏大，排水性好	无连片土地
土壤		土壤偏酸，肥力较弱
位置	靠近城市	

可见，该贫困地区的气候适宜发展蔬果种植，且可挂靠攀枝花已有的水果品牌，对外开拓市场。靠近城市，运输时间短，运输保险成本及风险低。除果蔬花卉外，还可发展茶叶种植，利用酸性土壤和山地，在山坡阴面种植茶树，阳面种植果树，二者结合，增强抵御市场风险的能力并丰富产品的多样性。

（3）就业扶贫：依托基础设施建设、产业建设，提供就业岗位，帮助无业人群与外出务工人员就近、就便就业，增加收入，提高生活水平。

（4）健康扶贫：医院对口支持；奖励并鼓励当地居民报考医科院校、专业等，培育专业医护人员；定期展开医学知识宣讲及义诊活动，打破传统"神婆巫医"或"讳疾忌医"的心理；设立社区医院，定期轮换驻守医生。

（5）文化扶贫：

①落实义务教育；

②宣传、扶持高等教育；

③提升职业教育；

④全面关怀身心德智；

⑤扶志，如鼓励贫困地区的人民重拾信心，积极生活，关怀少年儿童的心理健康，培育宏大志向等。

四、文化扶贫与高校——以贫困地区的儿童教育为例

目前贫困地区的儿童教育面临着诸多问题，儿童精神与心灵的成长环境是不健全的。而在文化力量上，也面临着师资力量薄弱、教学方法陈旧、教学设施及相关的配套设施，如科技馆、博物馆、图书馆等设施不完善的问题。学习氛围远不及城市，且贫困地区往往缺乏科学的管理制度，不利于地方文化的传承与发展。

对此，高校可充分发挥自身优势，在力所能及的范围内以"文化扶贫"的方式拓展贫困地区的发展潜力。

1. 城乡结对高校一对一帮扶项目。

具体实施方法：城市高校结对乡村学校，采取班级线上同步听课、课下一对一通过 App 进行辅导与交流的方式进行"文化扶贫"，同时纳入积极合理的奖励机制。

2. 城乡互动支教项目。

支教已成为当代大学生假期丰富自我、认识社会的重要方式，支教项目在各个高校也日臻成熟。支教旅行成本较低，且支教不仅仅为贫困地区的孩子们种下希望的种子，树立教育脱贫的坚定信念，还能培养当代大学生的社会责任意识，推动他们关注社会、服务社会。

通过和高校志愿服务社团的合作，组织开展支教项目。引导大学生深入贫困地区家庭，了解他们的真实生活状况，在与贫困地区的学生结下深厚友谊的同时，感受他们的生存与学习环境，并激发他们的学习热情，鼓励他们通过努力学习走出大山。可将大学生的真实体验通过公众号、朋友圈等社交媒体进行传播，开展社会募捐等。与当地政府部门合作为贫困地区的学生建立教育基金，支持他们不断学习深造，并建立支教队员与贫困地区同学长期、稳定的联系，给予其长期的关怀与引导。

3. 其他扶贫方式：大学生与优秀上市公司协同乡村创业项目。

乡村的经济落后在一定程度上是地形使然，由来非一朝一夕，且即使采取当地上市公司与乡村农业合作的方法，也难免会遇到公司资金不足、技术落后的不利因素。综合以上两点，可通过以优秀的上市公司为重点。首先，中国乡村的网民规模已达两亿多，在网络扶贫的开展下，该数据有望不断上涨。其次，互联网将能够有效弥补地域缺陷，使得远程合作变为可能。从优秀上市公司的角度来看，为大学生提供在乡村创新创业的机会，这是积极响应国家政策号召的表现，一旦大学生创新创业成功，上市公司将同时获益，且将树立良好的企业与品牌形象，产品开发将得到创新，产品的流通渠道将进一步扩大。而对于上市公司面向的对象，大学生何以可行？其一，大学生在大学里学习了创新创业知识与基本技能，需要一个良好的平台进行实践与锻炼；其二，大学生的就业需求迫切，而当今就业岗位紧俏，上市公司鼓励大学生创新创业，能够有效解决现今应届毕业生的就业难题，锻炼当代大学生的才干；其三，于乡村而言，能够借此机会被挖掘出更多的发展契机，如旅游资源、农产品培育等。

总而言之，脱贫攻坚非一日之功。重要的是将小事当作大事干，一步一个脚印往前走，夯实根基，久久为功。只有以这样的态度面对文化扶贫，才能够更好地配合经济、科技扶贫，并在决胜全面建成小康社会的收官之年发挥出文化扶贫的独特作用。

参考文献

曹铮，2020. 扶贫路上文化助力不能少 [N]. 河北日报，2020 - 05 - 29（9）.

郭晓熙，2018. 少数民族文化产业发展问题研究——以广西 DB 县为例 [D]. 重庆：西南大学.

孙维雄，滕虎军，李小刚，2019. 着力解决脱贫攻坚、乡村振兴的痛点难点焦点问题 [J]. 今日海南（8）：12 - 14.

童彤，2017. 文化扶贫与物质扶贫并行不悖 [N]. 中国经济时报，2017 - 06 - 14（A02）.

王希涛，2020. 推进文化扶贫巩固脱贫成果 [N]. 济南日报，2020 - 05 - 28（A03）.

杨倩，2020."战疫战贫都要赢！"——文旅系统代表委员聚焦战疫战贫"双胜利"[N]. 中国文化报，2020 - 06 - 02（1）.

张滢，丁建丽，2006. 丝绸之路沿线旅游业的可持续发展 [J]. 华东经济管理（3）：146 - 148.

钟洁怡，陈思怡，孟庆荣，等，2019. 融合视角下的经济扶贫与文化扶贫关联度研究 [J]. 南方农业（21）：80 - 82.

精准扶贫工作需要专业化技术人才

张伯宇*

【摘　要】　扶贫工作是一项系统性、长期性的工作。扶贫工作精准化是解决当前扶贫工作难题的重要方法。通过组织领导专业化技术人才，科学扶贫，力求在根本上解决贫困问题，避免出现以"输血式扶贫"代替"造血式扶贫"以及扶贫不精准等问题。

【关键词】　扶贫工作；精准扶贫；专业化技术人才

2013年11月，习近平总书记在湘西考察时提出精准扶贫理念，揭开了我国扶贫事业创新工作机制的新篇章。党的十九大明确指出："要动员全党全国全社会力量，坚持精准扶贫、精准脱贫。"贫困问题不仅是一个社会问题，也是一个治理问题。精准扶贫战略之中蕴含着在贫困地区展开精细治理的创新要求：2018年底全国农村贫困人口有1660万，同期农村低保人口达到3519.7万，也就是说有大约2000万农村人口的年收入在3200元至4833元之间，从最低生活保障的角度看，这些人仍然是贫困群体，这也是精准扶贫的重点群体（王晓毅，2020：21）。

一、依托专业技术人才是精准扶贫的重要抓手

实现脱贫的一个关键点在于是否做到了"精准"扶贫。扶贫工作是一个系统工程，需要依托专业技术人才，以特定的专业理论和方法，为贫困群体提供有针对性的帮扶，专业的技术工作者一般具有较强的专业和技术知识，因此，专业技术工作者助力精准扶贫工作，可以为顺利实现精准扶贫的既定目标提供强大助力。

---

* 张伯宇，四川大学华西临床医学院2017级本科生。

专业技术工作者对于精准扶贫具有独特优势。具有专业技术技能的工作者能确保入户调查、贫困对象认定、扶贫数据获取、扶贫方法与项目采用以及扶贫资金使用的精准性。在过去粗放式扶贫模式之下，由于专业技术工作者的缺乏、专业方法的缺失，扶贫工作人员很难做到扶贫的精准化，导致扶贫效果不佳。专业的技术工作者队伍参与精准扶贫，因其使用的工作方法、模式、流程专业，会根据扶贫对象的差异、致贫原因的不同，差别化地采用个案工作、小组工作、社区工作等措施，增强了科学性，大大提高了精准扶贫的实际效果。

专业技术工作者能显著提升帮扶对象的脱贫能力。专业技术工作者助力精准扶贫工作不是简单地为扶贫对象实施粗放的"输血式扶贫"，而是更重视为扶贫对象寻找适合的发展机会、提供适合其需求的扶贫项目来提升其自我脱贫能力。专业技术工作者还十分重视提升扶贫对象动员各种环境资源和社会支持的能力，提升帮扶贫困户的社会交往能力等。

专业技术工作者寻找脱贫资源、整合脱贫资源的能力突出。专业技术工作者可以将政府的资金、物品、项目等与扶贫对象进行精准对接，同时可以将扶贫对象的熟人网络有效地动员和组织起来，最后可以有效链接、整合社区资源，可以将社会工作机构自身的资源有效链接并整合，供扶贫对象使用。

二、专业技术工作者在精准扶贫工作中应注意的问题

一是要保持对精准扶贫工作的持续性。精准扶贫是一项长期的工程，专业技术工作者助力精准扶贫工作不是短期性或一次性的工作，需要资金、人员、政策、教育等方面的持续投入。为了避免暂时性脱贫或反复致贫现象的发生，专业技术工作者的持续带动和指导十分必要。广义的贫困并不仅仅指物质上的贫困，还包括能力的贫困、机会的贫困、权利的贫困等，为了从根本上治理上述贫困问题，需要专业技术工作者的帮助和指导。另外，为保证精准扶贫的系统性，后期也需要专业技术工作者帮助和指导扶贫对象应对必须要解决的就业、医疗、教育、住房、养老等一揽子问题。

二是结合扶贫对象的自身特点，扬长避短。"发挥优势"是专业技术工作者对扶贫对象帮扶的一个重要切入点，对于精准扶贫的具体实践具有重要的指导意义。"发挥优势"对于扶贫对象来说，即使遭遇再大的困难，其自身的潜力和资源及自身的能力也能帮助其走出困境，通过发挥扶贫对象的积极因素，提高扶贫对象脱贫的自信心。当然，如何发现和挖掘扶贫对象的优势，则需要专业技术工作者的协助。提高能力以适应精准扶贫工作，作为扶贫对象外部环境之一的专业技术工作者应该积极介入，协助其认识到自身的能力、权利、责

任、需求等，协助扶贫对象改善外部环境。

三是增强扶贫对象自我决定的能力。在扶贫工作中，专业技术工作者要引导、协助帮扶对象自己做出决定，不能用强制或要求帮扶对象做出符合政府机构诉求或专业技术工作人员个人意志的改变。专业技术工作者助力精准扶贫工作要坚决遵守并贯彻这一原则，尊重扶贫对象的选择，让扶贫对象自己做出符合自身需求的决定，专业技术工作者不能代替扶贫对象做出选择，更不能对扶贫对象的事务大包大揽。

四是不能以"输血式扶贫"代替"造血式扶贫"。"输血式扶贫"虽然能够快速解决扶贫对象所面临的最急迫的困境，解决眼前之忧，但它无法从根本上有效解决扶贫对象的贫困问题，反而会导致扶贫对象养成"等、靠、要"的惰性。"造血式扶贫'则侧重于根据扶贫对象的特点，如个人喜好、需求、潜力、资源为扶贫对象提供合适的项目，扶贫对象通过参与其中，利用自身的劳动与努力，在摆脱贫困的同时获得成就感，可以从根本上解决扶贫对象的贫困问题。

五是注重扶贫对象在经济脱贫的同时实现精神脱贫。解决扶贫对象的经济贫困是精准扶贫的治标之策，但是解决扶贫对象的精神贫困则是精准扶贫的治本之道。这是因为很多扶贫对象迟迟不能脱贫或者短暂脱贫后又重新返贫，其中的根源就在于精神的贫困。所谓精神贫困是指扶贫对象存在着明显的等、靠、要思想，安于现状，不思进取，最终导致无论来自外部的资源和支持多么有力，也很难从根本上帮助其摆脱贫困。精神扶贫的难度要远远大于经济扶贫的难度。因此，要想让精准扶贫落到实处，取得切实效果，必须要解决扶贫对象的精神贫困问题。专业技术工作者在应对这一问题上应该利用自身的优势，发挥好专业作用。

三、各级政府组织要加强对扶贫专业技术人才的组织领导

人才技术引领是做好精准扶贫工作的关键。贫困地区的贫困主要是地理条件恶劣、资源和人才缺乏造成的，其中人才是造成贫困的主要因素。各级政府组织要组织好调查研究，要组织好专业的技术工作者做好本地区贫困人口贫困原因的调查，听取专业技术工作者意见，找准贫困地区人员贫困的根源，依靠专业人员找出解决贫困人员贫困的科学方法，针对不同的贫困人员，形成不同的脱贫方案。

专业技术人才的选定和使用是重点。科学扶贫重点是针对不同的贫困人员，提出科学的脱贫方法。对于不同的脱贫路径，就要选择不同专业技术人

员，这些专业技术人员的招募将成为各级政府组织进行精准脱贫工作的一项重要工作。要充分利用各大院校的专业技术特长，将脱贫工作与院校的教育科研活动结合起来，利用人员交流、专业课题、技术扶持、教育培训等方式，采用一对一、一对多的帮扶方法，提高脱贫对象的脱贫技能，"授人以渔"，教脱贫人员技能，依靠科学技术做到真正脱贫。

专项资金在精准扶贫项目上的分配和使用是基础。"巧妇难为无米之炊"，要针对不同的扶贫对象、不同的扶贫项目，对资金进行分配。要在县一级负起总责，确定专项扶贫目标，制订精准扶贫计划，依据项目资金需求，按时点投放资金，并检查指导各级要抓好精准扶贫工作落实，做好进度安排、项目落地、资金使用、人力调配、推进实施等工作。同时要建立完善扶贫资金项目公告公示制度，接受社会监督，保障资金落实，使用到位。

参考文献

段海，2020. 以文化自信夺取疫情防控和脱贫攻坚双胜利［N］. 楚雄日报（汉），2020 - 05 - 27（3）.

贵州省财政厅、贵州民族大学、盘江集团党建扶贫联合调研课题组，2020. 发挥"政校企"特点助力脱贫攻坚［N］. 贵州日报，2020 - 05 - 20（9）.

景禹城，2020. 战"疫"路上，亦要奏响"脱贫攻坚"战的冲锋号［N］. 大兴安岭日报，2020 - 04 - 30（2）.

李兴旺，2020. 脱贫攻坚的大学担当——西北农林科技大学党委书记李兴旺访谈录［J］. 中国研究生（5）：6 - 9.

刘永凌，2020. 打赢脱贫攻坚战要做到"三个坚持"［N］. 经济日报，2020 - 05 - 07（11）.

任雪莲，杨丽珍，2020. 脱贫攻坚视域下地方高校精准资助育人路径研究——以菏泽学院为例［J］. 中外企业家（15）：172 - 173.

汪国梁，吴林红，聂扬飞，等，2020. 决胜脱贫攻坚 冲刺全面小康［N］. 安徽日报，2020 - 05 - 29（6）.

王若辰，2020. 乐见脱贫攻坚"考卷"上出现更多"文化题"［N］. 新华每日电讯，2020 - 05 - 29（4）.

王晓毅，2020. 2020 精准扶贫的三大任务与三个转变［J］. 人民论坛（2）：19 - 21.

许昭宾，张勇，闫晓静，等，2020. 创新解决相对贫困长效机制 加强脱贫攻坚思想政治教育［J］. 现代商贸工业（17）：132 - 133.

张兆安，2020. 加强对口帮扶 助推脱贫攻坚［N］. 白银日报，2020 - 05 - 09（3）.

精准扶贫施策的"绣花"功夫

——小额信贷政策益贫视角

郭劲廷[*]

【摘　要】　为研究小额信贷扶贫过程中资金使用效率偏低、赋能效果不理想等问题，本文采集了四川省凉山州贫困县农户信贷活动数据，依据劳动力类型，划分无劳动力、弱劳动力和全劳动力农户；研究农户信贷需求意愿、信贷可得性、信贷资金用途、相对贫困变化程度等内容。研究发现，当前信贷扶贫精准性问题既有客观现实性，也有结构差异性。在当前全面建成小康社会的大背景下，本文尝试从国家、社会、贫困农户三个层面对信贷政策助益脱贫攻坚提供对策参考。

【关键词】　小额信贷；劳动力类型；相对贫困

一、引言

（一）脱贫攻坚，精准是第一要义

在满足我国人民日益增长的美好生活需求的过程中，凸显了发展不平衡、不充分的矛盾。在党和国家的"三步走"战略中，第二步就是在 2020 年完成全面脱贫，实现全面小康。脱贫攻坚，精准是第一要义。2013 年，习近平总书记首次提出"精准扶贫"重要思想。2015 年，习近平提出注重"扶持对象"等 6 个维度的精准。十九大报告指出"要动员全党全国全社会力量，坚持精准扶贫、精准脱贫"。从最初的区域精准，到贫困县精准，再到贫困村精准，中国的精准扶贫经历了不同的内涵变化。习近平总书记一直强调，扶贫全

＊　郭劲廷，四川大学经济学院 2017 级本科生。

过程都必须精准，打赢脱贫攻坚战，需要从中央到地方狠下一番"绣花"功夫。

（二）当前我国扶贫工作的重要工具：扶贫小额信贷

扶贫小额信贷（下文简称小额信贷）是为建档立卡贫困户提供免抵押、免担保并给予财政贴息的信用贷款。通过评级授信获得授信的贫困户家庭成员，可申请使用扶贫小额信贷，贷款期限不超过 3 年，贷款额度不超过 5 万元，贷款利率在金融机构执行基准利率基础上适当优惠，原则上按不超过 5% 的年利率给予贷款优惠。

一般而言，信贷主要供给生计资金与发展资本，提供脱贫途径、增加发展权利。但因其营利目的及避险动机，商业信贷倾向于将缺乏还款能力的"深度贫困户"剔除在外。因此，信贷能否有效助益农户精准脱贫，是值得探讨的问题。

（三）研究框架与行文思路

前文所提出的问题的解决有赖于对信贷扶贫的重新认知与合理的政策引导。将贫困户依据劳动力的高低程度分组后，本文将对每一个人群考察信贷政策助益脱贫的效率：一是信贷流向贫困农户的精准性，即商业信贷能甄别出真正需要信贷以维持生计与谋求发展的贫困户，形成精准扶贫的市场机制；二是贫困农户在获得信贷后，倾向于谋求自身内生发展与可持续脱贫；三是小额信贷的实施效果，即贫困农户在获得小额信贷后相对贫困程度是否改善。

本文采集了四川省西昌贫困县村户的信贷数据，检验小额信贷对不同贫困人口实施效果，考察信贷助益不同农户脱贫的效率。

二、信贷益贫精准性的评估方法与变量设定

（一）劳动力类型视角下的贫困农户分组方法

基于劳动力类型视角，从家庭人口特征、家庭人力资本、家庭经济资源及家庭社会资本四个方面，将农户划分为无劳动力、弱劳动力和全劳动力三类（见表1），并根据"主要致贫成因与贫困类型"进行佐证。

表1　三类农户特征说明

分组	特征
无劳动力	没有劳动能力
弱劳动力	身体健康,但受教育程度低,未完成小学教育或掌握技能单一等导致只能从事简单劳动
全劳动力	身体健康,完成小学或小学以上教育或掌握多种技能,有从事复杂劳动的能力,但因客观条件限制了发展机会

农户特征通过"主要致贫成因与贫困类型"佐证表现为无劳动力农户多为因病残老弱致贫,弱劳动力多为因文化技能欠缺致贫,全劳动力多为因生存条件恶劣、缺乏就业机会、缺少资金资源或是缺少市场等致贫。

（二）小额信贷"扶贫对象的精准性"

信贷政策对贫困户需求的满足程度包括信贷供给是否流向贫困程度最深与较深的人群、流向程度具体怎样、贫困程度与信贷可得性成怎样的关系、贫困户的信贷需求是否被政策激发等。本文在对每个人群剔除无信贷需求人口后,就剩下有信贷需求的农户引入"信贷供需结构"指标:

$$信贷供需结构 = \frac{家庭信贷实际获得额}{家庭信贷需求额}$$

将"信贷供需结构"指标的结果分别标记为"没有满足""基本满足""超预期满足",形成贫困户对信贷政策的响应程度及其动态变化的数据基础,据此进行统计描述与计量分析。

（三）小额信贷"赋能流向的精准性"

在此仅分析有信贷需求的农户,其获得信贷后贷款用途分为两种:第一,赋能型用途,主要用于生产,帮助农户提升技能,促进自身发展的同时实现可持续脱贫,降低返贫率。同时可以有效降低"准脱贫"农户无力偿还原先小额信贷造成偿贷风险的问题,回报周期较长,但投资收回期的收入稳定,可有效降低返贫率;第二,纾困型用途,主要用于消费,相当于救济贫困农户,保证其基本生活水平,此类型小额信贷可以在短期内助力贫困农户脱贫,但非长远之计,若仅发放此类型的小额信贷,会抑制扶贫进程。

对于每一组贫困户,分别引入信贷"可得性与用途比率",分别计算每一小组的"已得信贷用于赋能型用途的户数/样本总户数""未得信贷计划用于赋能型用途的户数/样本总户数""已得信贷纾困型用途的户数/样本总户数""未得信贷计划用于纾困型用途的户数/样本总户数"等指标。

（四）小额信贷"脱贫成效的精准性"

本文通过不同农户群体相对贫困程度现阶段情况、政策实施以来的程度变化反映政策助益脱贫的有效性。

考虑到家庭对贫困程度主观自评与实际收入调查的信息失真与农户受自身知识水平限制导致对自身贫困认知的差异，本文借鉴史达克（Stark）等学者（2015）的相对贫困（RD）测度方法：

假设有一个群体 α，其人数为 $||\alpha||$。这个群体里某一个人的收入为 $\beta_i(i \in [1,||\alpha||])$，可以算出这个人相对于群体中其他人的相对贫困：把每一个人的收入 β_i 跟其他人的收入 β_j 进行对比。如果 β_i 值更大，取值为 0（即没有相对贫困）；如果 β_j 值更小，认为存在相对贫困，用 $\beta_j - \beta_i$ 来代表这个相对贫困值。最后将每一个值加起来除以人数，得到该人的相对贫困值。公式如下：

$$RD(\beta | \alpha) = \frac{1}{||\alpha||} \sum_{\alpha_n \in \alpha} \max\{\beta_j - \beta_i, 0\}$$

根据这一公式，相对贫困值越大的农户，其相对贫困程度越深；相对贫困值越小的农户，其相对贫困程度越潜。

而每一家农户的境况是否有所改善？本文将每一农户 2014 年和 2018 年的相对贫困值进行对比，并进行增长率的计算。

$$相对贫困变化率 = \frac{(2018 年相对贫困值 - 2014 年相对贫困值)}{2014 年相对贫困值}$$

三、数据来源与统计分析

（一）数据来源

笔者作为四川大学经济学院贺立龙[①]副教授调研团队成员，前往凉山州西昌市下属村县，采用随机抽样调查和访谈方式调研，共收回数据 305 份，其中有效数据 278 份。

---

① 贺立龙，四川大学经济学院副教授、硕士生导师，四川省脱贫攻坚第三方评估组专家。

（二）人群分类的样本统计分析

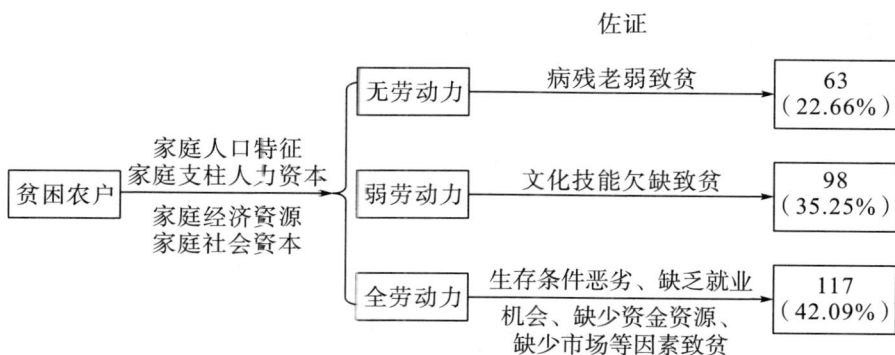

图1 人群分类的样本统计分析

（三）小额信贷"扶贫对象的精准性"统计分析结果

剔除无信贷需求人口后，将剩下的有需求贫困农户分别引入"信贷供需结构"指标：家庭信贷实际获得额/家庭信贷需求额。

表2 剔除无信贷需求人口后的贫困农户信贷需求的满足程度

无劳动力：劳动能力缺失型		
[0~0.5] 没有满足	(0.5~1] 基本满足	>1 超预期满足
23.92%	65.22%	10.86%

弱劳动力：人力资本贫瘠型（数量：64；单位：户）		
[0~0.5] 没有满足	(0.5~1] 基本满足	>1 超预期满足
34.51%	65.08%	0.41%

全劳动力：发展机会受限型（数量：86；单位：户）		
[0~0.5] 没有满足	(0.5~1] 基本满足	>1 超预期满足
43.02%	51.16%	5.82%

大多数农户的信贷需求得到了基本满足，三类农户中比例分别为65.22%、65.08%、51.16%，超过半数农户的需求得到了基本满足，一部分农户的需求未得到满足，极少数的农户需求实现超期满足。

横向比较发现，信贷需求的满足程度随农户贫困程度的加深而提高。三类农户中信贷需求基本满足的比例分别为 65.22%、65.08%、51.16%，逐次递减；信贷需求没有满足的比例分别为 23.92%、34.51%、43.02%，逐次递增。农户的贫困程度越高，信贷需求得到满足的程度越高。

（四）小额信贷"赋能流向的精准性"统计分析结果

关于信贷政策识别贫困的精准性的研究，一方面考察信贷政策对贫困户需求的满足程度；另一方面分析获得情况下，政策是否用于教育、生产等赋能型用途。

表3　三类贫困农户信贷可得性分析数据统计结果

无劳动力：劳动能力缺失型					
得到信贷		未得到信贷			
63.49%		36.51%			
是否用于赋能型用途：教育、生产等		是否计划用于赋能型用途		无借贷需求农户原因	
是	否	是	否	不敢借	其他
14.29%	49.20%	4.76%	12.70%	4.76%	14.29%

弱劳动力：人力资本贫瘠型					
得到信贷		未得到信贷			
48.98%		51.02%			
是否用于赋能型用途：教育、生产等		是否计划用于赋能型用途		无借贷需求农户原因	
是	否	是	否	不敢借	其他
7.14%	41.84%	13.27%	6.12%	18.36%	13.27%

全劳动力：发展机会受限型					
得到信贷		未得到信贷			
52.14%		47.86%			
是否用于赋能型用途：教育、生产等		是否计划用于赋能型用途		无借贷需求农户原因	

续表3

全劳动力：发展机会受限型					
是	否	是	否	不敢借	其他
20.51%	31.63%	19.66%	4.27%	11.11%	12.82%

总体而言，信贷供给流向贫困程度最深的人群。无劳动力、弱劳动力、全劳动力农户政策获得率分别为63.49%、48.98%、52.14%，无劳动力即劳动能力缺失型农户的政策可得性最高。

在获得政策的情况下，贫困户只有在消费需求得到基本满足后，才能够将信贷所得用于赋能型用途。无劳动力农户计划用于赋能型用途与纾困型用途的比例分别为4.76%、12.70%，信贷主要流向了纾困型用途；弱劳动力、全劳动力农户计划用于赋能型用途与纾困型用途的比例分别为13.27%、6.12%与19.66%、4.27%，信贷主要流向了赋能型用途。

（五）小额信贷"脱贫成效的精准性"统计分析结果

在前文相对贫困模型的基础上，以三类劳动力类型为标准划分，在人群内部求得农户相对贫困值的算数平均值，作为该劳动力类型的相对贫困值。计算结果如下：

表4　三类农户相对贫困值数据计算结果

劳动力类型	2014年相对贫困值	2018年相对贫困值
无劳动力	16 070.36562	13 060.35453
弱劳动力	10 974.72457	10 615.70508
全劳动力	5 542.762002	11 146.61153

在该村推行信贷政策之前的2014年，劳动能力受限型人群相对贫困程度最高，人力资本贫瘠型人群相对贫困程度其次，发展机会受限型人群相对贫困程度最低。推行信贷政策之后，劳动能力受限型人群相对贫困程度明显下降，人力资本贫瘠型人群相对贫困程度变化不明显，发展机会受限型人群相对贫困程度明显上升。三类人群的相对贫困值有向中间靠拢的趋势，这反映了信贷政策施行后，农户之间贫富差距的缩小。

每一家农户的境况是否有所改善？将每一户农户2014年和2018年的相对贫困值进行对比，并进行增长率的计算。统计结果如下：

表5　三类农户境况变化数据分析

人力资本类型	境况改善人数占总人数比例	境况恶化人数占总人数比例
劳动能力缺失	69.84%	30.16%
人力资本贫瘠	55.10%	44.90%
发展机会受限	18.80%	81.20%

研究发现，信贷政策的主要受益对象是无劳动力（劳动能力缺失型）人群，而全劳动力（发展机会受限型）人群几乎未从信贷政策中受益，虽然在收入绝对数上仍高于劳动能力受限型人群，但相对贫困程度已然加大。

（六）统计结果的分析

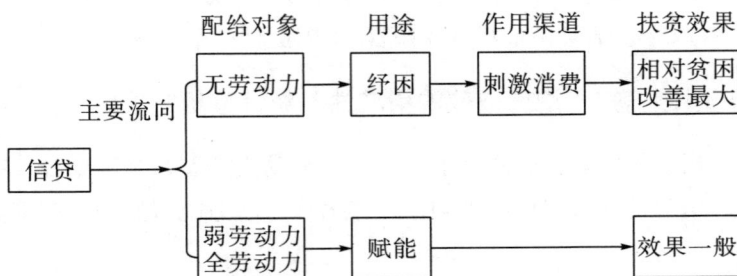

图1　信贷识别精准性流程图

1. 信贷在三类贫困农户中的配给程度。

从上文三类贫困户统计结果可知，目前的小额信贷的精准度仍然不高。信贷主要流向了相对贫困程度最深的第一类贫困农户，即无劳动力的劳动能力缺陷型农户，在这一层次，信贷配给程度较好。而全劳动力农户，几乎未从信贷政策中受益，信贷流向此层次农户较少，虽然在收入绝对数上仍然较高，但贫困程度与2014年相比已经加深，信贷在这一层次的配给程度较差。无劳动力农户更容易获得信贷，体现了信贷益劳动力条件最差的农户脱贫的精准性。

在第一类贫困户中，信贷倾向于流向纾困型用途，例如建房、购买生活必需的消费品和婚丧嫁娶等，基本没有流向赋能型用途，例如接受教育、承包土地建厂房发展生产等；在第三类贫困户中，借贷主要倾向于流向赋能型用途。这种不同的选择倾向与其自身基础劳动力类型是密切相关的。

2. 信贷在两类用途的配给程度。

对比三类贫困农户可以发现，无劳动力贫困户在接受信贷政策后的相对贫困程度改善最大，且是通过信贷直接刺激消费需求这一途径完成改善的。贫困户只有在消费需求得到基本满足后，才可能将信贷所得用于赋能型用途。但农户受自身知识水平、财经知识及原有生计方式的影响，可能会存在不能充分有效利用所得贷款，造成信贷资金空转浪费，即信贷扶贫的效果不具有持续性。

目前三类人群的相对贫困程度有集中趋势。无劳动力人群相对贫困程度有所下降，全劳动力人群相对贫困程度上升，但这一现象并不意味着全劳动力人群生活状况恶化。实际上，从收入绝对数来看，全部人群生活状况都应有所改善。而无劳动力人群由于自身基础条件较弱，在得到信贷资金后，其用途更倾向于纾困，需求较易得到满足，因此生活状况得到改善的程度较大。全劳动力人群基础条件较好，在得到信贷资金后，倾向于用于赋能型用途，其需求短期内不易得到满足，生活状况改善程度不明显。因此，目前三类人群的相对贫困程度有集中趋势。但仍需注意信贷政策对全劳动力人群脱贫效果有限，制约着贫困农户整体脱贫目标的实现。

3. 每一类贫困农户内部信贷配给程度。

经过对每一类人群内部各农户信贷供需结构与相对贫困值的变化的对比分析，发现在三类人群都不符合相对贫困程度越大（即相对贫困值越大），得到信贷的程度越大（即信贷供需结构指标越大）的初始预期。两者之间呈无规律分布，由此可见，虽然在大方向上信贷相对有效地识别了无劳动力这一类相对贫困农户，但在农户内部，信贷扶贫政策并不能有效识别并配给到最贫困的人口。

四、对策建议

（一）政府层面：精准施策

1. 深化小额信贷对贫困农户的精准识别。

一方面，目前信贷在大方向上主要流向无劳动力农户，这是不够精准的。无劳动力农户自身条件较差，发展前景一般，难以有效运用并偿还信贷，针对此类农户国家应运用财政支出进行兜底保障而非给予小额信贷；另一方面，贫困地区贷款实际发生率不高，在三类贫困农户中分别占比 6.67%、16.67% 和 9.52%。助力贫困农户发展性扶贫需要首先转变农户观念，降低农业信贷风险。

对弱劳动力农户和全劳动力农户，县乡的宣传机构与居民组织可以建立脱贫标兵档案，利用宣传栏，组织宣传队等大力宣传脱贫致富的典型案例，特别要对他们关于如何拿到信贷、将信贷用于什么用途等细节进行讲述，方便不熟悉当前信贷政策的农户学习。

2. 拓宽贫困地区信贷获取渠道，完善信贷网点体系建设。

当前弱劳动力农户和全劳动力农户信贷可得性仍较差，多数农户处于未满足或部分满足水平。为方便这两类农户方取得小额信贷，金融主管部门应鼓励商业银行推广贫困地区金融服务，发挥各金融机构的协助作用，如中国农业银行、中国邮政储蓄银行等开发更多扶贫小额信贷的金融产品，为贫困地区提供资金支持，扩大贫困地区信贷投放规模，加强各方的信贷合作，提升信贷资金供给可持续性。

3. 因地制宜发展产业，提供小额信贷应用载体。

当前小额信贷不够精准的一个重要原因是缺乏信贷应用载体，农户获得信贷后因为缺乏产业机会导致没有实现长效脱贫。因此在构建特色产业链时，要注重依托电商为农户搭建信贷资金施展平台。

第一，政府扶贫小组要充分了解帮扶地区整体特色，打造"一村一品"。当地扶贫小组应依托基础产品打造完整产业链，比如，将鲜葡萄加工成葡萄干或葡萄酒，形成特色品牌，创造就业机会，提高农户收入，实现稳定持久脱贫。

第二，利用电商扩大市场。首先，完善通信基础设施建设，村村"三通"为电商扶贫提供基础；其次，政府组织农户集体学习电商知识，提高农户信息意识，主动拥抱"互联网＋"时代；最后，创新电商销售模式，目前电商销售同质化严重，要突出本地产品的优良特征并强调产品独特性。在销售模式上，预售、众筹、领养、定向采购都是可行的办法。

但行政推动电商扶贫的同时要符合市场经济规律。一方面，已经有起色的电商扶贫试点县中，行政推动是必要的；另一方面，要注意单一行政推动容易演化为一种"政绩工程"，生命力不强。只有符合市场需求的特色产品才能真正取得精准脱贫成效。

（二）社会层面：精准导向

1. 转变贫困农户保守观念，增强主动融资意愿。

调研显示贫困农户观念仍然老旧，部分贫困户担心利息会加重负担，有一些贫困农户还担心使用扶贫贷款后，难以获得更好的收益，因此贷款意愿不强，贫困地区贷款实际发生率不高，助力贫困农户发展性扶贫需要首先转变农户观念，降低农业信贷风险。

2. 引导信贷的赋能型用途。

多数农户获得信贷之后将信贷用于纾困。这类用途往往强调短期效益，不具有可持续性。为提高脱贫成效的精准性，应在信贷助益农户纾困的同时，引导信贷的用于赋能型用途。

农户只有在消费需求得到基本满足后才可能将信贷所得用于赋能型用途。为了引导信贷的赋能型用途，首先应保证贫困户的基本生活需求。一方面，完善财政的转移支付制度，完善农村社会保障体系和基础设施，尽可能保障贫困农户的住房、医疗、教育、生产等生活性消费支出，其由财政投入解决，以减少信贷用于纾困型用途的比例，使其更多地流向赋能型用途；另一方面，创新信贷产品供给，为贫困农户提供专注于赋能型用途的信贷产品，并且信贷机构应建立完善综合性、全方位的信贷使用长期跟踪监管评价机制，为农户使用信贷提供一定的建议与指导。

针对年轻人外出务工的现实状况，当地政府发展生态农业和生态旅游业，延长产业链，还要加强对外宣传，特别为外出务工青壮年劳动力提供就业机会。

3. 加强农户信用意识的培养。

调研过程中，有一些贫困户把扶贫贷款等同于政府救济款，认为是不用偿还的资金，这说明当前贫困农户信用意识较差。还有部分自身发展意愿不强的农户，村镇居民组织要强调目前国家的小额信贷需要偿还，而且在"贫困退出"机制下，纯粹的"输血式"扶贫会减少，断绝贫困农户一味"等、靠、要"的惰性思想。在此基础上与职业技术学院合作，对弱劳动力农户进行技术培训；全劳动力则借助"互联网＋"战略，通过网络平台出售其产品。

（三）贫困农户层面：精准用贷

1. 利用政府平台，主动获取扶贫小额信贷。

贫困农户自身要转换保守观念。贷款意愿不强、担心利息会加重负担、使用扶贫贷款难以获得更好的收益的农户应主动学习政府的扶贫政策，了解商业银行优惠措施，借鉴村内脱贫标兵的先进做法，主动从多种渠道获取扶贫小额信贷。

2. 强化小额信贷的赋能型用途，谋求长效脱贫。

扶贫小额信贷要靠项目精准来实现落地，在政府已经因地制宜打造特色产业链，依托电商为农户搭建信贷资金施展平台的背景下，弱劳动力农户、全劳动力农户应主动与乡镇扶贫机构沟通，依托"一村一品"项目，主动将小额信贷用于本地特色产业，以期提高收入，实现长效脱贫。

农户应主动学习互联网知识，提高信息意识，在政府帮扶创新电商销售模式下在"互联网＋"时代利用电商扩大产品市场。针对项目初期启动资金较少等问题，在政府专业人士指导下灵活运用预售、众筹、领养、定向采购多种方法募集资金。

"纸上得来终觉浅，绝知此事要躬行。"从理论出发，前往一线，在实践中探索与学习，更能感受脱贫攻坚的历史与时代意义。

2018 年 6 月 8 日，习近平总书记对脱贫攻坚提出重要指示："贯彻精准扶贫精准脱贫基本方略，既不急躁蛮干，也不消极拖延，既不降低标准，也不吊高胃口，确保焦点不散、靶心不变。"我们要"不放松、不停顿、不懈怠，把困难估计得更充分一些，把挑战认识得更到位一些，做好应对和战胜各种困难挑战的准备"。全面小康前夕，脱贫攻坚已开始冲刺，要发挥社会主义制度的优势，集中力量办大事，全力攻坚，下足"绣花"功夫。唯有如此，才能实现全面小康路上一个困难群众都不掉队，实现共同富裕。

参考文献

邓坤，2015. 金融扶贫惠农效率评估——以秦巴山区巴中市为例［J］. 农村经济（5）：86 - 91.

贺立龙，黄科，郑怡君，2018. 信贷支持贫困农户脱贫的有效性：信贷供求视角的经验实证［J］. 经济评论（1）：62 - 77.

严青，2014. 当前中国农户小额信贷几个问题研究［D］. 成都：西南财经大学.

KENNETH, 1962. The economic implications of learning by doing［J］. Review of economic studies, 29（3）：155 - 173.

STARK, BIELAWSKI, JAKUBEK, 2015. The impact of the assimilation of migrants on the well-being of native inhabitants: a theory［J］. Journal of economic behavior & organization, 111（C）：71 - 78.

全面脱贫背景下的农企合作制度探寻

马瑞彬*

【摘　要】　本文基于调研分析与实证研究，以四川省南充市高坪区利光村为个案进行分析，着重对产业扶贫制度下的农企合作机制的矛盾现状进行深入剖析，并对二者的协调机制进行深入探讨，为产业扶贫机制中方略实施提供借鉴，并提出针对这一问题的整理建议。

【关键词】　全面脱贫；个案；农企合作机制

一、研究背景

党的十九大报告指出，"坚决打赢脱贫攻坚战"。产业扶贫作为精准扶贫、精准脱贫的关键举措和打赢脱贫攻坚战的重要保障，对于全面建成小康社会、实现贫困人口和贫困地区同全国人民一道进入全面小康社会具有重要意义。

在解决贫困问题这一过程中，政府、非政府组织、企业等各种扶贫主体都对扶贫发挥着重要的作用，在《中国农村扶贫开发纲要》关于"社会扶贫"的章节中突出强调"大力倡导企业社会责任，鼓励企业采取多种方式，推进集体经济发展和农民增收。加强规划引导，鼓励社会组织和个人通过多种方式参与扶贫开发"，可以看出国家对于动员企业参与扶贫的支持与倡导。

然而，在企业参与产业扶贫的过程中存在大量问题，其中企业的组织化管理与农民非正式组织之间的矛盾对扶贫工作的开展产生了巨大阻碍，带来了消极影响。农村非正式组织的形成与我国农民互助合作的传统有密切的联系，通过合作实现对有限资源的合理配置，使其发挥最大的效用。然而非正式组织的

---

* 马瑞彬，四川大学商学院 2017 级本科生。

存在会对企业管理效率的提升以及"企业＋农户"扶贫合作模式的正常运行造成严重的阻碍，利用管理学的理念去组织现代农业的生产和经营，对于促进农民专业经济组织的发展，帮助解决农民合作问题，实现农业现代化都具有积极的作用。

为了能更好地了解企业参与产业扶贫的现状，探讨企业组织与农民非正式组织的矛盾冲突问题，本文对南充市高坪区溪头乡利光村某公司参与产业扶贫的实施现状进行实证分析，以期获得解决"企业＋农户"扶贫合作模式问题的针对性对策，供产业扶贫的发展参考。

二、利光村现状

1. 地理位置。

在自然地理方面，利光村位于溪头乡东北部，距高坪机场 26 千米，距 G75 高速公路出口 1.47 千米，距溪头乡政府不足 5 千米，至高坪城区车程不足 20 分钟，是高坪区石圭镇、溪头乡、嘉陵区土门乡、新场乡连接高速公路闸口及省道必经之地。在文化地理方面，利光村所属的溪头乡素有"中国甜橙之乡"的美誉，这是利光村柑橘产业品牌的发展基础。

2. 基础设施资源。

利光村的基础设施包括 5 米宽的沥青路 11 千米、产业路 5 千米、生产便道 10 千米，山坪塘 3 口、蓄水池 5 口、人饮工程 3 处，新修水渠 15 千米，提灌站 1 处，湖泊 5 处，改造低压线路、变压器增容 1 处，电信、移动、广电网络宽带 H 箱体各 6 个。

3. 公共服务资源。

利光村的公共服务资源主要包括医疗资源、教育资源及图书室资源三方面。村内只有一所私立小学，小学内仅有 1 名教师、4 名学生（二年级学生与四年级学生各 2 名），且小学的基础设施等十分落后。目前利光村的医疗资源较为完备，利光村内有卫生站 1 个，执业医生 1 名，充分落实了村民"小病不出村"的政策，保障了村民的身体健康。利光村的图书室资源较为丰富，涵盖农业科学、历史地理、教育医疗等种类的图书。

4. 基础产业：柑橘产业发展情况。

目前利光村全村柑橘种植面积约 1.53 平方千米，其中标准化种植柑橘约 1 平方千米，以老果园形式种植柑橘约 0.53 平方千米，柑橘产业发展已初具雏形。

三、案例表现及分析

（一）矛盾案例

1. 集体抵制公司管理，提高公司运营成本。

根据有关调查数据显示，利光村外出务工人数较多，只有不到 700 人留村，青壮年大多选择外出务工，所以当地适龄劳动力缺乏且在村劳动力质量较差。同时，公司初期规模较小，对于劳动力的需求量并不能涵盖全部留村人口，其雇佣的务工人数有限。面对务工机会有限的情况，村民们没有选择通过村民委员会与公司进行沟通，而是选择通过集体罢工或消极怠工等手段强迫公司增加务工岗位与务工费用。这就造成了公司运营成本过高、劳动力利用率低下等问题，严重制约了公司的初期发展。

2. 包庇隐瞒现象严重，牺牲公司经济利益。

"橙之源"公司现仅有员工 13 人，公司管理体制存在严重漏洞。在监督机制方面，由于人员缺乏、村民排外，公司在每个村只聘请了一名工作人员对柑橘园进行维护，并对偷盗柑橘的行为进行监管，这使包庇行为有了可乘之机；在收入分配方面，公司采用无差异化的工资制度且无定量考核，劳动者的积极性得不到调动，消极怠工等现象时有发生。

同时因为村民相处时间长、小农思想严重、是非意识淡漠等，其自发形成的非正式组织具有较强的凝聚力，加上公司管理漏洞创造的一系列条件，村民间互相包庇、损害公司经济利益的现象屡见不鲜。

3. 具有社会控制功能，影响村民积极性。

非正式组织具有"社会控制"功能，强调组织内成员的"一致性"。这可能对村民的个人发展、村民间的合作造成不良影响，使村民易产生从众心理。而村民由于受到群体规范的压力，往往会改变自己原有的态度与行为，以求与其他成员保持一致。

4. 过分保护现有的工作和生活方式，抗拒外来人员与培训教育。

我国柑橘市场庞大，2015 年我国柑橘产量达 3360.1 万吨，种植面积与产量均为世界第一。面对国内柑橘市场的激烈竞争，公司只能通过改善产品质量、扩大销售渠道等来提高自身的竞争力。所以，公司需要各种相关技术人才，这样才能提高公司自身的造血能力，更好地落实精准扶贫政策。

根据调查数据显示，利光村现有驻村劳动力的教育水平普遍为小学文化水平，因此提高村民文化素质与对村民进行技术培训就显得十分重要。对此，公司聘请了专家对当地村民进行柑橘种植技术、养殖、电商等各方面的培训，但整体效果不佳，甚至出现了部分村民抵制教育的情况。

经过实地调研与实证分析，笔者发现当地村民间的非正式组织存在以下两种特性：

第一，排外性。村民面对非本村的工作人员表现出较强的排挤心理，他们会采取抗拒、捣乱等方式来抵制外地的专业化人才。公司规模较小、村民素质偏低，缺少专业化人才等必定会导致公司管理出现问题，产品缺乏竞争力。

第二，保守性。当地村民固守原有的种植技术与销售模式。生产方面，仍然坚持传统的种植技术，对于新技术的学习热情不高，柑橘产品的质量提高缓慢；销售方面，形式单一，基本只依靠线下销售。随着"互联网＋"理念的推广，各大公司都积极推进电商建设。村民由于自身条件而限，对外来人员的培训难以接受甚至有抗拒心理，同时由于其自身学习能力有限，这导致公司长期缺乏电商的专业化人才，产品销量停滞不前。

综合上述四点，笔者发现村民间自发形成的非正式组织存在难以管理、徇私舞弊、成员从众、极力排外等不良现象。公司与农民，正式组织与非正式组织的冲突是阻碍公司精准扶贫的根本矛盾。

（二）矛盾的原因分析

1. 政府角度。

（1）"输血式"扶贫向"造血式"扶贫转换艰难，村民已经形成了"等、靠、要"的思维模式。从国家层面而言，我国的扶贫方式正逐渐从原来的"输血式"扶贫方式转换到现在大力提倡的"造血式"扶贫方式，即从原来单向的给贫困地区拨款救助到现在帮助贫困地区自己挖掘和发展自身优势资源和产业，自己帮助自己脱贫的方式。

但通过对利光村的实地调查笔者发现，尽管该地区政府的理念目前在向第二种扶贫方式靠近，但之前采取"输血式"扶贫导致该村村民产生一味"等、靠、要"的思想，弱化了村民自立自强的意识。在该思想的影响下，村民与企业的规范化管理产生冲突。

（2）政策倾斜明显。改革开放以来，我国围绕"以经济建设为中心"的思想，大力推动工业化和城市化的发展，制定和推行多项关于城市建设与发展的政策，但却忽略了乡村的建设。政策的倾斜导致乡村较缺乏医疗、卫生、教育、文化等各方面的资源，大量农村青年人口举家迁往城市。由于人口的减少，政府也逐渐减少对农村教育、医疗等方面的投入，从而形成一个"农村人口越少—政府投入越少—农村越落后—农村人口越少"的恶性循环。

2. 公司角度。

（1）专业人才缺乏，管理制度难以完备。由于"橙之源"公司目前存在"人员少，部门多，管理范围广"的情况，导致管理效率低下，无法对农民的非政府组织的行为起到很好的监督作用。同时，由于村民本身素质普遍较低，以及村内乡党意识较强，使得村民无法担任公司正式管理人员的角色。因此，广泛地从外界吸纳专业管理人才变得尤为重要和迫切。但就目前而言，要解决这一问题主要存在以下两个方面的困难。首先，公司本身处于运营初期，运营机制的不成熟和管理制度的不完善导致对人才的吸引力不足；其次，农村资源相对于城镇来说较为匮乏，不利于吸引专业人才的驻扎。

（2）技术培训不足，村民工作技能单一。村内存在的"磨洋工"的现象，从村民的角度来讲是由浓厚的团体意识导致的，但从企业的角度来讲很大一部分原因是其承包了农民的土地而提供的工作岗位不足，工作岗位的不足主要是由目前企业的柑橘产业发展尚处于粗糙的第一产业阶段导致的，即尚缺乏柑橘深加工业、服务业等较高端的产业链部分。但要发展这些较高端的产业则需要技术的研发和对专业人员的技能培训。

技术对一个产业来说是追求进一步发展的基石。为了进一步做好柑橘产业，延长产业链，发展高端产业变得尤为重要。从长远的角度来看，提高技术人员的培训，不仅可以增加就业岗位，延长产业链，还能提高产品的质量，推动农业电商的发展，利于品牌效应的形成，扩大产品的销售渠道，提高销售量。除此之外还可以增加产品的品种，多季度的柑橘生产可以促进劳动力就业、产业周期长、成本投入大、见效慢等问题的解决。

3. 村民角度。

（1）村内老龄化人口占比高，个人劳动力供给量不足。随着我国工业化和城市化的发展，城乡差异进一步拉大，越来越多的年轻劳动力为了追求更好的发展，从资源相对缺乏的农村进入机会较多的城市。国家统计局分别于2009年和2014年发布的《农民工监测调查报告》显示，全国农民工总量从2009年的22 542万人，增长为2014年的27 395万人，增加了4 853万人，增长率21.5%。在这些农民工中，2009年选择外出务工的农民工数量为14 041万人，2014年为16 821万人，增长2 780万人，增长率17.8%；2009年举家外出进城务工的农民工2859万人，2014年为3578万人，增长719万人，增长率25.1%。从利光村的相关资料来看，该村的人口年龄分布以儿童和60岁以上的老年人居多，而作为该村劳动力"主力军"的老年人，其又主要具有以下两方面的特征。

第一，文化素质普遍偏低。由于受到农村特有的"互帮互助"的传统社会氛围的影响，相对于城市的理性和规整，我国农村总体上还是"熟人社会"。同时，由于农村教育资源的缺乏以及受到传统农业思想的影响，农村老年人的思想固化严重，难以接受新鲜事物，因而会与现代理性化、科学化的管理显得有些格格不入，由此容易抱团形成非正式组织，与企业的规范化管理模式相冲突。

第二，身体素质较差。随着年龄的增加所导致的身体机能的衰退，加上农村医疗卫生方面资源的相对匮乏，导致农村老年人的身体素质普遍较差，其劳动能力也会随之下降。在此基础上，企业实现劳动力入股所对应产生的经济效益将会大打折扣，甚至掣肘企业的进一步发展。

（2）城乡差异化大，青年劳动力返乡困难。在当今大力倡导乡村振兴的背景下，青年劳动力成为乡村振兴的主力军与关键性人物。但就实际情况而言，农村青年劳动力的产生主要依赖于各村原有的青年劳动力的回流。但要实现农村青年劳动力的回流却存在很大的困难，主要体现为城乡之间的差异问题。一方面，城市对农村青年劳动力来说存在巨大的拉力：首先城市的就业机会远多于农村，对于青年劳动力来说有更多的发展空间；其次是城市的各种社会服务设施、基础设施、文化娱乐设施等资源都要多于乡村，对居民生活质量的保证与提升有更为显著的作用。另一方面，农村自身存在巨大的推力，相对城市而言，农村各类设施和就业机会都要远远少于城市。而最主要的是，大部分乡村未充分挖掘自身的优势，产业发展不充分，使得青年劳动力难以在农村找到自己对应的发展空间，极大阻碍了青年劳动力的回流。

四、对策及建议

为了更好地解决上述矛盾和冲突，促进企业与村民的协调发展，共同实现乡村的脱贫致富，笔者将从政府、企业和村民三方面提出一些对策及建议。

（一）政府方面

1. 加强精准扶贫和"造血式"扶贫政策的宣传，从根本上改变农民意识。

为了改变农民在"输血式"扶贫模式下形成的"等、靠、要"的脱贫思想，培养其"自我造血式"的脱贫意识，政府需要加强精准扶贫及"造血式"扶贫政策的宣传。从以往的贫困居民底数不清、情况不明、针对性不强、扶贫资金和项目指向不准，以及村民依赖政府的拨款、不能自立自强、效果不明显、扶持的可持续性差的扶贫情况逐步转换到扶贫对象精准识别、精准帮扶、精准管理，以及村民充分挖掘自身优势、自立自强、自己帮助自己解决贫困问题，实现可持续发展，摘掉"贫困"的帽子的扶贫情况上来。

2. 加大对农村的政策和资金扶持力度，实现农村的现代化改造。

要从根本上解决农村脱贫与进一步可持续发展的问题就必须使农村的劳动力"主力军"青壮年返回家乡，而要实现农村青年劳动力人口返乡的目标，政府需要在关注城市发展的同时也关注农村的发展，将一些政策和资源偏向于农村问题的解决。帮助完善和改造农村核心产业基础设施、公共基础卫生设施、文化教育设施、对外交通设施等硬件设施，同时也要加强其文化、教育和休闲娱乐等软件设施的改造，丰富各类资源，形成足够大的拉力，促进青壮年劳动力的回流，使得青壮年劳动力广泛参与到农村的建设和改造中来。

（二）企业方面

1. 结合村民特质，完善自身规章制度，融情与理为一体。

企业要实现持续长久的发展，必须要有一套自己的规章制度。在充分了解当地村民的特征和需求，充分考虑双方的利益，互相达成思想与观念的一致后，将人性的关怀和理性的管理融合在一起，形成一套独特的农村扶贫企业规章管理制度。并在以后的扶贫过程中，严格执行这套规章制度，奖惩分明，不偏不倚，从而实现对劳务人员的良好管理和企业的高效运转。

2. 实行多元化管理模式，充分调动村民的积极性。

为了缓和与村民之间的矛盾，实现长远化发展，企业在充分考虑劳资双方的利益之后，可以对农民实行多元化管理模式。具体表现为以下三点。

第一，实行返租倒包制度。即将公司承包过来的土地继续承包给农民，公司负责成本、技术等方面的管理，由农民来种植，按照柑橘的品质确定柑橘回收的价格，最后将柑橘进行统一出售。

第二，将农民编制化和职业化，实行浮动工资制。综合考虑年龄、身体状况等因素，从入股的农民中筛选出适当的对象，将这些对象编入公司管理体制内，按村民能力实行土地承包管理制度，让部分农民负责分片区柑橘管理（包括对管辖片区劳动力运行的监督以及对柑橘的看护），最后根据村民表现进行评估考核，以提高农民的积极性。

第三，从对村民工作的定时约束转变为定量约束，增加村民的弹性时间，让村民一方面既可以受到公司的约束，另一方面也可以有自己的自由时间与空间。

3. 大量吸纳专业人才，提高技术的研发和培育，延长相关产业链。

公司通过完善自身的制度和发展模式，在政府政策扶持的大背景下大量吸引专业技术人才，从策划、管理和执行等各方面提高公司的运营效率，实现公司的可持续发展。同时还要善于结合社会资源，如主动寻求与高校的合作，从柑橘育苗等方面开始加大种植技术的研发，培育多品种的优质鲜果。同时还要加强对员工尤其是村民的职业技能培训，开发农产品深加工业、乡村旅游服务业等高端产业，延长产业链，拓宽村民的就业渠道。

4. 建立与农民正常的沟通渠道和平台。

企业与农民之间之所以会产生矛盾，很多时候是由于二者之间缺乏正常合理的沟通渠道，从而导致利益双方对彼此的需求无法得到很好的了解。因此，为了便于二者矛盾的缓和与协商解决，企业可以通过与村民代表定期沟通等方式了解村民群体的想法，达成二者目标的一致。

（三）农民

1. 改变传统意识，自立自强携手政府打赢脱贫攻坚战。

作为农民自身，要改变以往传统的"等、靠、要"的落后脱贫意识，响应政府"造血式"扶贫的新号召。积极吸纳先进的现代管理思想，接受企业的规范化管理制度。充分挖掘自身的优势资源，自立自强，自谋出路，在政府和企业的帮扶下思考可持续发展的路径，与政府和企业一起攻克难关，争取打赢脱贫攻坚战。

2. 积极抓住学习机会，努力提高自身技能。

农民为了增加自身在脱贫过程中的参与度，增加自己的就业机会，提高自己的收入，摘掉"贫困"的帽子，需要积极抓住政府和企业提供的各种学习机会，提高自身的技能，提高果品的质量，扩大销售量，获取更高的利益，从而实现更快更好地脱贫。

五、结语

农民非正式组织作为一种自发形成的合作模式，是基于共同感情的互助行为，也在一定程度上满足了农户在生产过程中对有限资源的需求。加强对农民非正式组织的有效引导，解决扶贫企业规范化管理与农民非正式组织之间的矛盾，是产业扶贫中充分发挥企业高效管理机制作用的关键因素，通过企业经济主体带动贫困户就近就业增收，是推动产业扶贫机制发挥成效的强有力手段。

通过对利光村系统与全面的调研与分析，综合企业规范化管理与农民非正式组织间矛盾的成因。本文认为在全面建成小康社会的理念指导下，培养提升农民综合素质，完善企业自身制度和发展模式吸纳专业人才，建立与农民组织的高效沟通渠道，情理合一多元化管理，进而推动企业与农民非正式组织间协调互补、互利共赢，增强产业扶贫的造血性、可持续性，才能打赢最后的脱贫攻坚战。

参考文献

蔡凌燕，2009. 企业非正式组织的影响力分析及管理策略研究［D］. 武汉：湖北工业大学.

陈锋，2010. 企业社会责任与减缓贫困［D］. 北京：中国社会科学院研究生院.

法文芳，刘鑫，2013. 非正式组织对企业管理的消极影响及对策［J］. 中外企业家（34）：102，104.

樊佃东，2017. 企业管理中非正式组织管理研究［J］. 现代商业（22）：121 - 122.

黄婧，2011. 农业产业化中的农村非正式组织与农民合作研究［J］. 安徽农业科学，39（3）：1791 - 1793，1795.

江春雷，袁娜，2014. 我国农村非正式组织研究综述［J］. 宜宾学院学报，14（2）：69 - 74.

孔陇，张春雄，2018. 企业参与精准扶贫的实践探索及发展建议——以衡阳市为例［J］. 石家庄铁道大学学报（社会科学版），12（3）：50 - 56.

李东洪，2018. 基于精准扶贫视角的横县农业产业扶贫发展研究［D］. 南宁：广西大学.

李逸，2018. 精准扶贫：扶贫主体间的矛盾分析［J］. 中国集体经济（29）：1 - 2.

刘惠军，刘俊卿，张雪松，2018. 国有企业精准扶贫路径探析［J］. 中国商论（22）：155 - 157.

刘源隆，2018. 企业扶贫：精准扶贫生力军［J］. 小康（33）：58 - 60.

马志华，2009. 非正式组织对中国企业管理效率的影响研究［D］. 重庆：重庆理工大学.

毛好婷，2016. 农村非正式组织对农户收入影响的研究［D］. 上海：上海海洋大学.

石英，2008. 西部地区农村扶贫绩效分析与制度建设［D］. 武汉：中南民族大学.

王慧琳，2018. 农民专业合作社在精准扶贫中存在的问题研究［D］. 石家庄：河北师范大学.

杨艳辉，2013. 非正式组织在农村社会矛盾调处中的作用研究［D］. 合肥：合肥工业大学.

张桂强，2015. 企业参与扶贫研究［D］. 北京：中国地质大学.

周刚，陈冲，2007. 农村非正式组织的生存逻辑及其规范发展探析［J］. 中国农学通报（6）：683 - 686.

四川大学"青·行"暑期社会实践感悟

唐金坪*

【摘　要】　2020 年是脱贫攻坚战的收官年，脱贫攻坚的各项工作到了最后关头，不仅仅是任务繁重而复杂，存在着种种难啃的硬骨头，更重要的是又遇上了新冠肺炎疫情，这两种困难叠加，更增加了工作的难度，其艰巨性不言而喻。但全面建成小康社会是党中央向全国人民做出的郑重承诺，必须如期实现，没有任何退路和弹性。这是一场硬仗，越要到最后越要绷紧这根弦，不能停顿、不能大意、不能放松。作为汇聚了大量人才智力高地，高校肩负着人才培养、科学研究、社会服务、文化传承与创新的重要职责。而在脱贫攻坚进入啃硬骨头的关键时期，全国多所高校也积极发挥人才智力与科技优势，努力在祖国大地书写助力脱贫攻坚的"高校样本"。四川大学作为全国的知名高校，也努力承担着这一份社会责任。

【关键词】　脱贫攻坚；高校优势；实践

为深入贯彻共青团中央《关于开展 2019 年全国大中专学生志愿者暑期文化科技卫生"三下乡"社会实践活动的通知》的精神，引领广大学生在生动的社会实践中受教育、长才干、做贡献，早日成长为担当民族复兴大任的时代新人。四川大学电气工程学院组织 2019 年暑期社会实践重点团队"青·行"选调生训练营赴南充市蓬安县挂职锻炼。

从 2019 年 7 月 15 日到 7 月 26 日，我负责的主要工作有登录国家扶贫网站对罗家镇贫困户 2018 年收入情况等进行核对、更正；跟随基层干部走访贫困户，并在会议室听取并记录基层干部汇报今日走访贫困户情况；记录罗家镇落实"两不愁三保障"回头看大排查问题整改台账；学习审批文件，对罗家

---

* 唐金坪，四川大学电气工程学院 2017 级本科生。

镇贫困户的帮扶问卷和排查问卷进行审批，并对问卷的问题进行登记，反馈到村上进行整改；在电脑上录入 2019 年罗家镇稻谷补贴明细表，同时核对村民的身份证号、社保卡号和电话号码，确保信息无误等。

在听取基层干部汇报走访情况的时候，我第一次深入了解了罗家镇各个贫困户的具体情况，深感国家脱贫攻坚战的必要和任务的艰巨，同时也为干部们的认真负责打动。尽管走访工作的工作量巨大，但基层干部迎难而上，不漏掉每一户，坚持把控每个细节，小到村民的用水、用电、房屋住宿条件、电视广播、收入情况等等。如果工作中遇到问题，都是立刻电话向村民了解具体情况，这种雷厉风行、实事求是、认真踏实的精神感染了我，同时也体会到了基层干部和领导们心系人民，为人民解决问题的温暖。

为了响应国家号召，真正做到精准扶贫，我们在审阅问卷过程中，问卷的每一项都认真审阅，丝毫不敢怠慢和马虎。问卷内容涵盖教育保障，医疗保障，住房保障，衣食保障，用水用电保障等等，并且每个贫困户都有脱贫责任人负责帮扶，力求取得脱贫攻坚的胜利。我亲身体会到党和国家坚决打赢脱贫攻坚战的决心和信心，通过乡镇的各个部门深入民生，真正把贫困户的问题放在心里并切实解决，基层干部人员是脱贫攻坚坚实的后盾。

我了解到贫困户住房问题皆由国家资助维修改善，保证基本的住房安全。同时有专门的工程确保饮水入户，还有大力解决用电安全等一系列民生问题，保证贫困户的基本生活质量。从方方面面的具体举措，我看到我们国家的脱贫攻坚战已经取得的显著成效。

脱贫攻坚战是党和国家的大事，是实现两个百年目标的前提和基础，所以全党上下的干部都卯足了干劲，决胜全面建成小康社会。当然，在加快进度的同时，也必须保证每项工作都得到了落实，所以罗家镇的各个领导一直强调"两步走，三回头"大排查工作的必要性和重要性，并把它贯彻到脱贫攻坚战的全过程中，真正落实了国家对贫困户的各项帮扶政策，真正让贫困户的吃住、医疗、教育、用水用电等问题得到保障，真正做到了把人民的利益放到第一位。

作为一名实习生，在这两周的见习中，在基层干部下乡走访时不怕艰辛，迎难而上的精神的鼓舞下，我很快就克服了初来时的不适应，投入到紧张的脱贫攻坚的工作当中。我学会了如何苦中作乐，更是时时刻刻严格要求自己，体现川大电气工程学院优秀学子的风采。我深感这份工作的神圣，也为自己是其中的一员感到自豪！我相信，在全党上下的共同努力下，我们一定能早日把中国建设成富强美丽文明和谐的社会主义现代化强国！

参考文献

中央宣传部，中央文明办，教育部，共青团中央，全国学联，2019. 关于开展 2019 年全国大中专学生志愿者暑期文化科技卫生"三下乡"社会实践活动的通知［EB/OL］. 中国青年网，（2019－06－11）［2020－09－22］. http://sxx. youth. cn/zytz/sxxtz/201906/t20190611_ 11978797. htm.

第三部分

科学防疫抗疫

"推普脱贫"的图像化研究

——以四川大学艺术学院暖心战"疫"科普探索为例

赵　帅* 岳　阳**

【摘　要】　在"推普脱贫"的背景中，以"疫情防控"科普类艺术作品为代表的艺术探索与尝试，为疫情防控提供了重要的借鉴。本文以四川大学艺术学院为代表的综合性高校艺术学学科，在"疫情防控"科普工作中所创作的艺术作品为研究对象，从艺术主题、艺术创作、艺术传播和艺术接受等角度，探究在科普过程中，艺术作品发挥的作用及被接受与认可的多重因素。以此剖析，作为艺术工作者在"推普脱贫"的图像化传播中，应当承担的历史责任和时代使命。

【关键词】　疫情防控；艺术家；艺术作品

"扶贫先扶智，扶智先通语。"2018 年，《推普脱贫攻坚行动计划（2018—2020 年）》发布，进一步明确了普通话在扶贫工作中的重要价值与意义。普通话的推广，如何被大众更广泛地接受与认可，又如何与以图像和视频为主要传播媒介的流行文化契合，这成为推普脱贫工作中不应被忽视的重要课题，也是艺术学专业实践的重要路径。

2020 年初，四川大学艺术学院师生陆续投入"疫情防控"的战役，以"美育"为指导进行艺术实践和创作，使作品焕发出强大的生命活力，先后创作出一大批优质的艺术作品，在疫情防控宣传中发挥了深远的影响。这种探索与实践，也为"推普脱贫"工作留下了宝贵的资源和财富。同时，也进一步推进了由专业理论向大众传媒、由科学研究向大众普及、由高精尖技术向大众

＊　赵帅，四川大学艺术学院讲师。
＊＊　岳阳，四川大学艺术学院讲师。

文化的演进，而这也是学院师生在践行"以人民为中心的艺术创作"的宗旨中，一直着力精进与探索的方式之一。

一、家国情怀与观照现实：艺术主题传递

作为科普性较强的图像文本，在传递理性科学思维的同时，也在输出正确的价值观，对于艺术创作实践、艺术作品表达和艺术品质凝练有现实需求。正如大卫·弗里德伯格所言：那些紧张而又令人震惊的具有视觉冲击力的时刻激起了人们的"钦佩、敬畏、恐怖和欲望"（周宪，2013：29）。而在创作作品中，更应处理好"小我"与"大我"、"小家"与"国家"之间的关系，通过艺术图像的表达，确证国家身份、弘扬民族精神、明晰时代使命。

首先，在疫情防控宣传中，艺术学院师生创作的作品，凸显出了"明确文化身份、讲好中国故事"的现实需要。在特殊时期，习近平总书记指出："生动讲述防疫抗疫一线的感人事迹，讲好中国抗击疫情故事，展现中国人民团结一心、同舟共济的精神风貌，凝聚众志成城抗疫情的强大力量。"艺术观照现实、艺术表现生活，通过"艺术图像"的创作，表现出对"国家"概念的理解和热爱，深化了对"家与国"的认知。创作者们通过艺术实践，完成对生活、对社会的介入，通过艺术"关注中国的发展问题、关注社会发展中的中国人的生存境遇、心理诉求与审美需求"（黄宗贤，蓝庆伟，2006：10）。如艺术学院书法专业的师生们，用手中的笔墨为加强疫情防控做宣传，创作出以抗击疫情为主体的系列书法作品，在四川大学艺术学院线上平台展出。

参展作品中，有题写毛泽东诗词《送瘟神》，有题写"吾中华儿女众志成城，全面抗击。愿早日恢复太平，举世安泰"，也有题写"只要坚守信心、同舟共济、科学防治、精准施策、我们就一定能打赢疫情防控阻击战"，通过书法传递作品强大的信念。

其次，在科普类作品中，凸显出"以小见大"的特点，通过典型案例弘扬民族文化精神。在疫情防控的过程中，凸显的是"挺身而出的大义，舍小我为大家的真情"，是"万众一心、众志成城"的力量，是"坚定信心、同舟共济、科学防治、精准施策"（《习近平出席二十国集团领导人应对新冠肺炎特别峰会并发表重要讲话》，2020）的方针。艺术学院美术学专业的学生们，创作了《"隔离"下的爱》《病毒包围下凝聚的中国》《口罩的守护》《疫情暴发》《最美的"逆行者"》《赢战"疫"》《自我隔离不添乱》等艺术作品。

再次，在具有社科科普性质的艺术图像中，凸显出了传递正能量和必胜信念等精神品质，承担着特殊时期的心理治愈功能。研究生创作了《武汉加油》

《科普绘本》等作品，以医护人员、警察、社区工作人员等为特殊的"符号"，进行艺术创作。

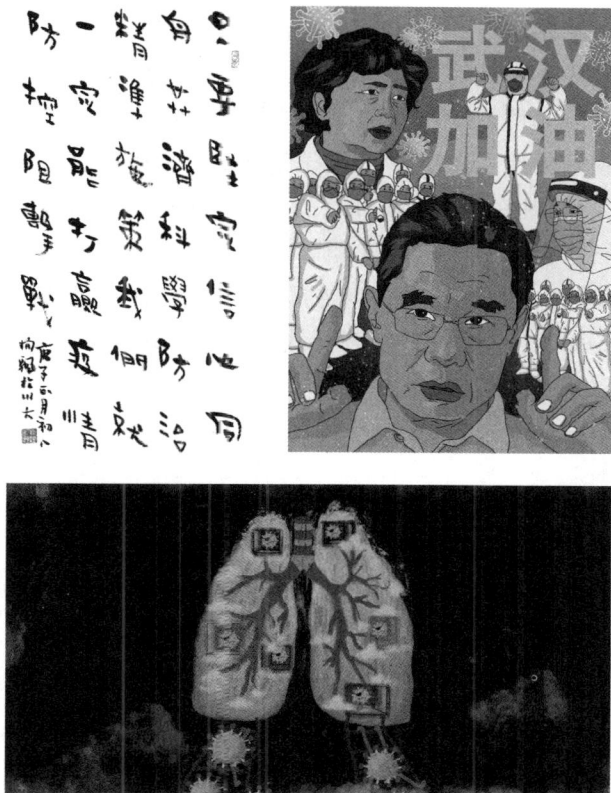

↳ 同时病从口入
它们带着病毒侵入我们的身体

图1 上左：杨帆《无题》；上右：韩玮静《武汉加油》；
下：谭雪《科普绘本》插图

二、语言引导与图像推演：艺术创作探究

四川大学艺术学院师生携手四川省科技厅、四川省科普作家协会、成都市科普作家协会、四川科技出版社等单位，共同编写线上读物《儿童战"疫"心理健康读本》，是疫情发生后，较早一批与大众见面的读本。本书主要由设计与媒体艺术系教师和相关专业研究生、本科生，共计13人共同创作完成，较为鲜明的特点是将科普对象聚焦于儿童这一特殊年龄段群体，关注"心理援助"，这一特殊的话题。这也对本书的框架设计、章节编排和语言设置提出

新的要求，而最为儿童所接受的"插图"，也作为特殊的"符号"，在书中发挥着独特的作用。

"将儿童心理干预技术和绘画艺术结合，通过一群年轻的专业艺术工作者和绘画让孩子了解疫情、了解自己和家人、了解正确的应对方法，从而帮助儿童应对疫情带来的心理危机，维护儿童心理健康，这是本书区别于其他儿童绘本的一大特色。"（黄颐，吴薇莉，2020：序3）本书在人物设定上以儿童和老人为主角，在强烈的代入感中，起着行文上下的穿插作用，以"扁平化"的插画风格为主，色调搭配和谐。《儿童战"疫"心理健康读本》另一个重要的特点是插图的图像设计，注重"交互"和"对话"。以"海报"的方式完成文字的演绎工作，"海报"作为信息传播具有多重优势，尤其在尺幅相对固定的书籍设计中，海报自身即可形成逻辑线索，释放文本内容和含义，降低阅读难度，提升信息接收效率。

图2　从左至右：《新冠病毒会通过飞沫和接触传播》《全力救治》《攻克病毒》插图

同时，在插图的设计与排版中，本书更加凸显"人性关怀"，着重引入"生命教育"。尤其在较为敏感的问题上，如"我的家人再也回不来了，这件事为什么会发生在我身上？"与之搭配的插图，则是医护人员在全力救治的故事，医护人员化身"超人"与病毒作战的场景，给予儿童以信心。这样的图片穿插，直接引入正文的下一主题"我是在家里战'疫'的小勇士"。插图不仅成为释放阅读心理压力的一个重要窗口，也是框架内容转换的过渡。

三、艺术影像与媒介转换：艺术传播研究

在疫情防控的过程中，居家隔离、减少外出是最为有效和直接的办法。特殊时期，精神消费、线上活动成为生活的主体，以动漫、音乐、新媒体、图像和文字等为载体的作品形式，成为满足民众需求、传递精神力量、展现美好向

往的重要途径，这也反映出艺术审美认知、审美教育、审美娱乐和寓教于乐的基本功能。艺术学院在这一时期的艺术实践，逐渐发挥出了重要的作用，产生了巨大影响，为信息时代的新媒体探索，带来了新的启发。

疫情防控中的艺术传播，体现为微图像中的情感传递。围绕抗击疫情主题的海报、绘画等线上艺术作品，在线上宣传中占据了主要板块。艺术家们的创作初衷，是期望通过艺术作品发现生活中的细节，传递生活中的美好，展现最为朴素的艺术情感。通过艺术探索生命、感知世界、触摸温度，是艺术创作的魅力所在，艺术实践也是大学生宣泄情感、缓解压力的重要通道，这也在特殊时期，发挥出积极的作用。

图3　慕洁、郑智尧、田钰等创作的科普类短片

疫情防控中的艺术传播，体现为纪实影像与现实关注。以微图像、微时间和微主题等为特征的短视频作品，成为各移动媒体的"流量担当"。移动端口的艺术作品，着重通过小主题、小人物和小情节，映衬作品背后的大视野、大格局和时代温情，这样的艺术作品，在传递情感中输送力量。以《战"疫"故事》《武汉按下了暂停键》《武汉因你不同》等微视频为代表，为大学生的艺术创作提供了新的视野，进而促进各高校创作的艺术作品不断涌现，如四川音乐学院、四川大学艺术学院学生通过舞蹈、歌曲和表演等方式创作的艺术作品《挚·爱》等。

四、艺术影像与媒介转换：艺术接受反思

以四川大学艺术学院为代表的高校学生群体创作的与"抗击疫情"相关的艺术作品不断涌现，通过创作表现生活、通过主题反思现实、通过作品传递力量逐渐成为主流。这也为图像化的"科普"工作为大众所接受的效能，带来新的反思。

"社会网络与小文化组织的结合，对于无论具有美学原创性还是引发意识形态思考，或兼有二者特点的文化生产，似乎都有促进作用。部分原因在于，

这些网络吸引了对文化可能持有新看法的年轻人，以及他们在创作者自身当中以及在创作者和受众之间提供反馈。"（戴安娜·克兰，2012：115－116）关注受众者对艺术作品的反馈，是校验创作者在艺术创作过程中的价值输出与表达方式，能够为大众接受与认可的一种重要途径。对于创作者而言，亦面临着如何避免浅表化、说教式创作模式的挑战。

在创作初期，以高校学子为主体的艺术创作理念，集中于对时代人物的歌颂、美好生活的表现和精神情感的传递。然而，在艺术表达和创作的过程中，艺术家"忧患意识"的创作审视，是不应"缺席"的。习近平总书记强调"忧党、忧国、忧民意识，这是一种责任，更是一种担当"（本书编委会，2016：5）。这就需要艺术家深化对疫情防控中所体现出的传统文化和人文精神的感知，对现实更进一步的观照。

疫情防控中的艺术实践，着重在对艺术作品主题深度的探索。艺术家对社会现实的直观感受和情感体验，是艺术创作的不竭动力和源泉，围绕疫情防控主题的探索和实践，仍然需要不断深入和探索。学生在家中的艺术创作，通过媒体所传递的画面和图像感知疫情防控，始终如"隔靴搔痒"，缺乏最为直观的情感体验。这也是在疫情初期的艺术创作中，表现深度、直击心灵的艺术作品较为缺乏的原因之一。在艺术家群体的艺术探索中，更需要丰富的生活阅历和情感体验，这都有待于进一步通过对现实的反思、情感的沉淀和更为丰富的生活感受之后，再围绕创作素材进行提炼和处理。

艺术创作应当有深度，艺术表现应当有温度，艺术作品应当有关怀，这是具有"人文精神"的创作表现。艺术家在艺术创作的过程中，应着眼于此，更应有坚定的信念和时代的担当，具有"担当意识"就是具有"心清目远、赋予责任、心灵充实、情感丰富而健康"的主体（邵军，2012：28），在艺术的创作中，显示出"挚爱真善美、关切天地人"的特点。正如习近平总书记指出："青年一代有理想、有本领、有担当，国家就有前途，民族就有希望。"（习近平，2020－03－17）

参考文献

黄颐，吴薇莉，2020. 儿童战"疫"心理健康读本［M］. 成都：四川科学技术出版社.

黄宗贤，蓝庆伟，2016. 明确文化身份，讲好中国故事［J］. 美术观察（11）：10－12.

克兰，2012. 文化生产：媒体与都市艺术［M］. 赵国新，译. 南京：译林出版社.

邵军，2012. 大学生思想政治教育人文关怀研究［D］. 重庆：西南大学.

习近平，2020. 习近平给北京大学援鄂医疗队全体"90后"党员的回信［N/OL］. 新华网，（2020 – 03 – 16）［2020 – 09 – 08］. http://www. xinhuanet. com/politics/leaders/2020 –
03/16/c_ 1125719125. htm.

中共中央文献研究室, 2016. 习近平关于全面从严治党论述摘编 ［M］. 北京：中央文献出
版社.

周宪, 2013. 视觉文化读本 ［M］. 南京：南京大学出版社.

新冠肺炎疫情下的刑法问题思考

王思晨*

【摘　要】　新冠肺炎疫情的暴发，影响了整个社会的平稳运行，也因此带来许多社会问题。其中许多行为，都已经触犯刑法，需要对其进行管理和规范。对疫情下的刑法问题需要有更加深入的认识，本文梳理新冠肺炎疫情期间典型的违法行为，根据两高发布的规范意见对其法律适用进行总结归纳，并对法律适用中的一些突出问题进行重点探析，探讨疫情期间的刑法问题及其背后折射出的价值。

【关键词】　新冠肺炎疫情；刑法；法律适用

新冠肺炎疫情在全国以及全世界的暴发已经深刻影响了我们每个人的生活，面对这场突如其来、来势汹汹的疫情，无法避免的是随之而来的诸多社会问题，其中也有很多问题，已经超出了道德评价的范畴，触碰了法律的红线。刑法作为拥有最强刑罚措施和社会警示性的法律，必然成为特殊时期稳定社会秩序、保障人民生命安全、维护国家平稳运行的有力手段。因此，本文旨在针对新冠肺炎疫情期间涉及疫情防控工作的突出问题，从刑法的角度进行探讨。

一、疫情防控中涉及典型违法行为及其法律适用

新冠病毒肆虐，正是需要全国人民众志成城、共克时艰之时，却出现了一些影响防疫工作有序进行，甚至危害公共安全的行为，诸如拒不服从和配合疫情防控工作、扰乱疫情防控秩序，甚至是恶意传播、暴力伤医，给人民生命健康和国家利益造成了极为严重的损失。对于这些恶性行为，必须运用刑法进行惩治和规范。

＊　王思晨，四川大学商学院 2017 级本科生。

（一）典型违法行为的法律适用

疫情发生后，对于社会上出现的一些违法行为，相关部门立刻做出反应。2020 年 2 月最高人民法院、最高人民检察院、公安部、司法部联合发布了《关于依法惩治妨害新型冠状病毒感染肺炎疫情防控违法犯罪的意见》（以下简称《意见》）。《意见》对疫情防控中的一些典型问题的法律适用进行了细化和解释，为打赢疫情防控保卫战提供坚实的法律保障。

1. 适用于《刑法》第一百一十四条、第一百一十五条第一款 "以危险方法危害公共安全罪"。

故意传播新型冠状病毒肺炎的行为。比如已经被确诊或疑似感染新冠病毒的病人，拒不配合隔离和治疗，并进入公共场所或公共交通工具，有故意传播病毒的主观恶意，并导致严重后果。《意见》规定："已经确诊的新型冠状病毒感染肺炎病人、病原携带者，拒绝隔离治疗或者隔离期未满擅自脱离隔离治疗，并进入公共场所或者公共交通工具的；新型冠状病毒感染肺炎疑似病人拒绝隔离治疗或者隔离期未满擅自脱离隔离治疗，并进入公共场所或者公共交通工具，造成新型冠状病毒传播的……危害公共安全的，依照《刑法》第一百一十四条、第一百一十五条第一款的规定，以以危险方法危害公共安全罪定罪处罚。"适用此项罪名时需要明确是否造成严重后果，即行为人的行为是否造成了实质性的危害后果。

2. 适用于《刑法》第三百三十条 "妨害传染病防治罪"。

因为以危险方法危害公共安全罪的量刑较重，因此，在《意见》与实际实践中，对此项罪行的认定是有比较严格的限制条件。比如规定主体必须是已经确诊的病人、病原携带者或疑似病人，行为上必须满足拒绝或擅自脱离隔离治疗，且进入公共场所或公共交通工具。而对于这些情况以外的，造成疫情传播的行为，其限制效果有限。针对这类行为，《意见》规定：其他拒绝执行卫生防疫机构依照传染病防治法提出的防控措施，引起新型冠状病毒传播或者有严重传播危险的，依照《刑法》第三百三十条的规定，以妨害传染病防治罪定罪处罚。该条实际上是为其他引起新冠病毒传播或传播严重危险的犯罪行为进行认定的兜底性条款，也实际上将《刑法》第三百三十条中的 "甲类传染病" 扩大为 "甲类或者按照甲类管理的传染病"。

3. 适用于《刑法》第二百二十七条第一款、第三款 "妨害公务罪"。

疫情防控期间，每位公民都有义务遵守疫情防控措施要求，配合各项排查和部署工作，然而却有一些人不理解公务人员的工作，甚至有个别人以暴力、威胁方法阻碍社区工作人员等实施管控措施。对此，《意见》明确指出："以暴力、威胁方法阻碍国家机关工作人员（含在依照法律、法规规定行使国家有关疫情防控行政管理职权的组织中从事公务的人员，在受国家机关委托代表国家机关行使疫情防控职权的组织中从事公务的人员，虽未列入国家机关人员编制但在国家机关中从事疫情防控公务的人员）依法履行为防控疫情而采取的防疫、检疫、强制隔离、隔离治疗等措施的，依照《刑法》第二百七十七条第一款、第三款的规定，以妨害公务罪定罪处罚。暴力袭击正在依法执行职务的人民警察的，以妨害公务罪定罪，从重处罚。"此项规定对国家机关工作人员的主体范围进行了扩大，将受委托和未列入国家机关编制的公务人员也列入了保护范围，这实际上是基于疫情的突发性和广泛性，以及疫情防控工作期间的公务行为的特殊性而言的，也体现了法律对于为疫情防控工作做出贡献的工作人员的保护。

4. 适用于《刑法》第二百三十四条"故意伤害罪"、第二百九十三条"寻衅滋事罪"等。

针对疫情期间，一些人在已知自己的感染风险后，仍故意在医务人员面前咳嗽、吐口水等，针对这些极端恶性行为，根据《意见》第二条的规定："在疫情防控期间，故意伤害医务人员造成轻伤以上的严重后果，或者对医务人员实施撕扯防护装备、吐口水等行为，致使医务人员感染新型冠状病毒的，依照《刑法》第二百三十四的规定，以故意伤害罪定罪处罚。"这项规定直观且极具针对性地规定了适用情况，明确、具体地规定了该种行为需要承担的责任，可以极大程度上发挥其警示规范作用，对于避免社会上此类恶性行为的发生具有很强的积极意义。

疫情防控期间，一些人辱骂、侮辱、殴打医生，甚至有新冠肺炎患者，在接受医生悉心照顾康复后，却因为一些纠纷而对医生拳脚相加，上演了一出真实的"农夫与蛇"的故事，这类事件，会对医生从业者的身心以及整个社会良好秩序的构建产生极为不良的影响。针对这类事件，《意见》也给出了处理方式："随意殴打医务人员，情节恶劣的，依照《刑法》第二百九十三条的规定，以寻衅滋事罪定罪处罚。采取暴力或者其他方法公然侮辱、恐吓医务人员，符合《刑法》第二百四十六条、第二百九十三条规定的，以侮辱罪或者寻衅滋事罪定罪处罚。以不准离开工作场所等方式非法限制医务人员人身自由，符合《刑法》第二百三十八条规定的，以非法拘禁罪定罪处罚。"该条规定有利于保护在疫情期间为我们无私奉献的医生群体的合法权益，也有利于在整个社会构建尊重医生、遵守规则的良好风尚。

表 1 为疫情中典型违法行为及其所可能涉及的罪名及刑罚的一览表。

表 1 违法行为与法律适用一览表

违法行为	涉及罪名	适用情形	刑事后果
故意传播病毒，危害公共安全	第一百一十四条 以危险方法危害公共安全罪	以危险方法危害公共安全，尚未造成严重后果的（危险犯）	处三年以上十年以下有期徒刑
	第一百一十五条 以危险方法危害公共安全罪	以危险方法致人重伤、死亡或者使公私财产遭受重大损失的（实害犯）	处十年以上有期徒刑、无期徒刑或者死刑
拒不配合防疫管理，妨害疫情防控工作有序进行	第三百三十条 妨害传染病防治罪	违反传染病防治法的规定，引起甲类传染病传播或者有传播严重危险的	处三年以下有期徒刑或者拘役；后果特别严重的，处三年以上七年以下有期徒刑
	第二百七十七条 妨害公务罪	以暴力、威胁方法阻碍国家机关工作人员依法执行职务的；在自然灾害和突发事件中，以暴力、威胁方法阻碍红十字会工作人员依法履行职责的	处三年以下有期徒刑、拘役、管制或者罚金
恶性殴打、侮辱、恐吓、限制医务工作者人身自由等的伤医行为	第二百三十四条 故意伤害罪	故意伤害他人身体的；犯前款罪，致人重伤的；致人死亡或者以特别残忍手段致人重伤造成严重残疾的	处三年以下有期徒刑、拘役或者管制；处三年以上十年以下有期徒刑；处十年以上有期徒刑、无期徒刑或者死刑
	第二百九一三条 寻衅滋事罪	随意殴打他人，情节恶劣的；追逐、拦截、辱骂、恐吓他人，情节恶劣的；强拿硬要或者任意损毁、占用公私财物，情节严重的；在公共场所起哄闹事，造成公共场所秩序严重混乱的	有上述寻衅滋事行为之一，破坏社会秩序的，处五年以下有期徒刑、拘役或者管制；纠集他人多次实施上述行为，严重破坏社会秩序的，处五年以上十年以下有期徒刑，可以并处罚金

违法行为	涉及罪名	适用情形	刑事后果
恶性殴打、侮辱、恐吓、限制医务工作者人身自由等的伤医行为	第二百四十六条侮辱罪	以暴力或者其他方法公然侮辱他人或者捏造事实诽谤他人，情节严重的	处三年以下有期徒刑、拘役、管制或者剥夺政治权利
	第二百三十八条非法拘禁罪	非法拘禁他人或者以其他方法非法剥夺他人人身自由的	根据情节轻重判处，最高可处无期徒刑甚至死刑

二、疫情期间涉及《刑法》的重点问题探析

（一）妨害传染病防治案件的界定问题

新冠肺炎疫情中，对妨害传染病防治的法律适用问题是学界争论的焦点，一方面是由于在《意见》中对该项罪名的规定较为简略，另一方面是由于该项罪名在以往司法实践中用得比较少。

1. 主体。

主体应当是不局限负有特定职责、身份的一般主体。

2. 主观方面。

对于这类主体在主观上的认定是有一定争议的。通说认为是过失，即认为行为人对于其行为违反传染病防治法规定主观上是故意的，但对于引起甲类传染病传播或者有传播严重危险是过失[1]。从规定之间的对比来看，《意见》中对于以危险方法危害公共安全罪的主体说明的较具体，即已经确诊的新冠肺炎患者、病原携带者或疑似病人，且其行为为进入公共场所或公共交通工具，从其可行性可以推定出其故意明知传播风险仍希望或放任传播发生的主观故意。而妨害传染病防治罪的主体为这两类主体之外的其他有致病风险的主体，如密切接触者，有疫区居住、出行史的人员，这些人虽然知道自己有一定的患病风险，但对于患病概率的认识并没有上述其他三类主体高，他们一般是出于侥幸、怕麻烦等其他原因而逃避管理，虽然对于违反传染病防控措施是故意的，但是对传播病毒并没有那么强的主观故意性。其二，从罪责刑相适应的角度来看，妨害传染病防治罪最高只能处以七年有期徒刑，若认定其主观上有传播传染病的故意，那么这样的罪行显然与其带来的客观经济社会损失不相符合，有违罪责刑相适应的原则。

3. 客体及客观方面。

客体是公共卫生安全，客观方面是引起甲类传染病传播的结果或者有严重的传染危险。引起甲类传染病传播的结果或者有严重的传染危险该项罪名本来只针对甲类传染病，而此次的新冠肺炎被认定为乙类，本不能适用此项罪名。而为了完善疫情防控法制体系、解决疫情期间的相关社会问题，《意见》实际上将《刑法》第330条中的"甲类传染病"的认定范围扩大到"按照甲类管理的传染病"，扩大了《刑法》对于妨害传染病防治罪的适用范围。此项规定有利于及时有效地激活《妨害传染病防治罪》这个罪名，为该项罪名的适用扫清了障碍。

（二）对妨害传染病防治罪和以危险方法危害公共安全罪的区分

1. 主体。

此点已在上文说明，不再赘述。

2. 主观方面。

以危险方法危害公共安全罪主观方面是故意，对传播病毒行为和传播造成的危害结果都有故意，包括直接故意和间接故意。而妨害传染病防治罪的主观方面是混合过错，如上文所说，行为人抗拒疫情防控措施的行为是故意的，但对危害结果过失成分更大。

3. 客体。

妨害传染病防治罪侵犯的法益主要是传染病预防、控制的公共卫生管理秩序，而以危险方法危害公共安全罪的客体为不特定多数人的公共安全利益，即生命、身体等个人法益拍象而成的社会"公众"利益。

4. 客观方面。

以危险方法危害公共安全罪的行为方式认定较窄，仅为上文列举的两种行为方式。而妨害传染病防治罪的客观方面即为两类特殊主体实施的两类行为之外的其他行为，侧重点主要在于不接受疫情管控措施、违反防疫规定、不配合防疫工作上。

（三）适用妨害传染病防治罪是需要关注的几点问题

1. 严格定罪量刑，宽严适当。

首先，把握好罪与非罪的界限，构成该罪必须满足引起病毒传播或传播严重危险。其次，虽然该项罪名并不以是否引起实害后果作为定罪标准，但这一点应该在量刑时予以考虑。

刑法拥有最严厉的制裁措施，刑罚一旦做出，将对行为人的人生产生不可磨灭的重大影响，因此在定罪量刑时更应当谨慎，恪守谦抑主义原则，不能因为在特殊时期便忽视法律的社会效用。

2. 处理好法条竞合问题。

实践中，妨害传染病防治罪与以危险方法危害公共安全罪常常出现竞合情况，在这种时候需要细化行为类型，并结合一般原则予以处理。

首先，对于已经确诊的新冠肺炎病人、病原携带者和新冠肺炎疑似病人，如果拒绝隔离治疗或者隔离期未满擅自脱离隔离治疗，但其并没有进入公共场所或者公共交通工具，如果引起了新冠病毒传播或者有传播严重危险的，这种行为实际上也危害了公共安全，但根据《意见》规定不构成以危险方法危害公共安全罪，而是构成妨害传染病防治罪。这种情况属于法条竞合时"特别法优于一般法"的适用原则。

其次，当出现行为人不符合《意见》中以危险方法危害公共安全罪限定的两类特殊主体实施的两种行为方式，但符合妨害传染病防治罪的犯罪构成，同时能够证明行为人故意传播新冠病毒并且造成他人重伤、死亡等严重后果，危害公共安全的，这种行为实际上同时构成以危险方法危害公共安全罪。这种时候，需要对行为人判处七年以上有期徒刑刑罚的，则应当择一重罪即按照以危险方法危害公共安全罪定罪处罚。这种情况属于法条竞合时"重罪优于轻罪"的适用原则。

3. 处理好牵连数罪问题。

具体行为中，如果出现牵连数罪问题，应当综合考虑对被告人有利原则和罪责刑相适应原则。如行为人的行为构成妨害公务罪的犯罪要件且引起新冠肺炎疫情传播或者有传播严重危险的，则同时构成妨害传染病防治罪或者以危险方法危害公共安全罪。

出现此类情况时，本着有利于被告人的原则，在没有明确规定数罪并罚的情况下，应当对其择一重罪处罚；但同时应考虑罪责刑相一致原则。考虑当前正处于疫情防控的关键时期，妨害公务罪的法定刑又较轻，因此应当按照妨害传染病防治罪或者以危险方法危害公共安全罪从重处罚。

三、对疫情期间刑法问题的思考

（一）将法律作为维护社会稳定与安全的保护伞

疫情具有突发性、广泛性、重大性，其对社会的影响也是巨大的，与之相伴是社会中恐慌情绪、混乱现象的蔓延，在这种时刻，愈能凸显法律的重要性。正如习近平总书记所言："疫情防控越是到最吃劲的时候，越要坚持依法防控，在法治轨道上统筹推进各项防控工作，保障疫情防控工作顺利开展。因此，我们应当充分用好法律武器，严惩违法犯罪行为，切实维护社会秩序，保障人民群众的生命健康安全。"

刑法作为最严厉的制裁手段，有着其独特的价值与作用。疫情期间，完善刑法规则的解释与适用，不仅有利于有效制裁法律行为、规范社会秩序、保障防疫工作的有序推进，还能对民众的心理产生巨大的震慑和教育作用，纠正和规范整个社会的价值取向和风气。

（二）以疫情防控为契机进一步完善我国法治体系

疫情发生后，两高及时针对疫情期间涉及的法律问题给出了规范和解释，对疫情防控中的相关犯罪进行了较为系统、全面的规定和细化，并结合非典时期的教训，对相关法律适用和规范进行了完善和优化。可以看出，在依法治国理念的不断深化下，我国也愈发注重运用法制体系来解决社会问题。同时，这次疫情，也让我们对很多法律问题有了更深入的理解和探讨，比如最典型的对妨害传染病防治罪的规范和解释。疫情总会结束，但我们对于法律规范的完善、法律认识的深入却可以对社会的健康发展产生长期的积极作用。

（三）明确刑法价值，维护法律原则

在特殊时期，为了更快稳定社会秩序，人们往往容易倾向于运用更加严厉的措施去制裁犯罪。然而，这不利于维护法律尊严和价值。虽然刑法以其严厉的制裁性常常作为非常时期人们所倚重的法律工具，但我们也要时刻牢记对公民合法权益的维护、对法治规则的尊重。不能以非常时期为借口，就将刑法当作维护社会稳定的万能工具，而忽视了刑法的谦抑主义与基本原则。不论何时，都要维护法律的基本原则，如此，才能使法律的价值与意义长青。

参考文献

戴中祥，2020. 新冠肺炎疫情防控背景下妨害传染病防治罪的理解与适用［J］. 武汉科技大学学报（社会科学版）（2）：136－143.

张金玲，2020. 妨害传染病防治案件的刑法适用与实践考量［J］. 中国检察官（5）：10－13.

新媒体话语中交互主观性与
隐转喻认知的互动建构
——新冠肺炎疫情相关舆情的有效引导

杨　爽*

【摘　要】　　本文选取《人民日报》微信公众号发布的有关新冠肺炎疫情的新闻标题，分析新闻标题话语中隐含的隐喻、转喻互动认知模式，及新闻叙事者以此为视角对受众认知的引导，同时分析新媒体叙事人作为舆论引导者以交互主观性视角对隐喻性话语的建构方式。这体现了同为概念主体认知方式的隐喻、转喻和交互主观性之间具有互动性，为提高新媒体话语的应急服务水平提供思路。

【关键词】　　隐喻；转喻；交互主观性；互动性

一、引言

2020年初新冠肺炎疫情迅速蔓延全国。习近平总书记亲自指挥，明确指出疫情防控不只是医药卫生问题，而是全方位的工作，是总体战，各项工作都要为打赢疫情防控阻击战提供支持。其中，"医患沟通、疾病命名、多语言信息发布、应急语言翻译服务、新闻宣传用语、谣言防控等诸多语言问题，关乎应急环节的方方面面，对科学有效地应对疫情具有现实意义"（李宇明，2020－04－08）。在"互联网＋"背景下，新闻用语离不开当代新媒体平台的参与。

作为一种特殊话语交际的新媒体话语，交际者的话语使用可在一定程度上反映交际者的交际目的和策略（吴珏，2018）。其中隐、转喻作为表达立场和

---

* 杨爽，四川大学文学与新闻学院2019级博士研究生。

构建概念框架的传播策略，广为媒体所用，对人们认知和思考抽象概念有深层次影响。由此，本文选取人民日报微信公共号平台 2020 年 1 月 21 日至 2020 年 3 月 31 日新冠肺炎疫情相关的 171 条新闻标题，探讨新媒体标题话语如何借概念隐转喻与交互主观性的互动性传递信息、引导舆情。

二、隐喻、转喻与交互主观性的关系

20 世纪 80 年代，拉考夫（George Lakoff）和约翰逊（Mark Johnson）在《我们赖以生存的隐喻》一书中提出概念隐喻（conceptual metaphor）的概念，他们认为概念隐喻在日常生活中无处不在，是人们认知、思维、经历等各方面的基础。概念隐喻的本质是以一种事物去理解和体验另一种事物，从一个比较熟悉、易于理解的源域映射到一个不太熟悉、较难理解的目标域，在源域和目标域之间有一系列本体的或认识上的对应关系。其心理基础是抽象的意象图示，即两域的相似性（Lakoff, Johnson, 1980：230 - 234）。

转喻同隐喻一样，也是日常思维的一种方式，是形成概念系统的一种认知手段和工具。它的实质是在同一领域内用某一实体去指代另一实体。转喻的发生往往是在具体语境下通过突显用于理解某一概念实体所需要的属于同一领域矩阵内的某一领域而获得的（Croft, 1993）。也就是说转喻来源域将其概念结构投射到目标域之上，主要是通过在概念上突出来源域并使目标域处于背景的地位来实现的。如"这所大学有不少好脑瓜"。这里用"好脑瓜"指代"聪明的人"，就为了凸显这个人的某个特点——聪明才智。这一突显的来源域作为认知参照点，帮助激活目标概念实体"人"。

隐喻与转喻作为两种认知方式，都根植于我们的日常经验。拉考夫等学者认为转喻是隐喻的基础，转喻被用来解释文化中一些基本的概念隐喻的本质。例如，汉语中的"绿色通道""绿卡、绿色消费"等，都是"绿色"一词的隐喻用法，表示"畅通"或"环保"。其经验相关性分别是绿色和通行信号灯的颜色一致以及与自然植物的颜色一致，就是基于转喻邻近性（吴珏，2018）。古森斯（Goossens, 1990）也认为隐喻、转喻并不总是两种完全独立的认知过程，二者可相互作用，并提出隐转喻（metaphtonymy），主要指隐喻源于转喻和转喻寓于隐喻。本文认为隐喻以转喻为基础组织语句。在言语交际中以转喻为基础的隐喻突显了交际者对客体的认识视角，体现其主观性。

费尔哈亨（Verhagen, 2005：5）在主观性基础上提出概念主体间的交互主观性（intersubjecitivity），认为言语交际在于通过认知协作沟通概念化主体的心理空间，从而影响对方的思想、态度或引起某个行为，以达到主体间对特定概念化客体的识解平衡（见图1）。

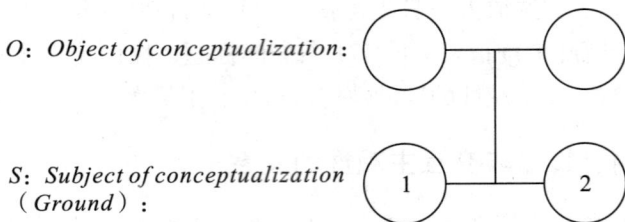

O：*Object of conceptualization*：

S：*Subject of conceptualization*
（*Ground*）：

图1　识解构型及基本构成元素

图1中概念化主体"1"（说话人）与概念化主体"2"（听话人）之间的水平线代表说话人可以用特定的语言符号来标记话语表达的视角，从而引导听话人做出符合说话人意图的推理或解释，促使二者对概念化客体的识解达到平衡。

隐喻、转喻与交互主观性之间的关系可以表示如图2，隐喻与交互主观性认知过程通过激活交际双方的共享知识互相促进。也就是说新媒体叙事人在叙事过程中运用隐喻（以转喻为基础）思维建构新闻话语报道公众不熟知的新冠肺炎疫情，而非直观的言语表达，这样使得相关的内容前景化，表现了叙事人对客体新冠肺炎的认知视角，以此引导听话者/受众对新冠肺炎的认知，促使交际双方对新冠肺炎的认知达到平衡，进而促进交互主观性的建构。同时，大众受到此影响使得作为不同的概念化主体的交际双方（新闻叙事人—受众）对新冠肺炎的认识达到平衡，从而为新闻叙事中隐转喻手段的选用提供了方向。

由此可见，隐喻与交互主观性具有互动关系，互动关系通过激活交际双方的共享知识也就是共同的语境基础而实现，其认知变化通过语句表达实现（见图2）。

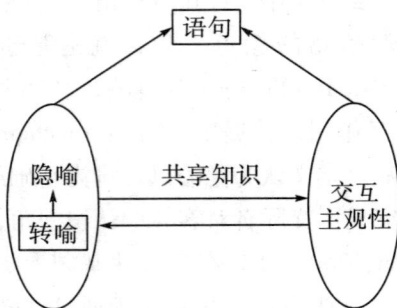

图2　隐喻、转喻与交互主观性之间的关系

三、隐、转喻视角下的交互主观性建构

从认知功能角度看，隐喻分为"根隐喻"和"派生隐喻"，其中"根隐喻"是一个作为中心概念的隐喻，如人生是一场旅途，由此而派生出来的隐喻，如人生的起点或终点、生命的车站等就叫"派生隐喻"（束定芳，2000：55）。在疫情报道中，《人民日报》微信公众号以"疫情应对是一场战争"为中心概念，并引申出一些派生隐喻，涉及疫情过程中的多个方面，如"治疗过程""医护人员""病毒""疫情发生地""最后的痊愈"等都有其对应的源域（如图3），从而引导大众全面看待新冠肺炎疫情。

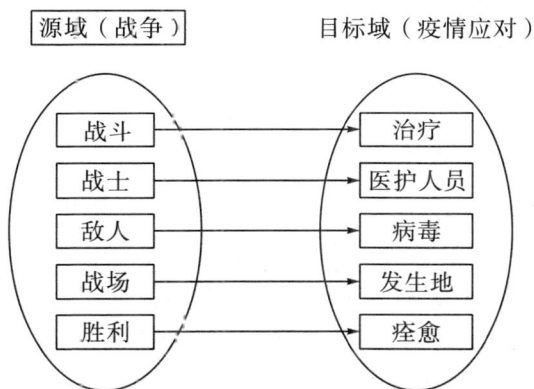

图3 源域与目标域

（一）"根隐喻"与交互主观性建构

通过分析选取的《人民日报》微信公众号171条信息可以发现，在新冠肺炎疫情初期，《人民日报》微信公众号在发布的信息中把对抗这次疫情比作一场战争，主要以"战""抗击"等词语来表现"战争"，从而映射"疫情"。这里列举几例进行分析，如表1所示。

表1　疫情期间《人民日报》新闻报道标题举例

日期	语句	焦点词	隐喻基础
2020 年 1 月 26 日	《人民日报》：坚定信心坚决**打赢**疫情防控**阻击战**	打赢阻击战	疫情应对是一场战争
2020 年 1 月 2 日	习近平：紧紧依靠人民群众坚决打赢疫情防控**阻击战**	阻击战	
2020 年 1 月 28 日	**抗击**疫情，这里有 50 个最新的好消息	抗击	
2020 年 1 月 29 日	**打赢**病毒"**歼灭战**"！	打赢歼灭战	
2020 年 2 月 9 日	16 个省对口支援湖北：**抗疫战争**，就要全国一盘棋	抗疫战争	
2020 年 2 月 23 日	武汉**保卫战**	保卫战	

"战争"一词在《现代汉语词典》（第7版）第1648页中的解释是"民族与民族之间、国家与国家之间、阶级与阶级之间或政治集团与政治集团之间的武装斗争"。在共同应对新冠肺炎疫情时，新闻叙事者选取的"阻击战""歼灭战""抗击"等焦点词可以看出是从"斗争性"的角度突显源域"战争"，进而隐喻此次疫情，这体现了以转喻为基础的隐喻的作用。

韦拉斯科（Velasco，2001）曾总结出 6 种隐喻与转喻互动关系模式，这里的隐喻属于其中的一种，即隐喻源域中的转喻延伸，如图4所示：

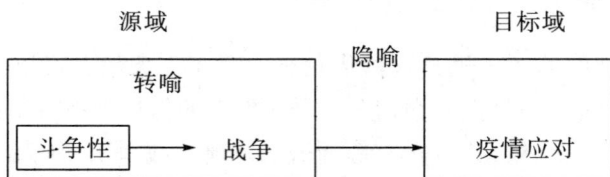

图4　隐喻与转喻

新闻报道以"战争"的斗争性为视角从而隐喻"疫情应对"，突出了"斗争性"在这场疫情战争中的重要性，从而以"战争"为源域映射目标域"疫情应对"。这样通过大众对战争的认知把与疫情相关的信息传递给大众，邀请大众按照话语中隐喻设定的框架或视角进行推理，从而影响大众的思想或态度，引导大众以对待战争的态度来看待此次疫情，明白此次疫情的严重性不同于一般的公共卫生事件，激励全民参与其中，体现其交互主观性建构。其具体表现在消息语篇的读者留言可窥一斑，如图5、图6所示。

在每条消息语篇中都有读者的留言回复，表现了民众对语篇信息的态度和认识，体现了读者与新闻叙事者的交互性。这些都可以从截取的部分留言（图5、图6）可知大众不仅通过新闻报道认识到了疫情的严重性，提高了对疫情的警惕，而且更对国家应对"战争"的积极斗争态度和胜利的信心给予了肯定。

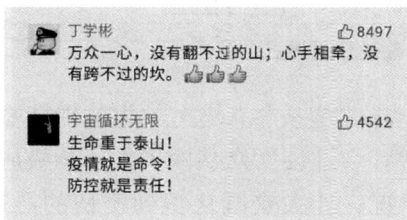

图5 1月26日留言节选

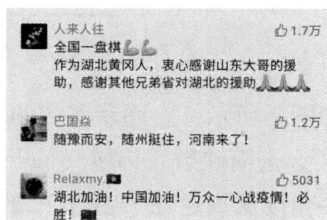

图6 2月9日留言节选

（二）派生隐喻与交互主观性建构

在搜集到的新闻标题中对医护人员的报道约有60条，贯穿"抗疫"过程的始终。在疫情高峰时期，更以医护人员为角度报道此次疫情的消息，举例如下（见表2）：

表2 疫情期间从医护人员的角度进行报道的新闻标题举例

日期	语句	焦点词	隐喻基础
2020年1月22日	**请战**新冠肺炎，她写下现代版"与夫书"	请战	
2020年1月24日	**请战**！	请战	
2020年1月24日	壮哉！除夕夜，广东多支医疗大军**驰援**武汉	驰援	
2020年1月27日	湖北人，是同胞也是**同袍**	同袍	
2020年1月28日	当好后勤部长，别让"**白衣战士**"赤膊上阵	白衣战士	疫情应对是一场战争
2020年2月2日	"**增兵**"火神山	增兵	
2020年2月13日	热血**出征**	出征	
2020年2月22日	是院士也是**战士**	战士	
2020年2月28日	**We Are All Fighters**（我们都是战士）	战士	

以"应对疫情是一场战争"这一中心概念为基础，使用"请战""驰援""增兵""战士"等焦点词映射医护人员所承担的"战士"角色，其隐喻、转喻作用模式可以图示如下（见图7）：

图 7　隐喻、转喻的作用模式

如图7所示，上面示例中的以"请战""增兵""战士"为基础转喻源域"战争"，进而映射目标域（target）"疫情"，这使大众从医护人员积极应对疫情这一角度认识这场"战争"的发展状况，让大众既认识到疫情的严重性，也看到事情的良性发展，安抚了国内当时受疫情影响的公众的消极恐慌心理，从截取的留言（图8、图9）可以看出。

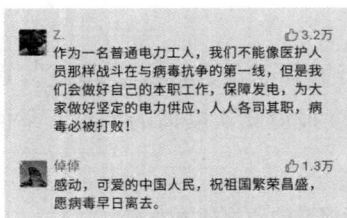

图 8　1 月 24 日留言节选

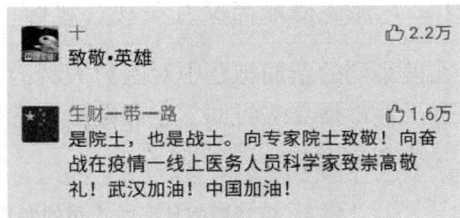

图 9　2 月 22 日留言节选

除此之外，还有其他方面的隐喻，如对当时疫情最为严重的武汉地区的报道，"武汉，等你重启"等。以"重启"为焦点词，用暂时停歇的机器来隐喻封城状态的武汉，向大众传播信心，减少公众对疫情最严重的武汉地区的负面情绪。

而且还有以转喻为主的新闻标题，如"手！""背！""这就是最美的发型"等从医护人员的部分特征进行报道，转喻疫情中的医护工作者，突出他们在此次疫情中的贡献。

四、交互主观性视域下隐转喻框架构建

"交际除了有交换信息的功能外，还有对他人进行调控和评价的功能，而且这种功能是更为基本的、第一位的，描述性功能则是第二位、衍生的，毕竟说话者/作者参与言语交流归根结底是想要影响别人的思想、态度或引起对方

一个即刻行为反应。"（文旭，高莉，2014：11）新媒体话语具有传递新闻信息和引导大众舆论的功能。新媒体叙事人在讲述新闻事实、传递新闻信息的同时，也通过其特有的方式关注着社会的方方面面，监测着社会的种种变化，从而引导大众舆论（吴珏，2003）。

在新冠肺炎疫情逐渐好转之后，社会对此次疫情的认知发生了变化，由艰苦时期的"共同战斗"转变为即将"迎接胜利"的局面，新闻叙事人所建构的既有隐喻也引发大众认知的变化。基于这些共享知识的变化为促进信息的有效传播新闻叙事人可能改变隐喻思维。

在武汉疫情即将接近尾声的时候，医护人员处于"胜利凯旋"而非前期的"抗战"阶段。《人民日报》根据现实语境的变化，对支援湖北各省市医护人员的报道选择了不同于上文结构隐喻的语音隐喻（phonetic metaphor），即不同的意义通过各自能指的相似性或相近性所进行的联想（Vuletić，2003：397－414）。

表3选取的例子，隐喻的焦点词借助了固有词语和省市简称之间同音异形异义词的特点，巧妙地利用语音相似性，用固有的"护你周全""力挽狂澜""属你最好""国泰民安""知遇之恩"等中的同音异形形式来跨域映射其他省市，在目标域中又转喻该省市的医护人员。

表3 疫情期间新闻标题举例

日期	语句	焦点词
2020年3月13日	"沪"你周全！1649位上海援鄂医务人员全名单	沪
2020年3月16日	"蜀"你最好！1463位四川援鄂医务人员全名单	蜀
2020年3月16日	国泰"闽"安！1393位福建援鄂医务人员全名单	闽
2020年3月17日	力"皖"狂澜！1362位安徽援鄂医务人员全名单	皖
2020年3月19日	知"豫"之恩！1281位河南援鄂医务人员全名单	豫

由表3可以看出，新媒体叙事人基于全国疫情逐渐取得胜利这一变化了的语境，为了表达意义，获得更好的交际效果，对医护人员的报道选取语音隐喻，较之上文的结构隐喻具有更高的可及性，话语更为直白，更容易与大众产生共鸣。

五、结语

本文通过分析《人民日报》微信公众号中关于新冠肺炎疫情的新闻标题，

讨论了新媒体话语的隐转喻认知模式与交互主观性之间的互动性。主要表现在两个方面。

第一，新闻叙事者作为信息传递者、舆论引导者等，借助隐喻、转喻互动模式构建隐喻框架，选取大众可识性高的"战争"这一概念隐喻新冠肺炎疫情，引导大众以战争的认知思路推理此次疫情，从而影响大众的思维方式。

第二，在现实语境变化之后，既有隐喻引发的认知变化，又促使新的隐喻的产生。所以新闻叙事人为促进信息的有效传播，基于交际双方共享知识的变化，选择适当的源域对目标域进行新的隐喻构建。

但是隐转喻认知框架与交互主观性之间的互动影响并非绝对的。虽然新闻语篇的隐转喻框架会对受话者的认知推理产生引导，而且叙事者也会根据潜在受话者的期待或读者可能的反应来选择源域。但是现实世界中的读者多大程度上刚好符合发话者所设置的话语话语预置的模型，这是无法预测的：这些读者可能持支持立场（即便是临时的），也可能持对立立场，更可能在阅读的不同阶段，灵活切换立场（Thompson，2012）。这就更需要发挥新媒体的互动交际功能，不仅关注新闻叙事者向读者发送的信息，同时关注读者向作者反馈的信息，重视新媒体叙事的双向传播，以提高新媒体话语的应急服务水平。

参考文献

李雪，2002. 概念隐喻、概念转喻与词汇研究［J］. 外语学刊（4）：58-61.

李宇明，2020. "应急语言服务"不能忽视（新论）［N］. 人民日报，2020-04-08（5）.

束定芳，2002. 论隐喻的运作机制［J］. 外语教学与研究（外国语文双月刊）（2）：98-106.

束定芳，2000. 隐喻学研究［M］. 上海：上海外语教育出版社.

文旭，高莉，2014. 交互主观性的构建：话语、句法与交际导读［M］. 北京：世界图书出版公司.

吴珏，2018. 新媒体话语中的语用身份建构——以"中印边界争端事件"为例［J］. 当代外语研究（1）：13-18，30.

CROFT, 1993. The role of domains in the interpretation of metaphors and metonymies［J］. Cognitive linguistics（4）：335-370.

GOOSSENS, 1990. Metaphtonymy：the interaction of metaphor and metonymy in expressions for linguistic action［J］. Cognitive linguistics（1）：323-340.

LAKOFF, JOHNSON, 1980. Metaphors we live by［M］. Chicago：Chicago University Press.

THOMPSON, 2012. Intersubjectivity in newspaper editorials：construing the reader-in-the-text

［J］. English text construction（5）：77 - 100.

VELASCO, 2001. Metaphor, metonymy, and image-schamas: an analysis of conceptual interaction patterns ［J］. Journal of english studies（2）：47 - 63.

VERHAGEN, 2005. Constructions of intersubjectivity-discourse, syntax, and cognition ［M］. New York: Oxford University Press.

VULETIĆ, 2003. Phonetic metaphor ［J］. Russian literature LIV（54）：397 - 414.

第四部分

四川大学语言文字工作成就回顾与精彩瞬间

图1

图2

图3

　　2002年9月，全国第五届推广普通话宣传周开幕式在成都举行。同时，四川省大学生普通话大赛于西南财经大学举行，有五十多所高校参与。四川大学选手获演讲比赛一等奖，四川大学小品表演团队获小品比赛三等奖，四川大学获优秀组织奖。（图1）

　　2003年5月，教育部语言文字应用研究所所长张世平（图2，中）、四川省语言文字工作委员会办公室主任彭润商（图2，右二）等到四川大学调研语言文字工作。

　　2005年1月，香港理工大学辩论队来访，开展语言文字交流。（图3）

四川大学语言文字工作汇报会

图1

图2

金牛区"四学"活动普通话骨干培训班

图3

2005年3月至5月，教育部语言文字应用管理司司长杨光（图1，右三）带队，对四川大学语言文字工作进行评估检查，四川大学顺利通过检查验收。

2005年5月，应成都市金牛区人民政府邀请，四川大学普通话培训测试中心为该区公务员进行普通话培训。（图2）

2005年9月，开展四川大学教师普通话水平测试。（图3）

图1

图2

图3

　　2005年12月，举办"2005年四川大学教职工普通话集体朗诵大赛"。（图1）

　　2006年4月，邀请成都电视台主持人赵刚（图2，左）为学生进行语言表达培训。

　　2006年5月，举办"四川大学推广普通话形象大使选拔决赛"。（图3）

图1

图3

图2

　　2008年5月，举办"5·12　共赴时难　奉献爱心　四川大学大型诗歌朗诵会"。（图1）

　　2009年4月，邀请中国传媒大学播音主持艺术学院教授吴弘毅（图2，右三）、傅大领（图2，右四）到四川大学讲学并进行文化考察。

　　2009年9月，举办"中华诵·2009经典诵读大赛"。（图3）

图 1

图 2

2010 年 7 月，举办校内语言文字应用讲座。（图 1）

2011 年 9 月，普通话培训测试中心教师参与基础教育领域的国际语言文化交流。（图 2）

　　2011年9月，普通话培训测试中心教师为助残公益机构善工家园进行教师培训。（图1）

　　2011年10月，普通话培训测试中心教师为交通警察进行语言表达专题培训。（图2）

　　2012年7月，普通话培训测试中心教师为武侯区助残志愿者活动进行语言表达培训。（图3）

　　2013年4月，普通话培训测试中心教师受邀参加"'强报国本领·圆强军梦想'四川大学与西南交通大学国防生主题演讲比赛"评审工作。（图4）

图1

图2

图3

2014年10月，普通话培训测试中心为全校新入职教师进行教师语言规范培训。（图1）

2015年5月，普通话培训测试中心教师受邀为成都市青羊区公务员举办"'书·职业生活'——2015年青羊学习月活动专题讲座"。（图2）

2015年10月，普通话培训测试中心为四川大学锦江学院教职工进行语言文字培训。（图3）

图1

图2

图3

　　2015年11月，普通话培训测试中心指导并组织学生参加国际华语辩论邀请赛。（图1）

　　2016年9月，普通话培训测试中心教师受邀参加2016年"创青春"亚洲大学生创业主题辩论邀请赛评审工作。（图2）

　　2016年9月，校内推普周讲座开讲。（图3）

图1

图2

图3

2017年10月，普通话培训测试中心教师受邀参加四川省教育系统普通话决赛评审工作。（图1）

2017年11月，普通话培训测试中心教师受邀参加四川大学后勤集团职工演讲比赛评审工作。（图2）

2017年12月，作为国家语言文字督导专家，普通话培训测试中心教师出席"甘孜州语言文字工作督导评估会"。（图3）

图1

图2

图3

　　2018年3月，普通话培训测试中心教师参加全国语言文字工作督导评估培训班学习并顺利结业。（图1）

　　2018年4月，举办首届四川大学"经典守护者"中华经典美文诵读大赛。（图2）

　　2018年5月，举办四川大学机关党委"朗读者"廉洁诗文诵读大赛。（图3）

图1

图2

图3

2018年6月，普通话培训测试中心教师参加"2018年全国县域普通话基本普及情况调查培训班"学习并顺利结业。（图1）

2018年11月，举办"四川大学留学生中华经典诵读比赛"。（图2）

2018年8月，录制慕课"普通话实训与测试"。目前，该课程已在网络平台运行6轮，累计选课人数近9万人次，并于2020年被认定为首批国家级一流本科课程。（图3）

图1

第六十三期国家级普通话水平测试员培训考核班

2018.12.12 北京

图2

2018年11月，教育部语言文字应用管理司司长姚喜双（图1，右一）一行到四川大学调研语言文字工作。

2018年12月，普通话培训测试中心教师参加国家级普通话水平测试员培训考核班学习，顺利获得国家级普通话水平测试员资格。（图2）

图1

图2

图3

　　2019年4月，举办"四川大学第一届校史演讲大赛"。（图1）

　　2019年4月，举大第二届四川大学"经典守护者"中华经典美文诵读大赛。（图2）

　　2019年5月，普通话培训测试中心教师参加"四川省2019年中华经典诵写讲演系列活动·诵经典教师组展演"评审工作。（图3）

图1

图2

图3

2019年5月，四川大学承办"四川省2019年中华经典诵写讲演系列活动"留学生组比赛。（图1）

2019年5月，四川大学承办"劳动筑梦"全国职工演讲比赛四川省选拔赛。（图2）

2019年5月，四川大学语言文字工作委员会干部参加高校语委干部语言文字工作能力提升培训班学习，并作为优秀学员代表领取教育部语言文字应用管理司、语言文字信息管理司司长田立新（图3，中）颁发的证书。

图1

图2

图3

　　2019年6月，举办"中华诵·四川大学庆祝新中国成立70周年教职工经典诵读比赛"。（图1）

　　2019年9月，四川大学师生代表参加"四川省庆祝新中国成立70周年中华经典诵写讲演系列活动主题展演暨颁奖典礼"。（图2）

　　2019年11月，普通话培训测试中心教师参加于复旦大学举办的"2019年第三届汉语跨文化传播研讨会"。（图3）

图1

获奖名单 | 第三届"经典守护者"圆满收官！"最受师生喜爱作品奖"等你来选~

来自 小图 四川大学图书馆 6月30日

亲爱的老师们、同学们：

感谢您对第三届四川大学"经典诵读者"中华经典美文诵读大赛的关注和参与！

2020年，四川大学党委宣传部、党委学生工作部（处）、校工会、校团委、党委教师工作部、研究生工作部、离退休工作处、图书馆、海外教育学院、四川大学语言文字工作委员会、武侯区望江街道办事处，围绕"抗疫"专题联合开展了以"感情 感恩——诵读中华经典，弘扬优秀文化"为主题的第三届四川大学"经典守护者"中华经典美文诵读大赛，共收到作品170件。专家评委评选出教师组与学生组获奖作品共96件。

四川大学图书馆 >

肖薇
四川大学文学与新闻学院教授、文学博士、四川大学普通话培训测试中心主任、国家级普通话水平测试员

诵读经典，悦耳入心。 图3

朱姝
四川大学文学与新闻学院副教授、文学博士、四川大学普通话培训测试中心副主任、国家级普通话水平测试员

心与心碰撞出的闪耀火花，
在你们深情的音声里，也在我幸福的耳朵里。

感谢你们，云上的诵读者。

图2

2019年12月，普通话培训测试中心教师参与四川省第二届中小学生诗词大会的录制，并担任评委及点评人。（图1）

2019年10月至2020年1月，普通话培训测试中心组织教师、学生参加2019书香成都·文化经典诵读大赛，教师获得一等奖第一名，两个学生团队分获二、三等奖。（图2）

2020年2月至6月，第三届四川大学"经典守护者"中华经典美文诵读大赛。在线上举办。（图3）

图1

图2

图3

　　2020年7月，普通话培训测试中心学生助理在凉山州特尔果村中心学校进行少数民族地区儿童普通话使用状况调研。（图1）

　　2020年7月，普通话培训测试中心教师参与四川省"新时代好少年"主题教育读书活动"美好生活　劳动创造"演讲展示活动评审工作。（图2）

　　2020年8月，普通话培训测试中心教师参与"新时代好少年"主题教育读书活动"美好生活　劳动创造"全国朗诵、演讲交流展示活动评审工作。（图3）